Gustav Radbruch - Rechtsphilosoph, Politiker, Strafrechtsreformer

구스타프
라드브루흐

- 법철학자, 정치가, 형법개혁가

울프리드 노이만 Ulfrid Neumann 저
윤재왕 편역

Gustav Radbruch
Rechtsphilosoph, Politiker,
Strafrechtsreformer

박영사

Diese Ausgabe widme ich in großer Dankbarkeit meinem
Lehrer und Mentor, Herrn Professor Ulfrid Neumann,
der mich nun schon seit so vielen Jahre begleitet

차
례

생애와 저작

GUSTAV RADBRUCH

구스타프 라드브루흐

GUSTAV

RADBRUCH

구스타프 라드브루흐
Gustav Radbruch

1878년 뤼벡에서 출생, 1949년 하이델베르크에서 사망. 뮌헨 대학, 라이프치히 대학, 베를린 대학에서 법학과 철학 수학. 1904~14년 하이델베르크 대학 사강사와 교수, 1914년부터 쾨니히스베르크 대학 법과대학 교수, 1907년부터 키일 대학 법과대학 교수. 1920~24년 제국의회 의원, 1921~1923년 제국법무장관. 1926~33년 하이델베르크 대학 법과대학 교수. 1933년 5월 정치적 이유로 교수직 박탈. 1945년 9월 교수직 복직.

법철학자이자 형법학자인 구스타프 라드브루흐는 학자로서 활동했을 뿐만 아니라, 바이마르 공화국 때 적극적으로 정치활동을 하기도 했다. 라드브루흐의 법철학 저작은 기본적으로 서남독 신칸트주의(라스크Lask, 리커트Rickert, 빈델반트Windelband) 철학의 영향을 받았다. 존재/당위의 엄격한 분리, 즉 존재과학과 당위과학의 근본적인 구별 ─법학의 영역에서는 법도그마틱과 법의 사회이론 사이의 근본적인 구별(Radbruch 1914, 175 이하) ─ 에 따른 방법이원주의(Methodendualismus;

Radbruch 1932, 320) 원칙에 대한 승인은 신칸트주의의 인식론에 따른 것이다. 라드브루흐는 존재와 당위를 구별하는 이러한 이원주의 모델로부터 한편으로는 사회의 사실적 발전경향으로부터 당위를 추론하고자 하는 '진화론적' 관점을 거부(Radbruch 1932, 230)하는 결론을 도출하고, 다른 한편으로는 법을 경험적인 현상으로 축소시키고자 하는 '법현실주의'를 비판한다(Radbruch 1946a, 78 이하). 이 맥락에서 라드브루흐는 켈젠Kelsen과 라스크(Lask 1905, 316 이하)와 똑같이 법학적 개념에 대한 자연주의적 이해에 대항하고 법개념에 대한 기능적 이해를 옹호한다(Radbruch 1911, 519 이하).

라드브루흐는 법학을 가치관련적 문화과학wertbeziehende Kulturwissenschaft으로 해석하는데, 이 점 역시 하이델베르크 신칸트주의의 학문이론을 충실히 따른 것이다. 특히 리커트와 빈델반트는 문화과학을 가치관련적 분과로 정립하는 이론적 모델을 발전시켰는데, 이 모델을 통해 자연과학의 가치맹목적 고찰방식과 가치철학의 가치평가적 태도(논리학, 윤리학, 미학 등의 분과)와는 별개로 인식 대상을 가치와 관련시키고, 이를 통해 대상을 가치들의 기반Substrat, 즉 가치가 수반된 현실로 구성하는 문화과학의 관점(Radbruch 1932, 222)을 제시했다. 이러한 가치관련적 방법은 (존재와 당위를 하나로 묶는) 방법일원주의의 입장과 (존재와 당위를 엄격히 분리하는) 방법이원주의의 입장과는 구별되는 방법삼원주의Methodentrialismus에 해당한다. 물론 방법삼원주의는 이론의 구조에 비추어 볼 때, 방법이원주의의 변형에 해당한다(Radbruch 1932, 230).

라드브루흐 법철학에서 법학과 법이 가치와 관련을 맺는 지점은 법이념Rechtsidee이다(Radbruch 1932, 230). 그 때문에 법은 '법이념을 실현시킨다는 의미를 갖고 있는 존재사실'로 규정된다(Radbruch 1932,

227). 이 법이념 자체는 다차원적이다. 즉 법이념은 정의 이외에 법적 안정성과 합목적성이라는 다른 구성부분도 포함한다(Radbruch 1932, 302 이하). (형식적 원칙으로서의) 정의와 법적 안정성은 법이념의 보편타 당한 요소에 해당하는 반면, 합목적성은 법이념을 구성하는 세 가지 요소들 사이의 우선순위와 마찬가지로 상대적 요소이다(Radbruch 1932, 230). 물론 '합목적성'은 실증주의적이고 도구적인 의미가 아니라, 법이 최상위의 법가치와 관계를 맺는다는 사실로 이해해야 한다 (Radbruch 1932, 278 이하). 이러한 최상위의 법가치와 관련해서 라드 브루흐는 세 가지 가치이념을 구별한다. ① 개인이 최고의 가치를 갖는 개인주의적 가치체계, ② 전체의 가치를 최고의 가치로 여기는 초개인적 가치체계, ③ 작품가치Werkwert가 최상의 가치로 여겨지는 초인격적 가치체계(Radbruch 1932, 279 이하; 1948, 145 이하). 이 궁극적 가치목록들 사이에 확정적인 우선순위를 지정할 수는 없다. 이런 의미에서 결단이 필요하게 된다. 이 점이 바로 라드브루흐의 이른바 상대주의Relativismus 법철학의 핵심이다.

이러한 상대주의에 근거해서 라드브루흐의 초기저작에서는 법을 실증주의적으로 파악하는 경향이 드러난다. 즉 법규범은 규범이 규율하는 내용 때문에 효력(구속력)을 갖는 것이 아니라, 단지 정해진 절차에 따라 관할 기관에 의해 제정되었기 때문에 효력을 갖는다는 입장을 표방한다. 그리하여 법관은 설령 법률이 '치욕적인 법률 Schandgesetz'일지라도 이를 준수해야 할 의무가 있다고 한다(Radbruch 1932, 315 이하; 국민까지 반드시 그러한 의무가 있다고 하지는 않는다). 이에 반해 1945년 이후에 출간된 저작들에서 라드브루흐는 현저하게 부정의한 법률에 대해서는 효력을 부정한다. 물론 정의와 법적 안정성 사이에 갈등이 있을 때는 원칙적으로 법적 안정성이 우선한다고 한다. 하지만 "정의에 대한 실정법률의 모순이 도저히 참을 수 없을 정도에 도달하면 법률은 '부정당한 법'으로서 정의에 자리를 물려주어야" 하는 경우에는 그렇지 않다고 한다. 또한 법을 제정하면서 정의를 조금도 추구하지 않는다면, 그 법률은 단순히 부정당한 법에 그치는 것이 아니라, "아예 법으로서의 성격을 갖고 있지 않다"고 한다(Radbruch 1946, 89). 이 두 가지 기준('참을 수 없음-테제'와 '부정테제')을 법철학 문헌에서는 '라드브루흐 공식(Radbruchsche Formel)'이라는 개념으로 축약해서 표현한다.

법이 효력을 갖기 위한 이러한 '실질적' 전제조건을 끌어들인 것을 라드브루흐 법철학의 급격한 전환으로 보아야 하는지 아니면 단지 이론의 강조점이 변화한 것일 뿐이라고 보아야 하는지는 라드브루흐 연구에서는 논쟁 대상이다(이에 대한 개관으로는 Adachi 2006, 13 이하 참고). 이 물음에 대한 대답은 아마도 라드브루흐의 전 저작을 관통하고 있고 또한 '부정테제'의 적용범위 내에서 법률의 법적 성격 자체를 부정하는 근거로 삼고 있는, 법과 법이념 사이의 관련성을 어떻게 이해하느냐에 달려 있을 것이다. 즉 이 관련성에 대해 초기 저작에서 강조되는 방법론적 의미와는 별도로 '부정테제'를 정당화할 때 전제하는 어떤 규범적 의미까지 부여할 수 있는지가 문제의 핵심이 된다. 왜냐하면 부정테제를 통해 라드브루흐 초기저작에서는 —신칸트주의의 이론적 출발점에 따라— 선험논리적 관련성으로 이해되던, 법과 법이념의 관련성이 규범적으로 중요한 의미를 갖는 존재론으로 전환되고 있기 때문이다(Neumann 2005, 149 이하).

라드브루흐는 켈젠과 함께 20세기 독일어권에서 가장 유명한 법철학자이다. 라드브루흐는 오늘날까지 독일과 국제적 차원에서 전개되는 법철학적 논의에 강한 영향을 미치고 있다. 특히 한국과 일본에서

예나 지금이나 매우 강한 영향을 미치고 있다. 라드브루흐 공식은
독일 형사재판에도 수용되었고, 특히 나치 시절에 자행된 체제순응적
불법을 처벌하는 데 원용되었다. 아르투어 카우프만Arthur Kaufmann의
주도하에 1987년에 시작해서 2003년에 완간된, 라드브루흐 전집은
독일 국내뿐만 아니라 국제적으로도 라드브루흐 연구에 중요한 계기
를 부여했다.

참고문헌

Gustav Radbruch(1914), Grundzüge der Rechtsphilosophie, in: ders., Gesamtausgabe, Bd. 2, hrsg. v. Arthur Kaufmann, Heidelberg 1993

Gustav Radbruch(1932), Rechtsphilosophie, in: ders., Gesamtausgabe, Bd. 2, hrsg. v. Arthur Kaufmann, Heidelberg 1993

Gustav Radbruch(1914), "Gesetzliches Unrecht und übergesetzliches Recht", in: ders., Gesamtausgabe, Bd. 3, hrsg. v. Winfried Hassemer, Heidelberg 1990, 83-93

Gustav Radbruch(1946a), "Hermann Kantorowicz †", in: ders., Gesamtausgabe, Bd. 16, hrsg. v. Günter Spendel, Heidelberg 1988, 75-88

Gustav Radbruch(1948), "Vorschule der Rechtsphilosophie", in: ders., Gesamtausgabe, Bd. 3, hrsg. v. Winfried Hassemer, Heidelberg 1990, 121-127

Adachi, Hidehiko(2006), Die Radbruchsche Formel. Eine Untersuchung der Rechtsphilosophie Gustav Radbruchs, Baden-Baden

Arthur Kaufmann(1987), Gustav Radbruch. Rechtsdenker, Philosoph, Sozialdemokrat, München, Zürich

Ulfrid Neumann(2005), "Ralf Dreiers Radbruch", in: Robert Alexy(Hg.), Integratives Verstehen, Tübingen, 141-158

Frank Saliger(1995), Radbruchsche Formel und Rechtsstaat, Heidelberg

GUSTAV

RADBRUCH

자연법과 법실증주의

GUSTAV RADBRUCH

구스타프 라드브루흐

GUSTAV

RADBRUCH

랄프 드라이어의 라드브루흐

▌서 론

랄프 드라이어Ralf Dreier는 그의 저작의 수많은 곳에서 구스타프 라드브루흐Gustav Radbruch의 저작들을 다루고 있다. 예를 들어 1965년에 출간된 단행본에서 사물의 본성에 관해 논의[1]하면서, 법학의 학문이론의 문제를 다루는 맥락[2]에서, 법철학적 정당론의 현재적 중요성에 관한 문제[3]를 다루면서 라드브루흐의 저작들을 다루고 있다. 하지만 드라이어가 라드브루흐의 이론을 끌어들이는 중심영역은 법이념과 법개념에 관한 라드브루흐의 이론이다. 즉 드라이어는 법실증

1 Ralf Dreier, *Zum Begriff der "Natur der Sache"*, Berlin 1965.

2 Ralf Dreier, "Zum Selbstverständnis der Jurisprudenz als Wissenschaft (1971)", in: ders., *Recht−Moral−Ideologie. Studien zur Rechtsphilosophie*, 1981, S. 48 이하.

3 Ralf Dreier, "Gustav Radbruchs rechtsphilosophische Parteienlehre", *ARSP* 85(1999), S. 497 이하.

주의적 입장과 법도덕주의적 입장 사이에서 벌어지고 있는 오늘날의 논쟁에서 라드브루흐의 이론이 기여할 수 있는 측면을 부각시키고자 한다. 나는 이 글에서 구동독 국경수비대 요원에 대한 소송의 맥락에서 라드브루흐 공식을 둘러싼 논의를 통해 중요한 의미를 갖게 되었던 논점들에 집중하도록 하겠다. 하지만 랄프 드라이어와 마찬가지로 나 역시 먼저 라드브루흐 공식을 통해 법이념의 여러 가지 요소들이 갖는 비중을 고려하는 것은 공식이 표명되었던 당시이든 오늘날이든 모두 시대사적 관련성이 있음에도 불구하고 단순히 현재의 사법적 문제를 처리하기 위한 법철학적 도움으로만 이해해서는 안 된다는 사실을 명백히 강조하고자 한다.[4] 그것은 오히려 라드브루흐의 법철학이라는 전체 건축물에 통합된 핵심적 구성부분으로서 한 학자의 저작의 역사라는 의미에서 뿐만 아니라, 건축적 의미에서도 전체 법철학의 초석이다.

이른바 라드브루흐 공식은 실제로는 하나의 공식이 아니라, 두 개의 공식들로 이루어져 있다.[5] '참을 수 없음 — 공식Unerträglichkeitsformel'

---

4 '라드브루흐 공식'을 라드브루흐의 법개념의 맥락에서 해석해야 할 필요성을 강조하는 견해로는 예컨대 Berthold Kastner, *Goethe in Leben und Werk Gustav Radbruchs*, 1999, S. 248 이하 참고.

5 Ralf Dreier, "Gesetzliches Unrecht im SED — Saat? Am Beispiel der DDR — Grenzgesetzes", in: *Strafgerechtigkeit. Festschrift für Arthur Kaufmann zum 70. Geburtstag*, 1983, S. 57 이하, 57; Ralf Dreier/ Stanley L. Paulson, "Einführung in die Rechtsphilosophie Radbruchs", in: dies(Hrsg.), *Gustav Radbruch, Rechtsphilosophie*(Studienausgabe), 2. Aufl. 2003, S. 237 이하, 248; *Arthur Kaufmann*, "Die Radbruchsche Formel vom gesetzlichen Unrecht und von übergsetzlichen Recht in der Diskussion um das im Namen der DDR begangene Unrecht", NJW 1995, S. 81 이하. 라드브루흐 공식을 "국경수비대" 소송에서 적용할 수 있는가에 관해서는 Ralf Dreier, *Juristische Vergangenheitsbewältigung*,

은 "실정법의 정의에 대한 모순이 참을 수 없는 정도에 이른 경우에는 '부정당한 법'으로서의 그 법률은 정의에게 자리를 물려주어야"[6] 하는 지에 초점이 맞추어져 있다. 이에 반해 '부정공식Verleugnungsformel'은 법률이 의도적으로 정의에 철저히 모순되는 경우와 관련을 맺는다. "결코 정의를 추구하지 않는 경우, 다시 말해 실정법을 제정하면서 정의의 핵심을 이루는 평등을 의식적으로 부정한 경우에는 그 법률은 단순한 '불법'에 그치지 않고, 법의 성질 자체를 가지고 있지 않다."[7]

이 두 개의 공식들이 서로 어떤 관계에 있는지에 대해서는 라드브루흐 연구에서 커다란 논란의 대상이다. 예컨대 프랑크 잘리거Frank Saliger와 같은 다수의 학자들은 부정테제를 참을 수 없음—테제의 구체화로 해석하는 반면,[8] 랄프 드라이어는 양자의 체계적 독자성을 강조한다.[9] 라드브루흐가 '부정당한 법'과 '비법(非法)'을 대비시킬 뿐만 아니라, 정의를 처음부터 부정하는 법률은 법적 성격을 갖고 있지 않다는 점에 대한 라드브루흐의 다음과 같은 근거제시 역시 '부정공식'의 독자성을 인정할 필요가 있다고 보게 만든다. "왜냐하

1995, S. 28 이하 참고.

6 Radbruch, "Gesetzliches Unrecht und übergesetzliches Recht(1946)", in: Gustav Radbruch *Gesamtausgabe(GRGA)*, Bd. 3, S. 89.

7 Ebd. 및 Radbruch, "Gesetz und Recht(1947)", *GRGA*, Bd. 3, S. 89.

8 Frank Saliger, *Radbruchsche Formel und Rechtsstaat*, 1995, S. 18.

9 Ralf Dreier, "Gesetzliches Unrecht(각주 5)", S. 57 이하; Dreier/Paulson, "Einführung(각주 5)", S. 248 이하. 그렇지만 두 공식들의 적용영역은 서로 겹친다는 점을 적절히 지적하고 있는 Robert Alexy, "A Defence of Radbruch's Formula", in: D. Dyzenhaus(Ed.), Recrafting the Rule of Law: The Limits of Legal Order, Oxford—Portland Oregon 1999, S. 15 이하, 16(알렉시는 폴슨의 견해를 원용한다) 참고.

면 실정법을 포함한 모든 법은 정의에 봉사하는 의미를 갖는 질서와 규정이라고 개념정의를 할 수밖에 없기 때문이다."[10] 즉, '참을 수 없음-공식'과는 달리 '부정공식'은 법**이념**이 아니라, 법**개념**과 관련 된다. 이 점에서 공식들이 1947년의 「법철학입문」에서는 체계적으 로 서로 다른 곳에 위치한다는 드라이어의 지적은 타당하다.[11] 이 맥락에서는 라드브루흐 스스로도 부정공식에 커다란 의미를 부여했 다는 드라이어의 지적이 중요하다.[12]

---

10 Radbruch, "Gesetzliches Unrecht(각주 6)", S. 89.

11 Dreier/Paulson, "Einführung(각주 5)", S. 248 이하. 드라이어와 폴슨은 Radbruch, *Vorschule der Rechtsphilosophie*(1948), *GRGA*, Bd. 3, S. 121 이하의 제11장('법의 개념')과 제12장('법의 효력')을 인용한다. 부정당 한 법의 효력과 관련하여 정의와 법적 안정성 사이의 갈등에 관해서는 제10 장('가치이념의 위계질서')도 참고.

12 Dreier/Paulson, "Einführung(각주 5)", S. 248의 각주 42에서는 라드브 루흐가 「법철학」 개정판을 내면서 후기로 추가하려고 했던 초고(이 초고 는 Dreier/Paulson, "Einführung", S. 193 이하에 실려 있고, *GRGA*, Bd. 20, S. 25 이하에도 실려 있다)를 인용하고 있다. 이 초고에서 라드브루흐 는 법과 불법이 아무런 의미도 없다고 명시적으로 표현했던 히틀러와 다른 나치 권력자들의 말을 인용한다. 이에 관해서는 Radbruch, "Fünf Minuten Rechtsphilosophie(1945)", *GRGA*, Bd. 3, S. 79도 참고. "예를 들어 인간 에게 인권을 제멋대로 인정하거나 박탈하는 경우와 같이 법률이 정의를 향 한 의지를 의식적으로 부정할 때에는 그러한 법률은 효력이 없고, 따라서 국민은 그러한 법률에 복종할 의무가 없으며, 법률가는 그러한 법률의 법적 성격 자체를 부정할 용기를 가져야만 한다(S. 79)."

▋ 하트의 라드브루흐 비판과 드라이어의 하트 비판

법효력과 법에 복종해야 할 도덕적 의무

드라이어는 라드브루흐 공식을 법과 도덕의 관계와 관련해서 법 또는 도덕 가운데 어느 하나의 절대적 우위가 아니라, 상대적이고 세분화된 해결을 주장하는 대표적인 이론으로 파악한다.[13] 이 점에 관한 한 드라이어는 원칙적으로 라드브루흐의 입장에 동조하며, 특히 라드브루흐 공식에 대한 가장 유명하고 영향력이 강한, 하트H.L.A. Hart의 비판에 대항하여 라드브루흐를 옹호한다.

하트는 무엇보다 라드브루흐의 입장이 규범을 효력을 갖는 법규범으로 승인하는 것이 곧바로 도덕적 복종의무의 문제까지 결정된 것으로 보는 오해에 기초하고 있다고 비판한다.[14] 이는 라드브루흐에 대한 비판일 뿐만 아니라, '불법논거Unrechtsargument' 자체에 대한 비판이기도 하며, 이 비판은 하트 이후 법실증주의의 전형적 논거가

---

13 Ralf Dreier, "Recht und Moral(1980)", in: ders., *Recht−Moral−Ideologie* (각주 2), S. 180 이하, 188.

14 Herbert L.A. Hart, "Der Positivismus und die Trennung von Recht und Moral(1958)", in: ders., *Recht und Moral. Drei Aufsätze*, 1971, S. 14 이하., 39 이하. 또한 Hart, *Der Begriff des Rechts*, 1973(영어원본 *The Concept of Law*, 1961), S. 285 이하도 참고. 라드브루흐를 비판하는 하트의 논증에 대한 상세하고 비판적인 재구성에 관해서는 Thomas Mertens, "Radbruch and Hart on the Grudge Informer: A Reconsideration", *Ratio Juris* 15(2002), S. 186 이하 참고. 또한 라드브루흐와 하트의 입장이 서로 다른 법문화적 배경을 갖고 있다는 사실을 명쾌하게 밝히고 있는 Hasso Hofmann, *Einführung in die Rechts− und Staatsphilosophie*, 2000, S. 118 이하도 참고.

되었다.[15] 하지만 하트의 이 논거는 이미 개념적인 이유에서 문제가 있다. 왜냐하면 효력이라는 개념을 당위라는 개념과 완전히 분리시킬 수는 없기 때문이다. 법의 '효력Geltung'은 결코 존재하는 실체가 아니라, 제도적 사실일 뿐이다. 이러한 사실을 구성하는 규칙에 따라 어떤 규범이 효력을 갖는다는 주장은 일단은 이 규범에 복종해야 할 의무가 있다는 의미에서 하나의 당위명제를 표현하고 있는 것이다. 그렇지 않고서는 특정한 법규범이 효력을 갖는 법이라는 주장이 무슨 **의미**인가라는 물음에 대답할 수 없다. 더 자세히 말하자면, 효력을 갖는 법규범이 일단은 구속력이 있다고 전제하지 않는다면, 효력개념의 기준들을 제시할 수 있을지 모르지만, 효력이라는 개념이 아무런 '역할'과 기능도 갖지 못한다.[16] 만일 법효력을 주장하면서 이 법을 일단 준수하라는 최소한의 호소마저 없다면, 하나의 법규범이 '효력'을 갖는다는 말은 도대체 무슨 뜻인가? 그건 법규범이 효력을 갖는다는 뜻이라고 대답하는 것은 만족스러운 대답이 아니다. 또한 규범이 해당하는 법질서의 관점 또는 규범을 제정한 자의 관점에서 준수할 가치가 있다는 대답[17] 역시 도움이 되지 않는다. 왜냐하면 이 대답만으로는 규범이 준수할 가치가 있다고 보는 법질서의 관점 자체가 준수할 가치가 있는지를 확인할 수 없기 때문이다.

　이와 관련해서는 두 가지 방법이 존재할 뿐이다. 첫 번째 방법은

---

15 이에 관해서는 무엇보다 Norbert Hoerster, "Zur Verteidigung der rechtspositivistischen Trennungsthese", in: Ralf Dreier(Hrsg.), *Rechtspositivismus und Werkzeug des Rechts*, ARSP−Beiheft 37 (1990), S. 27 이하, 30 참고.

16 이러한 차이에 관한 기본적인 내용은 Stephen E. Toulmin, *Der Gebrauch von Argumenten*, 2. Aufl. 1996, S. 32 참고.

17 Hoerster, "Trennungsthese(각주 15)", S. 30.

법효력의 주장이 시민과 법적용자에 대해 어떤 호소적 기능을 갖는 다는 생각 자체를 포기하는 것이다. 이렇게 되면 효력주장의 실천적 결과를 전제하는 것에 반대하는 실증주의적 논증은 이론모델의 측면 에서(따라서 반드시 심리적 상태와 관련해서도 그렇다는 뜻은 아니다) 견지될 수 있을지 모르지만, 효력의 개념은 더 이상 해석할 수 없는 대상이 되고 만다. 두 번째 방법은 특정한 규범이 효력을 갖는다고 주장하는 것은 ─설령 결과적으로 훨씬 더 강력한 다른 논거들이 있을지라도 ─ 일단은 이 규범을 준수해야 한다는 사실에 대한 논거가 된다는 점을 인정하는 것이다. 이 방법을 선택하면 법효력의 개념 자체가 더 이상 규범적으로 중립적이지 않게 된다. 이 두 가지 방법 가운데 후자의 방법만이 설득을 갖는다. 즉 설령 법을 왜곡하는 것이 오히려 도덕적으로 정당할 수 있는 예외가 있다고 할지라도, 그것은 어디까 지나 왜곡행위가 효력을 갖는 법에 대한 왜곡이라고 결정하는 것에 반대하기 위한 (역시 도덕적으로 중요한) 논거이다.[18] 따라서 효력개념 은 결코 도덕 중립적 개념이 아니다. 즉 도덕적 관점에서 볼 때에도 법관이 효력을 갖는 현행법을 정확히 적용하는지 아니면 법왜곡을 저지르는지는 결코 무관심의 대상이 아니다.

이는 다음과 같은 점을 의미한다. 즉 설령 법관이 효력을 갖는 법규범을 적용하지 않는 것이 도덕적으로 정당하고 또한 도덕적 의 무일 수 있는 경우라 할지라도, 효력주장은 하나의 규범적 장애물이 며, 이 장애물은 도저히 극복할 수 없는 장애물은 아니지만, 어쨌든 장애물로 작용한다. 이러한 규범적 장애물이 법관과 다른 법집행자

---

18 법실증주의자인 Norbert Hoerster, "Die moralische Pflicht zum Rechtsgehorsam", in: ders.(Hrsg.), *Texte zur Rechtsphilosophie*, Neuausgabe 1987, S. 129 이하도 이 점을 인정한다.

들의 결정행태에 영향을 미칠 수 있다는 추측은 결코 막연한 추측이
아니다.

　이밖에도 드라이어는 크릴레M. Kriele[19]를 원용하면서 현저하게 부
정의한 법률에 관한 하트의 해결방안처럼 법효력과 법에 복종할 도
덕적 의무를 분리하게 되면, 과거에는 합법적이었던 법익침해에 대
한 형법적 책임의 문제와는 별개로 도저히 극복할 수 없는 난관에
봉착한다는 점을 적절하게 지적하고 있다.[20] 특히 신분을 변경시키
는 법규범을 처리할 때 난관에 봉착한다. 1941년의 법규명령[21]을 통
해 유대인들의 독일국적을 강제로 박탈한 것은 하트가 주장하는 견
해에 따르면 효력을 갖는 법, 즉 유효한 법이었다. 따라서 법관이
이 법률을 무시해야 할 도덕적 권리 또는 도덕적 의무가 있다고 전제
할 수 있을지라도, 이 법률에 연결된 법적 결론들이 유효하다는 사실
에는 변함이 없다. 그 결과는 현재에도 여전히 유효한 것이 될 것이
고, 결국 부당하게 국적을 박탈당한 사람을 복권시키고자 하는 법관
은 현재의 법상태를 무시할 새로운 도덕적 권한 또는 의무가 있다는
식으로 설명하지 않을 수 없다. 그렇다면 법효력의 개념을 수정하는
대신, 한 세대의 법관들에게 효력을 갖는 법에 저항할 도덕적 의무를

---

19 M. Kriele, *Recht und praktische Vernunft*, Göttingen 1979, S. 114.

20 Ralf Dreier, "Recht und Moral(각주 13)", S. 191.

21 1941년 11월 25일의 제국국민법에 대한 제11차 법규명령(=RGBl I S.
722). 이 법규명령에 대해 연방헌법재판소(BVerfGE 23, 98)는 다음과 같
이 판시했다. "제11차 법규명령은 … 정의에 대한 모순이 참을 수 없을 정
도에 도달하여, 처음부터 아예 무효였다고 보아야 한다(주문 2, S. 98/99)."
이에 대한 자세한 내용은 Ralf Dreier(각주 13), S. 189의 각주 11 참고.
또한 Ralf Dreier, "Recht und Gerechtigkeit(1982)", in: ders., *Recht—
Staat—Vernunft*, 1991, S. 8 이하, 33 이하도 참고.

부담시키는 것이 도대체 무슨 의미를 갖는가?

하트가 자신의 논의대상으로 국한시켰던 형법의 영역에서도 비슷한 문제점이 발생한다. 즉 나치시대의 한 법관이 법률에 반해 피고인의 행위가 '민족의 혈통에 대한 치욕'에 해당하지 않는다고 무죄판결을 내렸다면, 이 법관은 실증주의의 견해에 따를 경우 가벌적인 법왜곡 행위를 저지른 것이다. 그렇다면 이 법관은 —나중의 법을 적용해야 한다는, 법철학적으로 별로 중요하지 않은 우연적인 규정(형법 제2조, 제3조) 또는 행위의 공소시효는 여기서 배제하고 논의한다— 법적으로 볼 때 1945년 이후에도 '제3제국' 시기에 저질러졌지만, 그 당시에 유죄판결을 받지 않은 법왜곡의 '범죄행위'를 이유로 처벌받아야 한다는 결론에 도달한다.22 1945년 이후에 도덕적인 이유에서 동료법관에게 유죄를 선고하지 않은 법관 역시 법왜곡을 저지른 것이 되고, 이는 영속적으로 확장된다. 이러한 영속성작용과 축적작용을 법실증주의적 모델로는 만족스럽게 통제할 수 없다.

법개념의 학문이론적 기능

랄프 드라이어는 라드브루흐를 비판하는 또 다른 논거 역시 설득력이 없다는 점을 설득력 있게 밝히고 있다. 이는 드라이어가 '학문분과적'이라는 수식어를 붙인 논거23와 관련된다. 하트의 논거에 따르면 라드브루흐 공식을 통해 변용된 법개념은 현저하게 부정의한

---

22 '법왜곡과 법률적 불법'의 문제에 대해서는 Günter Spendel, "Zur Problematik der Rechtsbeugung", in: *Gedächtnisschrift für Gustav Radbruch*, 1968, S. 312 이하 참고.
23 Ralf Dreier, "Recht und Moral(각주 13)", S. 192.

법률을 법학, 특히 법사학의 대상에서 배제하기 때문에 혼란을 야기한다고 한다. 이에 대해 드라이어는 도덕적 내용을 담은 법개념이야말로 실증주의적으로 좁혀진 법학에 비해 새롭고도 중요한 관점을 열어준다고 반박한다.24 법사학 ―법사회학도 마찬가지지만― 과 관련해서는 서술적―분석적 분과와 규범적이고 규범명제적인 분과가 각각 갖고 있는 서로 다른 관점들은 서로 다른 법개념을 구성해서 충분히 감안할 수 있다는 점을 보충적으로 추가할 수도 있을 것이다.25 내용상으로 보면 서술적 법개념과 규범적 법개념의 관할영역을 구별하는 것은 이미 랄프 드라이어의 이론에서도 등장하고 있다. 드라이어는 경험적―사회학적 분석의 토대로 법윤리적으로 중립적인 더 넓은 법개념을 제안하고, 이에 반해 법도그마틱과 법이론은 법윤리적으로 변용된 법개념에 구속되어야 한다고 보기 때문이다.26

'무기력테제'

드라이어가 논쟁 대상으로 삼는, 하트의 세 번째 논거는 다음과 같다. 즉 라드브루흐가 제안하는, 법윤리적으로 변용된 법개념은 이 개념이 어느 누구에게도 법률에 저항하라는 계기로 작용할 수 없기 때문에 부정의한 법률에 대항하는 투쟁에서 아무런 실천적 효용이

---

24 각주 21과 동일.

25 이러한 보충과 관련해서는 J. ―R. Sieckmann, "Die 'Radbruch'sche Formel' und die Mauerschützen", *ARSP* 87(2001), S. 496 이하, 510. 지크만은 여기서 Robert Alexy, *Begriff und Geltung des Rechts*, 2. Aufl. 1994, S. 56의 각주 35를 인용한다.

26 Ralf Dreier, "Recht und Moral(각주 13)", S. 193.

없다는 것이다.[27] 이 논거는 실증주의가 "'법률은 법률이다'는 확신
으로 말미암아 독일의 법률가계급으로 하여금 자의적이고 범죄적인
내용의 법률에 대항하지 못하도록 무기력하게 만들어 버렸다"[28]는
라드브루흐의 유명한 선언에 정반대되는 입장이다. 이 '무기력테제'
는 이념사적 맥락의 재구성으로는 타당하지 않다는 회의에 부딪히는
것이 일반적이다.[29] 드라이어도 이 테제가 지나친 단순화라고 보긴
하지만,[30] 실증주의가 법윤리적 문제들을 체계적으로 배제함으로써

---

27 Hart, *Der Begriff des Rechts*(각주 14), S. 289.

28 Radbruch, "Gesetzliches Unrecht(각주 6)", S. 88. 같은 내용으로는
Ders., "Fünf Minuten Rechtsphilosophie(각주 12)", S. 78; ders., "Gesetz
und Recht(1947)", *GRGA*, Bd. 3, S. 96 이하, 96; ders., "Die Erneuerung
des Rechts(1947)", *GRGA*, Bd. 3, S. 107 이하. 108. 라드브루흐와 같은
의미로 이해하는 Hermann Weinkauff, *Die deutsche Justiz und der
Nationalsozialismus*, 1968; Hubert Schorn, *Der Richter im Dritten Reich*,
1963 참고.

29 이에 관해서는 예컨대 Horst Dreier, "Die Radbruchsche Formel−Erkenntnis
oder Bekenntnis?", in: *Festschrift für Robert Walter*, 1991, S. 120 이
하; Ders./Walter Pauly, "Die deutsche Staatsrechtslehre in der Zeit
des Nationalsozialismus", *VVDStRL* D. 60, 2001, S. 9 이하, 73 이하;
H. Hofmann, *Einführung*(각주 14), S. 115; Gerhard Luf, *Zur
Verantwortlichkeit des Rechtspositivismus und Recht*, 1990, S. 18 이
하.; Ingeborg Maus, "Juristische Methodik und Justizfunktion im
Nationalsozialismus", *ARSP−Beiheft* 18(1983), S. 173 이하, 178 이하;
Ulfrid Neumann, "Rechtsphilosophie in Deutschland seit 1945", in: D.
Simon(Hrsg.), *Rechtswissenschaft in der Bonner Republik. Studien zur
Wissenschaftsgeschichte der Jurisprudenz*, 1994, S. 145 이하, 146;
Hubert Rottleuthner, "Rechtspositivismus und Nationalsozialismus", in:
Demokratie und Recht, 1987, S. 374 이하, 383 이하; Manfred Walther,
"Hat der juristische Positivismus die deutschen Juristen wehrlos
gemacht?", *KJ* 1988, S. 263 이하 참고.

30 Ralf Dreier, "Recht und Moral(각주 13)", S. 192.

법률가들의 법윤리적 문제의식이 배양되지 못하게 되는 데 기여했다고 지적한다.[31] 이러한 지적은 이념사적으로 설득력이 있고, 동시에 이미 앞에서 지적했듯이 효력주장의 호소적 기능을 완전히 제거할 수 없다는 생각을 보충할 수 있을 것이다. 법집행자가 법을 왜곡할 도덕적 권한 또는 의무가 있다는 점을 정당화하는 것은 실정법으로 제정되어 있지만, 부정당한 법규범을 준수하지 않을 도덕적 권한과 의무를 정당화하는 것보다 훨씬 더 어렵다.

해결되지 않은 문제

그러나 드라이어가 짧게 지적하고 넘어가는[32] 하트의 논거 하나는 제대로 반박이 이루어지지 않은 것 같다. 이 논거는 오늘날에 다시 매우 현실적인 문제가 된, 라드브루흐 공식과 소급효금지의 관계에 관련된 논거이다.[33] 하트의 논거는 이렇다. 즉 과거의 법질서에서 공포된 형법적 정당화규범에 대해 **사후적으로**ex post 그 규범이 **처음부터**ab initio 법으로서 효력이 없었다고 말하게 되면, 이는 가벌성의 근거가 되는 형벌규범의 소급효 문제를 은폐하고, 이를 회피

---

31 Ebd. 또한 Ralf Dreier, "Gustav Radbruch, Hans Kelsen, Carl Schmitt", in: *Staat und Recht, Festschrift für Günther Winkler*, 1997, S. 197 이하, 213 이하도 참고. 더욱 세분된 관점을 펼치는 Alexy, "Defence(각주 9)", S. 30 이하도 참고.

32 Ralf Dreier, "Recht und Moral(각주 13)", S. 191.

33 이에 관해서는 예컨대 R. Alexy, *Begriff und Geltung des Rechts*, 2. Aufl. 1994, S. 98 이하; U. Neumann, "Rechtspositivismus, Rechtrealismus und Rechtsmoralismus in der Diskussion um die strafrechtliche Bewältigung politischer Systemwechsel", in: *Festschrift für Klaus Lüderssen*, 2002, S. 109 이하 참고.

하는 전략이라고 한다.³⁴ 물론 하트는 형벌규범의 소급효를 허용하는 것이 법치국가적으로 완전히 배제된다고 보지는 않지만, 소급처벌을 할 때에는 그것이 소급처벌이라는 사실을 명시적으로 밝혀야 한다고 주장한다. 다시 말해 소급처벌의 경우는 "행위시점에서 이미 불법적이었던 행위를 처벌하는 통상의 경우"와는 다르다는 것이다.³⁵ 랄프 드라이어가 이 문제를 진지하게 여긴다는 사실은 아르투어 카우프만Arthur Kaufmann의 기념논문집에 드라이어가 '국경수비대 요원과 라드브루흐 공식'이라는 주제에 대해 기고한 논문에 등장하는 다음과 같은 언급을 보면 알 수 있다. "라드브루흐 공식의 날카로운 칼날은 … ―특히 이와 결부된 소급효의 문제 때문에― 조심스럽게 사용해야 할 것이다."³⁶ 드라이어의 이 언급은 라드브루흐 공식이라는 칼이 과연 법치국가적 형법의 무기고 자체에서 차지할 자리가 있는가라는 근원적인 물음을 낳게 한다. 단순화시켜서 직설적으로 말하자면, 라드브루흐 공식을 형법적 정당화사유에 적용하면 이는 소급효금지의 위반이 아닌가? 나는 이 미묘한 문제를 일단 미루어둔 채, 라드브루흐의 법철학이 1945년 이후 단절과 격변을 거쳤는가라는, 그의 법철학에 대한 해석의 핵심문제를 먼저 다루도록 하겠다.

---

34 Hart, "Der Positivismus(각주 14)", S. 43 이하.
35 Hart, *Der Begriff*(각주 14), S. 291 이하.
36 Ralf Dreier, "Gesetzliches Unrecht(각주 5)", S. 69.

▌라드브루흐 법사상의 지속성과 변화

연속성에서 불연속성으로

1945년 이후 라드브루흐가 자연법을 신봉하게 된 것이 극단적 변화를 뜻하는지 아니면 단지 그 이전부터 자연법과 법실증주의 **사이에** 놓여 있는 그의 이론이 강조점을 달리 한 것일 뿐인지에 대해서는 라드브루흐 연구에서 여전히 논란이 많은 문제이다.[37] 그렇지만 '연속성테제'를 옹호하는 경향이 훨씬 더 강하다. 드라이어 자신의 입장은 이러한 경향을 반영하고 있다. 먼저 1980년에 발표한 논문

---

[37] 라드브루흐 사상이 극단적 변화를 겪었다고 보는 입장은 Fritz von Hippel, *Gustav Radbruch als rechtsphilosophischer Denker*, 1951('다마스커스의 체험'[S. 36]); Fritz Bauer, "Das gesetzliche Unrecht des Nationalsozialismus und die deutsche Strafrechtspflege", in: *Gedächtnisschrift für Gustav Radbruch*, 1968, S. 302 이하 참고[바우어는 '공중회전(salto vitale)'이라는 표현을 쓴다. 다만 바우어는 라드브루흐가 제3제국이 붕괴한 이후가 아니라, 나치가 권력을 장악했을 때 이미 사상적 격변을 거쳤다고 말한다]. 이와는 달리 상당히 많은 학자들은 단지 라드브루흐 저작에서 강조점이 바뀌었을 뿐이라고 본다. 예를 들어 ―구체적인 내용에서는 각 학자마다 상당한 차이가 있지만― Horst Dreier, "Radbruchsche Formel(각주 29)", S. 128 이하; Winfried Hassemer, "Einführung" zu *GRGA*, Bd. 3, S. 1, 13; Heinrich Henkel, *Einführung in die Rechtsphilosophie*, 2. Aufl. 1977, S. 449 이하; Arthur Kaufmann, "Gustav Radbruch―Leben und Werke", in: *GRGA*, Bd. 1, S. 45 이하, 81 이하; ders., "Die Bedeutung Gustav Radbruchs für die Rechtsphilosophie beim Ausgang des Kaiserreichs", in: *Festschrift für Werner Lorenz zum 80. Geburtstag*, 2001, S. 3 이하, 10 이하; Frank Saliger, *Radbruchsche Formel und Rechtsstaat*(각주 8), S. 13; Erik Wolf, "Umbruch oder Entwicklung in Gustav Radbruchs Rechtsphilosophie?", *ARSP* 45 (1959), S. 481 이하 참고.

'법과 도덕'에서 드라이어는 초기의 라드브루흐가 여전히 "상대주의 적 법실증주의의 단호한 주창자"였다고 평가한다.[38] 이에 대해 드라 이어는 1932년의 「법철학」에서 라드브루흐가 얼핏 보기에는 법관의 무조건적 법복종 의무를 강조하는 것처럼 여겨지는 상당히 놀라운 문장을 증거로 내세운다. "우리는 자신의 확신에 반해서 설교하는 목사는 경멸하지만, 자신의 반대되는 법감정으로 인해 법률에 충실 한 태도에 혼란을 겪지 않는 법관은 존경한다."[39] 그러나 귄터 빈클 러Günther Winkler의 기념논문집(1997)에 기고한 논문에서 드라이어는 '연속성테제'를 옹호하는 방향으로 기존의 입장을 포기한다.[40] 드라 이어의 이러한 태도변화는 옳다. 왜냐하면 1932년의 「법철학」 제3 판에서도 라드브루흐는 ─법관과는 달리─ 시민에게는 '치욕스러운 법률Schandgesetz'을 준수할 의무가 없다고 말하기 때문이다.[41] 따라서 법관이 부정의한 법률에도 엄격히 구속된다는 주장은 기본적으로 실 증주의적 특징을 갖는 법사상의 징후라기보다는 제정법에 대한 특수 한 직업집단의 구속에 따른 결론으로 보아야 한다.

법복종자에 대한 법의 구속력과 법적용자에 대한 법의 구속력을 서로 다르게 규정할 수 있는 가능성은 1932년의 법철학에서 등장 하는 효력개념의 관계적 구조에 따른 것이다. 즉 법규범의 구속력 여부에 대해 결정을 내리는 것은 궁극적으로는 당사자의 양심이

---

38 Ralf Dreier, "Recht und Moral(각주 13)", S. 188.

39 Ralf Dreier, "Recht und Moral(각주 13)", S. 188 이하. 이 라드브루흐 인용문은 Radbruch, *Rechtsphilosophie*, 3. Aufl.(*GRGA*, Bd. 2, S. 316) 에 있다.

40 Ralf Dreier, "Gustav Radbruch(각주 31)", S. 202 이하. 또한 Dreier/ Paulson, "Einführung(각주 5)", S. 247도 참고.

41 Radbruch, *Rechtsphilosophie*, 3. Aufl. 1932, *GRGA*, Bd. 2, S. 315.

다.[42] 여기서 '효력'은 법규범의 형식적 성질이 아니라, 법과 개인 사이를 잇는 규범적 끈, 즉 하나의 관계로 이해된다. 이런 의미에서 법의 효력은 당사자와 그의 양심의 처분에 맡겨져 있다.[43] 이와 같은 '초기' 라드브루흐의 견해는 실증주의적 법개념과 실증주의적 법효력 개념과 합치하지 않는다.

법과 법이념의 필연적 관련성

이밖에도 일관된 실증주의적 효력이론은 법개념과 법이념에 관한 라드브루흐의 이론에서는 이물질과 같은 존재이다. 왜냐하면 라드브루흐는 법을 "법이념을 실현한다는 의미를 갖는 현실"이라고 규정하기 때문이다.[44] 그러나 라드브루흐가 말하는 법이념은 실증주의의 레퍼토리에 속하는 법적 안정성뿐만 아니라, 법의 정의 및 '합목적성'까지도 포괄한다. 여기서 말하는 합목적성은 실증주의적이고 도구적인 의미가 아니라, 법이 최상위의 법가치들과 맺고 있는 관계로

---

42 Radbruch, *Rechtsphilosophie*(각주 41), S. 315.

43 이 점에 관해서는 Saliger(각주 8), S. 17 참고. 물론 라드브루흐는 법관에 대해 양심적 결정의 일정한 기준을 제시한다. 즉 법관은 "모든 제정법을 효력을 갖는 법으로 고찰해야 하는 … 양심적 구속을 받는다"(ebd., S. 316)고 한다. 따라서 여기서 말하는 '양심적 결정'은 자율적 결정이 아니라 타율적 결정이다.

44 Radbruch, *Rechtsphilosophie*, 3. Aufl. 1932, *GRGA*, Bd. 2, S. 277. 신칸트학파의 법철학에서 법의 가치관련성이 갖는 인식론적 의미에 관한 구체적인 서술로는 Jörg Sandkühler, "Natur des Rechts und Relativismus im Recht. Eine Studie zu Gustav Radbruch und Hans Kelsen im Kontext des Neukantianismus", in: Alexy u.a.(Hrsg.), *Neukantianismus und Rechtsphilosophie*, 2002, S. 127 이하, 150 이하 참고.

이해해야 한다.**45** 법이념의 다차원성은 처음부터 극단적인 실증주의
와 극단적인 법도덕주의 사이의 중도를 걷는 법효력 개념을 표방하
는 경향을 보이게 만들었다.

그렇다면 라드브루흐 공식이 1914년의 「법철학원론」에서 1947
년의 「법철학입문」에 이르는 전 과정을 관통하고 있는 일관되고 근
본적인 법사상에 따른 필연적 결과인 것일까?**46** 나는 이 물음에 긍
정하는 입장이 라드브루흐 전체 저작에 대한 가능한 해석이라고 여
기긴 하지만, 여러 가지 측면에서 세분화를 거쳐야 할 필요가 있다고
생각한다.

a. 법의 가치관련성은 방법론적 기능을 갖는가 아니면 규범적 기능을 갖는가?

첫 번째 측면은 라드브루흐가 법개념의 필연적 구성부분에 해당한
다고 보는 법의 '가치관련성Wertbezug'이 어떠한 논리적 지위를 갖는지
에 대한 것이다. 드라이어는 이 구상이 신칸트학파를 배경으로 삼고
있다는 점을 타당하게 지적하고 있다.**47** 그러나 빈델반트Windelband, 리

---

45 Radbruch, *Rechtsphilosophie*, 3. Aufl. 1932, *GRGA*, Bd. 2, S. 278 이하.

46 이런 의미에서 Dreier/Pauson, "Zum 50. Todestag von Gustav Radbruch", *ARSP* 85(1999), S. 463 이하에서는 다음과 같이 말한다. "1945년 이후 라드브루흐가 자신의 이론에 가한 변경은 그 핵심적 내용에 비추어 볼 때, 예전에 자신이 갖고 있던 이론적 구상을 일관되게 발전시킨 것일 뿐이다."(S. 467) 이에 관해서는 또한 Paulson, "Radbruch on Unjust Laws: Competing Earlier and Later Views?", *Oxford Journal of Legal Studies*, 15(1995), S. 489 이하 참고.

47 Dreier/Palson, "Einführung(각주 5)", S. 238 이하. 또한 같은 맥락에서 이 점을 이미 지적했던 Arthur Kaufmann, "Gustav Radbruch—Leben und Werke(각주 37)", S. 73도 참고.

커트Rickert, 라스크Lask 등의 신칸트주의 철학48에서 문화적 현상의
가치관련성은 방법론적 의미를 갖고 있지, 규범적 의미를 갖고 있지
않다. 다시 말해 가치관련성이라는 기준을 통해 문화적 현상을 자연
과학의 대상영역으로부터 뚜렷이 구별하려고 했을 뿐, 문화적 현상
에 대한 평가는 철학의 과제를 넘어서는 일이라고 보았다. 이에 반해
라드브루흐의 부정테제에서는 이러한 가치관련성이 주관화하면서,
동시에 법의 정체성을 확인하는 기준으로 상승한다. 이렇게 해서 신
칸트주의의 출발점에 상응해 법이 정의와 선험논리적으로 관계를 맺
는다는 원래의 입장은 이제는 존재론적 색채를 띠게 된다.49 즉 신칸
트주의의 선험논리적 출발점에서 볼 때는 가치평가 가능성Bewertbarkeit
이 문화의 영역을 ―따라서 법의 영역도― 구성하는 의미를 갖는
반면, 라드브루흐에서는 규범제정자의 의도적 가치지향이 법규범이
존재하기 위한 기준이 된다. 그렇게 되면 원래는 선험논리적으로 이
해해야 할, 법의 가치관련성이 규범적―실천적 의미를 갖는 경향을
보이게 된다. 즉 오로지 이러한 의미에서 '법'이라고 부를 수 있는
것만이 구속력을 갖는 법이 되기 때문에, 규범제정자가 그러한 의도
적 가치지향을 갖고 있지 않는 경우에는 '법'(정확히는 비법)이 구속력
을 갖지 않는다는 결론에 도달한다. 이 점에서 라드브루흐는 1946년
의 논문에서 어느 누구도 부정테제의 기준에 따라 법적 성질 자체가

---

48 Wilhelm Windelband, *Geschichte und Naturwissenschaft*, 3. Aufl.
   1904; Heinrich Rickert, *Die Grenzen der naturwissenschaftlichen*
   Begriffsbildung, 5. Aufl. 1929, S. 339 이하; ders., *Kulturwissenschaft*
   und Natuirwissenschaft, 6./7. Aufl. 1926; Emil Lask, *Rechtsphilosophie*
   (1905), in: ders., *Gesammelten Schriften*, Bd. 1, 1923, S. 275 이하.
49 이 점을 명확하게 밝히고 있는 Andreas Funke, "Überlegungen zu Gustav
   Radbruchs 'Verleugnungsformel'", *ARSP* 89(2003), S. 1 이하 참고.

없는 나치시대의 '법'에 대해 복종해야 할 의무가 없다는 사실에 대해 전혀 의문을 갖지 않았다.

라드브루흐가 1924년에 법이념의 문제에 관해 발간한 논문[50]에서는 아직 이와 같은 결론을 도출하지 않았다는 사실에 주목할 필요가 있다. 물론 이미 이 논문에서도 평등취급과 정의에 대한 의지를 법의 정체성을 확인하기 위한 기준으로 보고 있다. 즉 "특정한 개인 또는 특정한 집단에게 불리하게 공포된 예외명령과 같이, 같은 것을 같게 다른 것을 다르게 취급하려는 의지 자체가 내재해 있지 않은 명령"에 대해서는 "법이라는 이름을 거부해야 하고, 그 이유는 어쨌든 정의에 봉사하는 것을 목적으로 삼는 것만이 법이기 때문"이라고 한다.[51] 이 점에서 라드브루흐는 이미 1924년에 법학의 가치관련적 관점에서 법제정자의 가치지향 쪽으로 중심을 이동시켰다고 볼 수 있다. 그렇지만 라드브루흐는 여전히 어떠한 실정법규범이 '법이라는 이름'에 걸맞은 것인가라는 물음과 실정법규범의 구속력, 즉 효력에 대한 물음을 엄격히 구별하고 있다. 왜냐하면 '법이라는 이름'을 박탈해야 할 예외명령도 "실정법적으로 효력을 갖거나 합목적적이고 필요한 것일 수 있으며, 따라서 절대적으로 타당한 것일 수 있다"고 말하고 있기 때문이다.[52] 이러한 법개념에 관련시켜 볼 때는 '구속력을 갖는 비법'도 얼마든지 있을 수 있다. 이는 외관상 모순이며, 이 모순은 인식론적 법개념과 실천적–규범적 법개념을 분리한 탓에 발생했다. 이와 같은 분리를 1945년 이후에는 포기하게 된다. 그

---

50 Radbruch, "Die Problematik der Rechtsidee(1924)", *GRGA*, Bd. 2, S. 460 이하.
51 Radbruch, "Die Problematik der Rechtsidee(각주 51)", S. 462.
52 Radbruch, ebd., S. 462.

리하여 원래는 인식론적인 의미로 이해되던 법의 가치관련성으로부터 실천적-규범적 결론을 도출한다. 이 측면에서는 라드브루흐의 법철학에 상당히 커다란 변화가 발생한 셈이다.[53]

b. 형식적 정의와 실질적 정의

두 번째 의문은 라드브루흐 법철학에서 -원래는- 정의가 갖는 형식적 성격에 관련된 것이다. 1932년의 「법철학」에서 좁은 의미로서의 정의인 평등은 "사실상의 불평등을 특정한 관점에서 추상화한 결과"를 말한다.[54] 무엇이 '특정한 관점'이어야 하고 또한 그래도 좋은지에 대해서는 평등원칙 자체가 아무런 대답도 주지 않는다. 그렇다고 해서 평등원칙으로서의 정의가 아무런 규제력도 없다는 뜻은 아니다. 왜냐하면 평등원칙으로서의 정의는 형식적 구조 자체가 평등취급의 원칙을 침해하고 있는 법률규범을 금지하기 때문이다. 즉 평등취급은 형식적으로 일반화를 전제한다. 따라서 명시적으로 일회적인 상황에만 관련된 개별사례법률은 1932년의 「법철학」에서도 법의 성격을 박탈당한다.[55]

---

53 이 점을 정확하게 지적하고 있는 Funke(각주 49), S. 16 참고.
54 Radbruch, *Rechtsphilosophie*, 3. Aufl. 1932, *GRGA*, Bd. 2, S. 259.
55 "바이마르 제국헌법 제48조에 따라 예컨대 '조치'와 같이 한 개인 또는 개별적인 관계에 한정된 명령은 그 법적 근거가 오로지 구체적 개인 또는 개별적 관계에만 해당한다는 점 때문에 법규가 개별적 성격을 갖게 될 때만 법이라고 할 수 있고, 이에 반해 명령 자체가 개별적 성격을 갖고 있을 때에는 법으로서의 실체가 없다(Radbruch, *Rechtsphilosophie*, 3. Aufl. 1932, *GRGA*, Bd. 2, S. 261)." 법이념의 문제에 대한 그의 논문(각주 50)에서와 마찬가지로 라드브루흐는 1932년의 「법철학」에서도 법률규정이 법적 성질을 갖추지 못한(자의적인) 개별화에 기초하고 있다는 사실로부터 그러한 법률규정은 구속력이 없다거나 허용되지 않는다는 결론을 도출하는

그러나 1945년 이후에 법철학에 제기된 과제를 처리하는 데에는 이 정도로는 충분하지 않다. 왜냐하면 일반화라는 형식적 관점에서는 1935년의 '혈통보호법Blutschutzgesetz'[56]은 '제국청결의 밤Reichskristallnacht'에 따라 피해자들에게 그들이 입은 손해를 감수할 의무를 부과한 법규명령[57]과 마찬가지로 아무런 문제가 없기 때문이다. 여기서 결정적인 측면은 정의의 기초적인 실질적 원칙에 대한 위반이다. 그렇기 때문에 라드브루흐 공식을 '법률적 불법'에 적용할 수 있기 위해서는 정의개념의 실질화를 전제해야 하고, 라드브루흐 자신도 1945년에는 이러한 실질적 정의를 명시적으로 신봉했다. 이 점은 예컨대 법관의 독립성이라는 원칙을 '순수한 정의의 요구'로 이해하고 있다는 사실에서도 드러난다.[58] 이 측면에서는 법철학적 인식의 영역과 학문적으로는 더 이상 그 근거를 제시할 수 없는, 단순한 신념의 영역 사이

것을 명시적으로 거부한다(S. 305의 각주 7). 이 점에서 볼 때 드라이어와 폴슨이 라드브루흐가 이미 '그 당시'에도(즉 1932년의 「법철학」에서도) 법률의 일반성이라는 특징으로부터 "개별사례법률의 무효를 도출했다"고 주장하는 것[Dreier/Paulson, "Einführung(각주 5)", S. 244]은 제한적으로만 타당하다.

56 이 법률의 공식명칭은 1935년 9월 15일에 제정된 '독일의 혈통과 명예를 보호하기 위한 법률(RGBl. 1935 I 1146)'이다. 이 법률에 따르면 "유대인과 독일 혈통 및 이와 동일한 혈통의 독일국적자 사이의 혼외성교"는 금지되고, 그러한 행위를 한 남성은 형벌('징역 또는 금고')을 받도록 규정되어 있었다. 이에 관해서는 Radbruch, "Entwurf eines Nachworts zur 'Rechtsphilosophie' (각주 12)", S. 194 참고.

57 공식명칭은 1938년 11월 12일의 '독일계 유대인의 속죄활동에 관한 명령(RGBl. 1938 I 1579)'이다. 이와 관련해서는 1938년 11월 12일의 '유대인 영업지역의 도로미관 회복을 위한 명령(RGBl. 1938 I 1581)'도 참고. 이에 관해서는 Radbruch, "Entwurf(각주 12)", S. 198 참고.

58 Radbruch, *Vorschule der Rechtsphilosophie*(1947/48), *GRGA*, Bd. 3, S. 144.

의 경계선이 확연히 변경되었다.

c. 상대주의의 상대화

이로써 라드브루흐의 상대주의와 1945년 이후에 이루어진 상대주
의의 상대화라는 세 번째 측면에 대해 설명을 할 수 있게 되었다.
드라이어는 가치상대주의의 문제에 대한 라드브루흐의 입장이 1945
년 이후에는 이미 용어선택에서 변화를 겪었다는 사실에 주의를 환기
시킨다. 즉 '상대주의'라는 용어를 '대립과 긴장Antinomie'이라는 용어
로 대체했다는 것이다.59 그리하여 법의 '합목적성'에 관한 여러 가지
관련지점을 둘러싼 후기 라드브루흐의 이해방식이 이를 통해 표현되
고 있다고 한다. 하지만 내용상으로는 라드브루흐는 여전히 세 가지
가치이념을 구별한다. 즉 개인이 곧 최고선인 개인주의적 가치체계
이외에 전체인격에 구속되는 초개인적 가치체계뿐만 아니라, 작품가
치가 최상의 위치에 놓여 있는 초인격적 가치체계도 존재한다고 한
다.60 이 궁극적 가치범주들 사이에는 어떤 구속력 있는 위계질서를
형성할 수 없다. 이런 의미에서 결단이 필요하다. 라드브루흐의 이
견해에 관한 한, 1932년의「법철학」에서 1947년의「법철학입문」에
이르기까지 아무런 변화가 없다. 다만 라드브루흐의 원래 구상에서는
결단을 거쳐 어느 한 가치체계를 선택할 경우, 뒤로 물러서야 할 다른
가치체계들에 대한 일종의 '소수자보호'가 없었던 반면, 1945년 이후
부터는 국가질서는 반드시 자유주의적인, 다시 말해 개인주의적인 구

---

59 Dreier/Paulson, "Einführung(각주 5)", S. 248. 드라이어와 폴슨은 Radbruch,
"Entwurf(각주 12)", S. 207을 근거로 삼는다.

60 Radbruch, *Vorschule*(각주 11), S. 145 이하. 이와 동일한 생각은 이미
Rechtsphilosophie, GRGA, Bd. 2, S. 279 이하에 나와 있다.

상에 구속되는 권리에 대한 최소한의 보장을 지침으로 삼아야 한다고
요구한다. 이런 의미에서 자유주의는 라드브루흐에게 이제는 "권위
적인 견해를 포함한 … 모든 견해에 포함되어야 할 필수적인 핵심으
로 입증"된다.61 따라서 초개인주의적 또는 초인격주의적 입장에서
인권을 완전히 부정하는 것은 이제 '절대적으로 부정의한 법'이다.62
"피디아스의 조각상 하나가 수백만의 고대 노예들이 겪은 고통보다
더 높은 가치를 갖는다"는 트라이취케H. Treitschke의 악명 높은 말은
"너 자신은 아무 것도 아니고, 너의 민족이 전부이다"는 엄청난 영향
을 미친 원칙과 마찬가지로 이제는 심판의 대상일 뿐이다.63

라드브루흐 정당이론의 변화

법가치의 삼원론에 대한 라드브루흐의 이론은 그의 법철학 가운데
가장 독창적인 부분 가운데 하나인 법철학적 정당이론의 기초를 형성
한다.64 랄프 드라이어는 최근에 이 연관성을 다시 한 번 상기시켜
주었다.65 즉 세 가지 가치체계의 위계질서를 명확하고 증명할 수 있

---

61 Radbruch, *Vorschule*(각주 11), S. 147.

62 Ebd.

63 Ebd. 트라이취케 인용문은 Radbruch, *Rechtsphilosophie*, 3. Aufl. 1932,
GRGA, Bd. 2, S. 281 이하에 이미 등장한다.

64 Radbruch, *Rechtsphilosophie*, 3. Aufl. 1932, GRGA, Bd. 2, S. 290 이
하. 라드브루흐의 정당이론에 관해서는 부제로 붙은 주제영역을 훨씬 뛰어
넘어 라드브루흐 법철학 전반에 걸쳐 탁월한 통찰을 보여주고 있는 박사학
위논문인 Marc André Wiegand, *Unrichtiges Recht. Gustav Radbruchs
rechtsphilosophischer Parteienlehre*, 2004(이에 대한 서평은 S. Ziemann,
in: *Historische Literatur*, Bd. 2, 2004, S. 231 이하) 참고.

65 Ralf Dreier, "Gustav Radbruchs rechtsphilosophische Parteienlehre",

게 확인하는 것은 불가능하기 때문에, 이 위계질서는 각 법문화마다 정치적 논쟁을 거쳐 확정되어야 한다.66 이와 관련하여 세 가지 가치체계에 상응해 이념형적으로 세 가지 정당정치적 입장이 있을 수 있다. 개인주의에는 정치적 자유주의가, 초개인주의적 견해에는 보수적 정당이데올로기가 대응한다. 작품문화Werkkultur를 지향하는 국가이념과 법이념의 대표자로 1914년의「법철학원론」에서는 —유보적이긴 하지만— 중앙정당Zentrumspartei을 보기로 들었다.67 1932년의「법철학」에서는 초인격적 가치체계에 상응하는 정당에 대한 언급을 포기하고 있다.68 끝으로 1947년의「법철학입문」에서는 초인격적 견해가 어떠한 정당이데올로기에서도 표방되지 않았다고 명시적으로 확인한다.69 랄프 드라이어는 세 가지 가치체계들 사이에 존재하는 이러한 비대칭성이 가치이념의 체계를 수정할 필요가 있다는 사실에 대한 징표라고 해석한다. '정당이론이 갖는 시금석으로서의 기능'에 비추어 볼 때, 체계형성 자체의 수정을 고려해야 한다는 것이다.70

ARSP 85(1999), S. 497 이하.

66 Radbruch, *Rechtsphilosophie*(각주 63), S. 280 이하.

67 *Radbruch*, Grundzüge der Rechtsphilosophie(1914), GRGA, Bd. 2, S. 145.

68 라드브루흐는 또한 —자신의 다른 저작들에 나와 있는 '암시'를 지적하면서— "초인격적 작품문화에 지향된 국가의 이상적 모습을 진공상태에서 구성하려는" 시도까지도 포기한다[Radbruch, *Rechtsphilosophie*(각주 63), S. 289].

69 Radbruch, *Vorschule*(각주 11), S. 146.

70 Ralf Dreier, "Parteienlehre(각주 65)", S. 507. *Marc André Wiegand*, *Unrichtiges Recht. Gustav Radbruchs rechtsphilosophischer Parteienlehre*, 2004, S. 204에서는 드라이어의 지적에 동의하긴 하지만, 초인격주의(나치 이데올로기를 여기에 속한다고 보는 것은 문제가 있다)가 라드브루흐의 '법이념' 개념과 합치할 수 있는 가능성 자체를 거의 대부분 부정하고, 따라서 '초인격주의적 규범' 전부를 라드브루흐가 말하는 '부정의한 법'으로

실제로도 국가이론의 구조를 파악하기 위해서는 사실상 ―드라이어가 제안하고 있듯이[71](그리고 라드브루흐 자신도 1910년의 「법학입문」에서 표방했듯이),[72]― 개인주의적 입장과 집단주의적 입장의 이원적 체계에 국한시키는 것이 더 적절할 것으로 보인다. 물론 국가질서는 비록 정도는 다를지라도 초인격적 가치에 구속된다고 느낄 수 있다(예를 들어 바이에른주 헌법 제3조에 따르면 바이에른은 문화국가이다). 그러나 이론적 조합과 관련된 핵심적인 체계는 개인주의적 견해와 초개인주의적인 견해, 다시 말해 계약모델과 유기체론을 통해 형성된다. 이에 반해 작품가치는 랄프 드라이어가 밝히고 있듯이 이 틀 속에서 해석할 수 있다.[73] 「법철학입문」에서는 라드브루흐 스스로도 초인격적 견해를 문화사적 관점의 의미로 국한시키고 있다. 즉 초인격적 견해는 어느 정당독트린에서도 등장하지 않지만, "몰락한 민족들에 대한 후대의 역사적 평가에서는 유일한 기준이 된다"고 쓰고 있다.[74] 따라서 규범적 관점에서는 드라이어가 의미하는 대로 개인주의적 법사상과 집단주의적 법사상이라는 이원적 체계로 파악하는 것만으로 충분하다.

▌ 라드브루흐 공식과 소급효금지

이제 남아 있는 물음은 라드브루흐 공식이 이를 형법적 정당화사

보고 있다(요약적인 내용은 S. 224 이하 참고).

71 Ralf Dreier, "Parteienlehre(각주 65)".

72 Radbruch, *Einführung in die Rechtswissenschaft*(1910), *GRGA*, Bd. 1, S. 91 이하, 101 이하.

73 Ralf Dreier, "Parteienlehre(각주 65)".

74 *Radbruch, Vorschule*(각주 11), S. 146.

유에 적용할 경우 소급효금지에 위반되지 않는가라는, 앞에서 남겨
놓은 물음이다.[75]

라드브루흐 공식은 소급효금지의 보호인가?

이 물음은 이미 논리적인 이유에서 부정해야 한다. 왜냐하면 자연
법적 사유모델의 의미는 바로 이 모델이 자연법에 반하는 법률에
대해 처음부터 구속력을 박탈한다는 데 있기 때문이다. 따라서 자연
법적 논증은 이미 과거에도 법질서에 존재하고 있었던 법상태를 관
철할 뿐이라고 결론을 내릴 수 있다. 그렇다면 라드브루흐 공식의
적용은 법상태를 소급적으로 변경시키는 것이 아니라, 과거에 사실
상으로 있었던 법상태를 확인하는 것일 뿐이다.[76] 이러한 관점에서

---

75 아래의 서술과 관련해서는 Ulfrid Neumann, "Rechtspositivismus,
Rechtrealismus und Rechtsmoralismus in der Diskussion um die
strafrechtliche Bewältigung politischer Systemwechsel", in: Prittwitz
u.a.(Hrsg.), *Festschrift für Klaus Lüderssen*, 2002, S. 109 이하.

76 알렉시의 분명한 표현을 빌리자면, "라드브루흐 공식의 적용을 통해 …
법상태가 소급적으로 변경되는 것이 아니라, 단지 행위시점에서 무엇이
법상태였는지가 확인될 뿐이다"(Robert Alexy, *Mauerschützen. Zum
Verhältnis von Recht, Moral und Strafbarkeit*, 1993, S. 33. 또한 Alexy,
*Der Beschluss des Bundesverfassungsgerichts zu den Tötungen an
der innerdeutschen Grenze vom 24. Oktober 1996*, 1997, S. 14, 21의
각주 67도 참고). 같은 의미에서 Udo Ebert, "Strafrechtliche Bewältigung
des SED – Unrechts zwischen Politik, Strafrecht und Verfassungsrecht",
in: Ebert u.a.(Hrsg.), *Festschrift für Enrst – Walter Hanack zum 70.
Geburtstag*, 1999, S. 501 이하, 526; Jan – Reinard Sieckmann, "Die
'Radbruch'sche Formel' und die Mauerschützen", *ARSP* 87(2001), S.
496 이하, 510 이하. 또한 결론적으로는 같은 입장에 서있는 Lukas H.
Meyer, "Grenzen ihrer Ungerechtigkeit wegen die geltung absprechen.

보면 라드브루흐 공식은 소급효금지의 파괴가 아니라, 오히려 소급효금지를 보호하기 위해 수반되는 장치에 해당한다.

이러한 해석이 라드브루흐의 의도에도 부합한다는 점에 대해서는 전혀 의문을 제기할 수 없다. 왜냐하면 라드브루흐는 이 모델을 기준으로 "나치의 모든 법이 결코 효력을 갖는 법이라는 존엄"을 확보하지 못하도록 하고자 했기 때문이다.77 이러한 관점에 따른다면, 법이론적 측면에서 소급효의 문제는 제기되지 않는다. 다만 법치국가적 이유에서 과거 당시의 '진정한' 법상태를 아무런 고려 없이 행위자에 불리하게 적용하는 것을 포기해야 할 것인지를 고려하면 그만이다. 이와 관련해서는 그 당시의 법상태 대신에 그 당시의 성문법lex scripta78 또는 당시의 법실무79에 초점을 맞출 수 있는 방법이 있다. 또한 회피불가능한 금지착오를 광범위하게 인정함으로써 신뢰보호 사상을 감안할 수도 있다.80 그리고 현저하게 부정의한 정당화규범이 처음부터 무

Gustav Radbruch und der Relativismus", in: *Neukantianismus und Rechtsphilosophie*(각주 44), S. 319 이하, 354 이하도 참고. 하지만 마이어는 이 글에서 라드브루흐 공식의 적용이 실정법적 규정(성문법)과 관련된 소급효금지에 위반될 수 있고, 따라서 법적 명확성의 이유에서 처음부터 무효였던 법규범과 관련된 사건에서도 소급효를 인정하는 법률을 별도로 제정해야 한다는 사실을 강조한다.

77 Radbruch, "Gesetzliches Unrecht(각주 6)", *GRGA*, Bd. 3, S. 89.

78 이에 관해 자세히는 Saliger, *Radbruchsche Formel*(각주 8), S. 36 이하 참고.

79 법실무에 초점을 맞추는 경향에 관해서는 Alexy, *Beschluss*(각주 76), S. 14, 21의 각주 67 참고.

80 금지착오에 관련된 대립되는 견해들에 관한 문헌은 Ulfrid Neumann, *Nomos -Kommentar zum StGB*, § 17 Rn. 102 참고. 상세한 논의로는 Wolfgang Naucke, "Staatstheorie und Verbotsirrtum", in: Schünemann u.a.(Hrsg.), *Festschrift für Claus Roxin zum 70. Geburtstag*, 2001, S. 503 이하 참고. 또한 Christoph Roos, *Die Vermeidbarkeit des Verbotsirrtums nach § 17*

효였다는 전제에 따른 실천적인 문제들은 보조적인 규율을 통해 처리할 수 있다.

라드브루흐 공식은 소급효금지의 파괴인가?

하지만 여전히 법이론적 물음이 남는다. 왜냐하면 특정한 규범이 이미 과거 당시의 법질서에서 효력을 갖지 않았다는 표현은 논리적 구조가 썩 명확하지 않은 사실과 관련을 맺기 때문이다. 이는 법효력이라는 개념이 혼란을 불러일으킬 정도로 다의성을 갖고 있다는 사정과 관련이 있다. 법효력의 다의성에 대해서는 로버트 알렉시가 마치 지도를 만들어 놓은 것과 같은 상세한 분석을 제시하고 있다.[81] 우리의 맥락에서 핵심적인 물음은 과거의 법질서 속에서 제정되었고 또한 그 당시에 준수되었던 규범에 법윤리적 근거에서 이미 그 당시에도 효력을 갖지 않았었다고 주장할 수 있는가이다. 나는 그렇게 주장할 수 없다고 생각하며, 그 때문에 라드브루흐 공식은 단지 겉으로 볼 때에만 소급효의 문제를 피하고 있는 것처럼 보일 뿐이라고 본다. 나는 이와 관련된 문제를 별로 정치적 부담이 없는 보기를 선택하여 명확하게 밝혀보도록 하겠다.[82]

일단 법도덕주의적 입장의 옹호자가 다음과 같은 주장을 내세웠다고 전제해보자. "고대 도시국가의 법질서가 인정했던 노예제도에 관한 법규정은 보편적이고 초시간적인 자연법에 위반되기 때문에 이

StGB im Spiegel der BGH-Rechtsprechung, 2000도 참고.

81 Alexy, *Begriff und Geltung des Rechts*, 2. Aufl 1994.

82 이하에서 매우 축약적인 형태로 제시하는 논증의 자세한 내용은 Neumann, "Rechtspositivismus(각주 75)", S. 117 이하 참고.

미 페리클레스의 시대에도 효력을 갖는 법이 아니었다." 우리는 이 주장에 동의하기를 주저하게 된다. 물론 우리가 오늘날의 법질서에 노예제를 인정하는 규범이 존재한다면 당연히 그 효력을 부정하겠지만 말이다. 이러한 차이는 어디에 기인하는 것일까?

나는 이 차이가 고대 도시국가에 대한 시간적 거리에 기인한다고 생각하지 않는다. 그렇다고 변화하는 자연법이라는 사고에 따른 것도 아니다. 왜냐하면 초시간적 자연법을 주장하는 사람마저도 앞에서 말한 주장에는 동의하지 않을 것이기 때문이다. 이 차이는 관점의 차이이다. 즉 법도덕주의적 관점은 해당하는 법체계와 관련된 내재적 관점에서 의미가 있다.[83] 왜냐하면 앞서 제시한 법도덕주의적 주장은 실정법의 특정한 규범에 대해 준수를 거부하라는 요청을 담고 있기 때문이다. 법실증주의와 법도덕주의 사이의 논쟁은 사실상 시민과 법집행자에 대한 호소를 둘러싼 대립이다. 이 점에서 양자 사이의 논쟁은 이론철학의 영역이 아니라, 실천철학의 영역에 속한다. 법도덕주의자는 극단적으로 부정의한 법률에 대해서는 시민과 법원 모두가 이를 준수하지 않는 실천이 확립되어야 한다고 요구한다. 부정의한 법률은 결코 효력을 갖는 법이 아니라는 주장은 이러한 규범의 속성에 대한 언명이 아니라, 이러한 규범을 법실무에서 준수하지 말라는 요청이다.

그렇기 때문에 과거의 법체계를 재구성할 경우에는 자연법적 입장은 배제된다. 과거의 법질서를 자연법적 관점에서 재구성하는 것은 결코 법규범을 준수하거나 준수하지 말라는 호소로 해석할 수

---

83 이러한 차이에 관한 기본적 서술은 Hart, *Der Begriff des Rechts*, 1973, S. 140 이하 참고. 라드브루흐 공식이 내재적 관점에 속한다는 점은 Alexy, "Defence(각주 9)", S. 26도 강조하고 있다.

없다. 다시 노예제도를 보기로 들어보자. 당연히 우리는 얼마든지 "고대 폴리스의 기관들은 노예제에 대한 규정을 적용하지 말았어야 했다"고 말할 수 있다. 하지만 이는 그 당시에 효력을 갖고 있던 법에 지향된 실무를 도덕적 관점에서 평가하는 것일 뿐이다. '… 이어야 했다'는 식으로 과거에 대한 소망을 표현하는 것은 도덕적 성격을 가질 뿐, 법적 성격을 갖지 못한다. 왜냐하면 법은 사회적 존재일 뿐, 결코 이념적 존재가 아니기 때문이다. 그러므로 과거의 법질서가 실제로는 당시의 법률과 법적 확신에 표현된 것과는 다른 내용을 가졌다고 주장하는 것은 무의미하다. 우리는 단지 일정한 법개념을 선택하여 특정한 법률과 법적 확신에 대해 이를 구속력을 갖는 법으로 승인하기를 거부할 수 있을 따름이다.

그러므로 하나의 법질서에 대해 자연법적으로 해석할 수 있는 가능성은 해당하는 법체계의 내부에서 이루어지는 논의에 참여하는 사람의 내재적 관점에 국한된다. 이 경우 '내재적' 관점과 '외재적' 관점의 차이는 당연히 '자기 나라의' 법질서와 '다른 나라의' 법질서의 차이와 일치하지 않는다. 예를 들어 다른 나라의 법정에서 소송당사자가 된 사람은 이 다른 나라의 법질서와 관련해서 얼마든지 내재적 관점을 취하면서 이 법질서에 포함된 특정 규범에 대해 자연법적으로 논증을 할 수 있다. 거꾸로 「독일법 입문」 책을 쓸 때처럼 자기 나라의 법질서에 대해 외재적 관점을 취하는 것도 가능하다. 그러나 이미 사라져버린 과거의 법질서에 대해 내재적 관점을 취하는 것은 명백히 불가능하다. 바로 이 점이 "자연법적 금지에 비추어 볼 때, 고대 도시국가의 법에서는 노예제도가 존재하지 않았다"는 주장이 왜 아무런 의미가 없는지에 대한 이유이다.

고대 노예제라는 보기에 해당하는 내용은 우리에게 시간적으로 가까운 과거의 법체계에도 해당한다. 즉 구동독의 법 가운데 비난받아 마땅한 규율들에 대해서도 그것이 자연법에 위반된다는 이유로 법효력을 박탈할 수는 없다. 따라서 특히 연방법원이 국경수비대 사건에서 기초로 삼고 있는 자연법적 논증은 타당하지 않다.

이 지점에서 구동독의 법과 관련해서 문제가 되는 것은 사법부가 오늘날 우리의 법질서 내에서 어떻게 결정을 내려야 하는지, 다시 말해 내재적 관점에서 제기되고, 따라서 얼마든지 자연법적 논거를 취할 수 있는 실천적 문제라는 식으로 논증하는 입장이 등장한다. 이 경우 자연법적 논증은 사실상 호소적 기능을 갖는다. 하지만 이렇게 되면, 오늘날에 결정을 내릴 때 정의라는 관점에 비추어 과거 동독의 법질서를 고려하지 말라는 호소가 되고 만다. 그렇기 때문에 라드브루흐 공식을 원용하면 사실상 소급효금지를 위반하는 것이 된다.[84] 이 점에 관한 한, 라드브루흐보다는 하트가 옳다. 또한 이 점에 관한 한, 소급효금지의 제한이 필요하다고 보는 연방헌법재판소의 입장에 동의할 수 있다.[85] 이러한 제한이 정당한지는 여기서 자세히

---

84 같은 입장으로는 예컨대 H. Dreier, "Gustav Radbruch und die Mauerschützen", *JZ* 1997, S. 421 이하, 431; Bernhard Schlink, *NJ* 1994, S. 433 이하. 피고인에게 불리하게 라드브루흐 공식을 적용하는 것에 회의적인 입장으로는 Klaus Adomeit, "Der Rechtspositivismus im Denken von Hans Kelsen und von Gustav Radbruch", *JZ* 2003, S. 161, 164도 참고.

85 BVerfGE 95, 96. 이 결정의 배후에 자리 잡고 있는 법철학적 및 법실천적 고려에 대한 명쾌한 설명으로는 Winfried Hassemer, "Staatsverstärkte Kriminalität als Gegenstand der Rechtsprechung. Grundlagen der 'Mauerschützen' – Entscheidungen des Bundesgerichtshofs und Bundesverfassungsgerichts", in: *50 Jahre Bundesgerichtshof. Festgabe aus der Wissenschaft*, 2000, Bd. IV, S. 439, 456 이하 참고. 이에 대한 논의에 관해서는 예컨대 Heiner Alwart, "Die Vernünftigkeit des Bundesverfassungsgerichts", *JZ* 2000, S. 227 이하; Alexy, *Beschluss*

다룰 수 없는 다른 문제이다. 어쨌든 라드브루흐 공식이라는 '날카로
운 칼'을 성급하게 사용하는 것에 대한 랄프 드라이어의 유보적 태
도86는 법치국가적 우려에 대한 그의 탁월한 감각의 표현으로서 충
분한 근거가 있다.

(각주 76); Jörg Arnold, "Einschränkung des Rückwirkungsverbotes
sowie sorgfältige Schuldprüfung bei den Tötungsfällen an der DDR
-Grenze -BVerfG", *NJW* 1997, 929, in: *JuS* 1997, S. 400 이하; Erhard
Denninger, "Die Wirksamkeit der Menschenrechte in der deutschen
Verfassungsrechtsprechung", *JZ* 1998, S. 1129 이하, 1131 이하 참고.
86 앞의 각주 36 참고. 라드브루흐 스스로도 공식을 적용함으로써 소급효
금지와 법적 안정성에 가져 올 위험을 결코 간과하지 않았다. 이에 관해
서는 Radbruch, "Zur Diskussion über die Verbrechen gegen die
Menschlichkeit(1947)", *GRGA*, Bd. 8, S. 250 이하, 257 참고.

구스타프 라드브루흐의 사상에서
자연법과 실정법
: 연속성과 불연속성

▌서 론

자연법의 문제에 대한 이 하이델베르크 학회를 구스타프 라드브루흐의 법철학에 대한 발표로 시작하는 데에는 최소한 두 가지 타당한 근거를 제시할 수 있다. 첫 번째 근거는 라드브루흐의 생애와 관련된다. 주지하듯이 하이델베르크는 신칸트주의자 라드브루흐의 정신적 고향[1]일 뿐만 아니라, 수십 년에 걸쳐 그의 삶의 지리적 중심이

---

1 라드브루흐 법철학의 뿌리가 신칸트주의라는 점에 대해서는 Ralf Dreier/ Stanley Paulson, "Einführung in die Rechtsphilosophie Radbruchs", in: Gustav Radbruch, *Rechtsphilosophie*(Studienausgabe), hrsg. von Ralf Dreier und Stanley Paulson, 2. Aufl. 2003, S. 237 이하, 238; Neumann, "Wissenschaftstheorie der Rechtswissenschaft bei Hans Kelsen und Gustav Radbruch. Zwei 'neukantische' Perspektiven", in: Paulson/ Stolleis(Hrsg.), *Hans Kelsen. Staatsrechtslehrer und Rechtstheoretiker des 20. Jahrhunderts*, 2005, S. 35 이하[본서의 109면 이하]; Marc André Wiegand, *Unrichtiges Recht. Gustav Radbruchs rechtsphilosophische*

었다. 기억을 환기시키자면, 라드브루흐는 1904년부터 1914년까지 하이델베르크 대학의 사강사와 교수였으며, 1914년에 쾨니히스베르크 대학으로 옮긴 후, 1919년에는 키일 대학으로 옮겼다. 그 이후 제국의회 의원으로 비르트Wirth 정부와 스테레제만Stresemann 정부에서 법무장관으로 역임하는 등 활발한 정치활동을 한 이후 1926년에 다시 하이델베르크 대학의 초빙을 받아 학계로 복귀한다. 라드브루흐는 이 순간을 '자신의 정신적 고향으로의 귀환'으로 느꼈다.[2] 1933년 5월에 라드브루흐는 그의 인격과 지금까지의 활동에 비추어 볼 때 민족국가에 대해 헌신하리라고 기대할 수 없다는 이유로 교수직에서 해임된다. 하지만 교수직을 상실한 이후에도 라드브루흐는 하이델베르크에 살면서 학문적 작업을 계속했다. 나치 독재가 종식된 이후 라드브루흐는 다시 교수직에 복귀해서 법과대학 학장이 된다. 71번째 생일 며칠 뒤인 1949년 11월 23일에 라드브루흐는 하이델베르크에서 사망했고, 이곳의 유명한 공동묘지에 묻혔다.[3]

Parteienlehre, 2004, S. 19 이하 참고.

2 이에 관해서는 Küper, "Gustav Radbruch als Heidelberger Rechtslehrer. Biographisches und Antobiographisches", in: ders.(Hrsg.), *Heidelberger Strafrechtslehrer im 19. und 20. Jahrhundert*, 1986, S. 225 이하, 232 참고.

3 라드브루흐의 생애에 대해 더 자세히는 특히 Arthur Kaufmann, *Gustav Radbruch. Rechtsdenker, Philosoph, Sozialdemokrat*, 1987; Erik Wolf, "Gustav Radbruch", in: ders., *Große Rechtsdenker*, 4. Aufl. 1963, S. 713-756 참고. 또한 Kastner, *Goethe in Leben und Werk Gustav Radbruchs*, 1999, S. 6 이하; Spendel, *Jurist in einer Zeitwende. Gustav Radbruch zum 100. Geburtstag*, 1979; Jan Schröder, "Gustav Radbruch", in: Kleinheyer/Schröder, *Deutsche und europäische Juristen aus neun Jahrhunderten*, 4. Aufl. 1996, S. 346 참고.

'전환 테제'와 '연속성 테제'

'자연법과 법실증주의'라는 주제를 라드브루흐 법철학을 보기로
삼아 다루는 두 번째 이유는 구스타프 라드브루흐의 학문적 업적의
발전사와 관련이 있다. 라드브루흐는 그의 학문적 여정에서 정의,
법실증주의, 자연법의 문제에 대해 다양한 방식으로 견해를 밝혔
다. 다수의 해석자들은 제3제국의 불법체제를 경험한 이후 원래 법
실증주의자였던 라드브루흐가 생애의 마지막 단계에서는 자연법론
자로 변화하는 '다마스커스의 체험'[4]을 했다고 말한다. 만일 이러한
해석이 옳다면, 라드브루흐의 태도변화를 자연법의 진리성에 대한
확실한 증거로 여길 수 있을 것이다. 즉 초기 이론이 표방했던 법실
증주의는 불법체계의 경험이라는 실험을 통해 반박되었고, 자연법
적 통찰이라는 후기의 더 좋은 이론을 통해 대체되었다는 식으로
재구성할 수 있을 것이다.[5] 하지만 이렇게 단순하게 결론을 내리기

---

4 Fritz von Hippel, *Gustav Radbruch als rechtsphilosophischer Denker*,
1951, S. 36. 비슷한 입장으로는 Ernst von Hippel, "Das Naturrecht in
der Rechtsprechung der Bundesrepublik", in: ders., *Mechanisches
und moralisches Rechtsdenekn*, 1959, S. 224 이하, 228 이하("라드브루흐
가 사울에서 바울로 변했다"). 프리츠 바우어는 라드브루흐의 법철학이 '공중
회전(salto vitale)'을 했다고 말하기도 한다(Fritz Bauer, "Das 'gesetzliche
Unrecht' des Nationalsozialismus und die deutsche Strafrechtspflege",
in: *Gedächtnisschrift für Gustav Radbruch*, 1968, S. 302 이하, 302).
5 이런 의미에서 라드브루흐가 방향을 급선회했다는 전제에서 출발하는 하트
는 라드브루흐가 1945년 이후에 행한 "호소는 법과 도덕의 분리에 관한 이
론을 포기한 것"이고, 그 때문에 "이러한 포기를 다시 철회할 절박한 필요
성이 있다"고 말한다(H.L.A. Hart, "Der Positivismus und die Trennung
von Recht und Moral", in: ders., *Recht und Moral*, hrsg. von Norbert
Hoerster, 1971, S. 14 이하, 40).

에는 사정이 상당히 복잡하다. 자연법과 법실증주의에 대한 라드브
루흐의 입장이 실제로 변화를 겪었는지 그리고 어떠한 의미에서
변화를 겪었는지는 단순하게 대답할 수 있는 물음이 아니기 때문이
다.

a. '법실증주의로부터 자연법으로'

일단 라드브루흐가 1945년 이후에는 엄격한 실증주의적 법효력
모델과는 합치하지 않는 견해를 주장했다는 점에 대해서는 이견이
있을 수 없다. 실증주의적 법이론은 오로지 법규범이 법적 절차에
정확하게 합치하여 제정되었다는 사실만을 법규범의 효력근거로 본
다. 따라서 논리적 모순이 발생하지 않는 한, 법규범의 내용은 법규
범의 효력과 관련해 전혀 중요하지 않다. 이는 특히 어떤 규범이 정
의로운지 여부는 이 규범의 효력 기준이 아니라는 것을 뜻한다. 이를
소극적으로 표현하자면, 현저하게 부정의한 법률일지라도 절차적 요
건을 충족하는 한, 효력을 갖는 법이다.

이러한 입장을 1945년 이후의 라드브루흐는 명시적으로 비판한
다. 이제 내용이 극단적으로 부정의한 경우에는 제정법의 구속력이
부정된다. 즉 "정의에 대한 실정법률의 모순이 도저히 참을 수 없을
정도에 도달하면 법률은 '부정당한 법'으로서 정의에 자리를 내주어
야 한다."[6] 이처럼 부정의의 정도에 초점을 맞추는 양적 기준 이외에
도 ─라드브루흐에 따르면─ 훨씬 더 뚜렷하고 날카롭게 경계를 설
정할 수 있는 질적 기준이 제시된다. "결코 정의를 추구하지 않는

---

6 Radbruch, "Gesetzliches Unrecht und übergesetzliches Recht(1946)",
in: *Gustav Radbruch Gesamtausgabe(GRGA)* Bd. 3, S. 83 이하, 89.

경우, 다시 말해 실정법을 제정하면서 정의의 핵심을 이루는 평등을 의식적으로 부정한 경우, 그 법률은 단순히 '부정당한 법'에 그치지 않고, 법의 성질 자체를 갖고 있지 않다. 왜냐하면 실정법을 포함한 모든 법은 정의에 봉사하는 의미를 갖는 질서와 규정이라고 개념 정의할 수밖에 없기 때문이다."[7] '라드브루흐 공식Radbruchsche Formel'[8] 이라는 개념을 통해 집약적으로 표현되는 이러한 효력 기준들로부터 라드브루흐 자신이 명백히 선언하고 있는 다음과 같은 결론이 도출된다. "나치의 법은 결코 효력을 갖는 법이라고 말할 자격을 갖추고 있지 않다."[9]

엄격한 실증주의적 법효력 모델에 대한 이와 같은 명시적인 거부는 실제로 이와는 다른 방향을 향하고 있는 그의 초기 저작의 견해들에 대립된다. 가장 현저한 보기는 1932년에 출간한 「법철학」 제3판에서 라드브루흐가 서술하고 있는 내용이다. 여기서 라드브루흐는 법관이 법에 대해 무조건적으로 복종할 의무가 있다고 서술하고 있다. 즉 라드브루흐에 따르면 법관은 "법률이 정의로운지를 전혀 고려하지 않고 법률에만 봉사"해야 하고, 이러한 주장을 수사학적 표현을 동원하여 첨예하게 표현한다. "우리는 자신의 확신에 반하여 설교하는 목사는 경멸하지만, 자신의 반대되는 법감정으로 인해 법률에 충실한 태도에 결코 혼란을 겪지 않는 법관은 존경한다."[10]

---

7 앞의 각주 6과 동일.
8 라드브루흐 공식을 분석한 단행본으로는 Saliger, *Radbruchsche Formel und Rechtsstaat*, 1995; Adachi, *Die Radbruchsche Formel. Eine Untersuchung zur Rechtsphilosophie Gustav Radbruchs*, 2006 참고.
9 앞의 각주 6과 동일.
10 Radbruch, *Rechtsphilosophie*(1932), *GRGA* Bd. 2, S. 206 이하, 316.

이와 같이 라드브루흐가 실증주의자로부터 자연법론자로 변화했다면, 그는 '다마스커스의 체험'을 통해 자연법으로 개종한 것이었을까? 이 물음은 라드브루흐 해석자들 사이에서 논란이 되는 물음이다. 이 물음을 둘러싸고 '전환 테제'[11]를 주장하는 학자들과 '연속성 테제'를 주장하는 학자들이 대립하고 있다. 연속성 테제를 주장하는 학자들은 ㅡ구체적인 내용에서는 학자들마다 차이가 있긴 하지만ㅡ 라드브루흐 법철학에 드러나 있는 지속적인 요소들을 강조하고, 라드브루흐 입장의 변화를 단순한 강조점의 변화로 해석한다.[12] 1945년 이후의 라드브루흐의 입장이 의심의 여지없이 자연법적 요소를 포함하고 있기 때문에, 이 물음에 대한 대답은 라드브루흐가 그의 초기 저작에서 취하고 있던 입장을 실제로 일관된 법실증주의에 속한다고 볼 수 있는지 여부 및 그 근거에 달려 있다.

b. 섬세한 구별의 필요성

부정의한 법률에 대해서조차도 법관은 복종해야 할 의무가 있다

---

11 앞의 각주 4에 제시된 문헌을 참고.

12 이에 관해서는 예컨대 Horst Dreier, "Die Radbruchsche Formelㅡ Erkenntnis oder Bekenntnis?", in: *Festschrift für Robert Walter*, 1991, S. 120 이하, 128; Winfried Hassemer, "Einführung" zu *GRGA* Band 3, S. 1, 13 등; Arthur Kaufmann, "Gustav RadbruchㅡLeben und Werk", in: *GRGA* Bd. 1, S. 45 이하, 81 이하; Saliger, *Radbruchsche Formel*(각주 8), S. 13; Erik Wolf, "Umbruch oder Entwicklung in Gustav Radbruchs Rechtsphilosophie?", *ARSP* 45(1959), S. 481 이하 참고. 최근에는 이 논문이 기초로 삼고 있는 전통적인 구별과는 달리 '발전 테제'와 (사실상 '동일성 테제'로 이해되는) '연속성 테제'를 구별하기도 한다. 이에 관해서는 Adachi, *Die Radbruchsche Formel*(각주 8), S. 13 이하 참고(아다치는 여기서 자신과 스탠리 폴슨이 '연속성 테제'를 주장하는 입장에 있다고 설명한다).

는 내용의 인용문을 그 맥락에 비추어 독해해보면, 라드브루흐의 초기 입장이 법실증주의에 속한다는 주장을 의심할 수 있는 첫 번째 실마리를 얻게 된다. 왜냐하면 라드브루흐는 이러한 복종의무를 법적용자, 즉 사회적 역할을 통해 실정법질서에 봉사할 의무를 부담하는 자에게만 엄격히 국한하고 있기 때문이다. 이에 반해 라드브루흐는 법복종자인 시민에 대해서는 '치욕스러운 법률Schandgesetz'을 준수할 의무가 없다고 명시적으로 밝히고 있다.[13] 이는 내용적 및 방법적으로 실증주의 법효력 모델에 대한 거부를 의미한다. 왜냐하면 ―내용적으로― 시민에 대한 법률의 구속력(효력)과 관련해서 실질적 기준, 즉 법률이 정의로운지 아니면 부정의한지에 따라 구별하고 있기 때문이며, ―방법적으로― 법복종자와 법적용자에 대해 법의 구속력을 다르게 규정할 수 있는 가능성은 곧 효력 개념의 관계적 구조 relationale Struktur를 전제하기 때문이다. 하나의 법규범이 구속력을 갖는지 여부를 결정하는 것은 당사자의 양심이다. 따라서 여기서 말하는 '효력'은 법규범의 형식적 성질이 아니라, 법과 개인 사이의 규범적 끈이라는 관계로 이해된다. 이런 의미에서 법의 효력은 당사자와 당사자의 양심이 처분할 수 있는 대상이다. 그렇기 때문에 라드브루흐의 이러한 '초기' 사상은 법과 법효력에 관한 엄격한 실증주의적 개념과 합치하지 않는다.

라드브루흐가 엄격한 실증주의적 법이론을 주장하지 않았을 것이라는 의심은 법효력의 문제를 법개념과 법이념에 관한 그의 이론적 구상이라는 맥락에서 고찰해보면 더욱 증폭된다. 왜냐하면 라드브루흐는 리커트Rickert와 라스크Lask의 신칸트주의적 접근방법을 수

---

13 Radbruch, *Rechtsphilosophie*(1932), *GRGA* Bd. 2, S. 206 이하, 315.

용해 법을 법이념에 관련시키고, 이를 통해 정의라는 가치에도 관련
시키기 때문이다. 1932년의 법철학에서 법은 '법이념을 실현시킨다
는 의미를 갖고 있는 존재사실'로 규정된다.[14] 그러나 법이념은 상
대적으로 실증주의의 입장에 해당한다고 볼 수 있는 법적 안정성
이외에도 법의 정의Gerechtigkeit와 합목적성 ― 여기서 말하는 합목적
성은 실증주의적이고 도구적인 의미가 아니라, 법이 최상위의 법가
치와 관계를 맺는다는 사실로 이해해야 한다― 이라는 가치까지 포
괄하기 때문이다. 라드브루흐는 1945년 이후에도 이 법개념을 고수
한다. 예를 들어 1947년의 법철학 강의의 필사본을 본인의 검토를
거쳐 출간한 「법철학입문Vorschule der Rechtsphilosophie」에서도 법은 법이
념(좁은 의미의 정의)을 실현한다는 의미를 갖는 존재사실로 개념 규
정되어 있다.[15]

　법적 안정성, 정의 그리고 합목적성으로 표현되는 법이념의 다차
원성[16]은 처음부터 극단적인 법실증주의와 극단적인 자연법론 사이
에서 중도를 걷는 법효력 이론의 경향을 갖고 있었다. 법적 안정성을
이유로 부정의한 법률에 대해서도 원칙적으로 법적 구속력을 인정하
지만, 정의에 대한 모순이 참을 수 없을 정도에 이르렀을 때에는 효
력을 갖지 않는다는 '라드브루흐 공식' 역시 이와 같은 중도적 입장
을 표방한 결과이다.

　라드브루흐의 법개념과 흔히 '부정테제Verleugnungsformel'로 불리
는, 공식의 한 요소 사이에는 아마도 더욱 더 면밀한 관계설정이

---

14 Radbruch, *Rechtsphilosophie*(1932), *GRGA* Bd. 2, S. 227.

15 Radbruch, *Vorschule der Rechtsphilosophie*(1948), *GRGA* Bd. 3, S. 121 이하, 151.

16 Radbruch, *Rechtsphilosophie*(1932), *GRGA* Bd. 2, S. 278 이하.

가능할 것 같다. 왜냐하면 법이 –정의를 포함하는– 법이념을 실현한다는 의미를 갖는 존재사실이라면, 법이념을 실현하지 않는 규범은 효력을 갖는 법으로 인정되지 않게 될 것이기 때문이다. 바로 이 점이 '부정테제'에 표현되어 있다. 즉 이 테제에 따르면 "결코 정의를 추구하지 않는 경우, 다시 말해 실정법을 제정하면서 정의의 핵심을 이루는 평등을 의식적으로 부정한 경우"[17]에는 법효력이 부정된다.

그렇다면 '부정테제'의 의미에서의 라드브루흐 공식은 1914년의 「법철학원론Grundzüge der Rechtsphilosophie」부터 1947년의 「입문」에 이르기까지 원칙적으로 지속되고 있는 법이해에 따른 필연적 결론인 것일까? 만일 그렇게 생각한다면 그것은 전환 테제가 갖고 있는 지나친 단순화를 연속성 테제에서도 똑같이 반복하는 단순한 고찰방식이 될 것이다. 왜냐하면 연속성을 전제할지라도 라드브루흐의 '초기' 입장과 '후기' 입장 사이에는 여러 가지 측면에서 뚜렷한 차이가 있음을 알 수 있기 때문이다.

라드브루흐 법사상의 변화

a. 법의 가치관련성은 방법론적 기능을 갖는가 아니면 규범적 기능을 갖는가?

첫 번째 측면은 법이 '법이념을 실현한다는 의미를 갖는 존재사실'[18]이라는 표현에서 표출되고 있는, 법가치와 법현실 사이의 관계

---

17 각주 6 참고.
18 각주 14 참고.

가 정확히 어떠한 의미를 갖고 있는지에 관련된다. 즉 라드브루흐에 따르면 법개념을 구성하는 핵심요소인 법의 '가치관련성'이 어떠한 논리적 지위를 갖는지를 살펴보아야 한다.

나는 앞에서 라드브루흐의 법개념이 명백히 신칸트주의의 이론적 접근방법, 특히 빈델반트Windelband, 리커트, 라스크의 접근방법에 구속되어 있다는 점을 이미 지적했다. 그러나 이 접근방법의 범위 내에서 문화적 현상의 가치관련성은 방법론적 의미를 가질 뿐, 결코 규범적 의미를 갖지 않는다.[19] 다시 말해 가치관련성이라는 기준의 도움으로 문화적 현상을 자연과학의 대상영역에서 배제한다는 의미를 갖는다. 그리고 이러한 문화적 현상에 대한 가치평가는 철학의 과제에서 벗어난다. 문화철학적 신칸트주의의 입장을 표방하는 다른 학자들과 마찬가지로 라드브루흐도 가치관련적 행동과 가치평가적 행동 사이의 차이를 강조한다. 문화사와 관련된 예를 들면서 라드브루흐는 문화라는 개념이 특정 시대 특정 민족의 미덕뿐만 아니라, 죄악까지도 포함하고, ―그 자신이 명시적으로 표현하고 있듯이― "미덕과 죄악을 심판하듯 구별하는 것은 문화사학자의 권한에 속하지 않는다"고 말한다.[20]

이에 대해 켈젠Kelsen은 죄악(또는 미덕)의 확인 자체가 이미 가치판단이고, 가치관련과 가치평가를 분리할 수 없다는 반론을 제기한다.[21]

---

19 이 점 및 이하의 내용에 관해 더 자세히는 Neumann, "Wissenschaftstheorie (각주 1)", S. 41 이하[본서의 118면 이하] 참고.

20 Radbruch, *Grundzüge der Rechtsphilosophie*(1914), *GRGA* Bd. 2, S. 9 이하, 53.

21 Kelsen, "Die Rechtswissenschaft als Norm―oder als Kulturwissenschaft", in: *Schmollers Jahrbuch für Gesetzgebung, Verwaltung und Volkswirtschaft im Deutschen Reich* 40(1916), S. 95 이하, 142(*Die Wiener Rechtstheoretische*

하지만 이 반론은 오해의 소산으로 보인다.[22] 왜냐하면 라드브루흐가 펼치는 논증의 중점은 문화적 현상 또는 문화적 성질을 '미덕'과 '죄악'으로 분류하는 것이 아니라, 단지 양자를 '심판하듯 구별하는 것'이 문화사학자의 과제에 속하지 않는다는 사실을 확인하는 것에 놓여 있기 때문이다. 즉 라드브루흐의 논증에 따르면 문화과학은 가치평가의 대상이 **될 수 있는** 객체를 다루는 것이지, 스스로 가치평가를 수행하지 않는다. 다시 말해 문화과학은 가치평가를 배제하고 단지 간접적으로만 '미덕'과 '죄악'이라는 표현을 사용할 따름이라는 것이다.

가치관련적 방법과 가치평가적 방법 사이의 이러한 구별은 당연히 법학에도 적용되며, 이 점을 라드브루흐 자신도 명백히 강조하고 있다. 이는 법개념과 관련해서는 다음과 같은 점을 뜻한다. 즉 법은 가치평가 행위[23]를 전제하는 기준을 통해 개념 정의가 이루어져서는 안 된다. 특히 법개념에 규범질서의 정의라는 전제조건이 유입되어서는 안 된다. 따라서 법에 관한 자연법적 모델은 신칸트주의의 방법적 출발점과 합치할 수 없다(예컨대 라스크는 이 점을 명백히 강조한다[24]). 라드브루흐의 법개념 정의에도 이 점이 정확하게 표현되어 있다. 1932년의 「법철학」에서는 법이 법이념을 실현한다는 의미를 갖는 존재사실이라고 확인하고, 뒤이어 다음과 같이 말하고 있다. "법은 부정의할 수 있다 … 그러나 법은 정의롭다는 의미를 가질 때에만

Schule, 1968, Bd. 1, S. 37–93에 재수록).

22 이에 관해 자세히는 Neumann, "Wissenschaftstheorie(각주 1)", S. 47[본서의 127면 이하] 참고.

23 Lask, Rechtsphilosophie(1905), in: ders., Gesammelte Schriften, Band 1, 1923, S. 275 이하 참고.

24 Radbruch, Rechtsphilosophie(1932), GRGA Bd. 2, S. 237.

법일 수 있다."**25** 1947년의 「법철학입문」에는 더욱 정확하게 표현
되어 있다. 즉 법은 **"정의에 도달하는지 아니면 정의에 도달하는 데
실패하는지에 관계없이** 정의를 실현한다는 의미를 가진 존재사실의
총체이다."**26** 여기에서도 법학이 다른 문화과학과 유사하다는 점이
명백히 드러난다. 즉 학문이 이 분과의 (참된) 인식뿐만 아니라, 착오
까지도 포함하고, '끔찍한 키취kitsch' 역시 '예술'에 포함되는 것과
마찬가지로 법은 원칙적으로 실정법질서에 속하는 정의로운 규범뿐
만 아니라, 부정의한 규범도 포함한다.

그러나 라드브루흐 공식은 (부정테제를 통해) 이러한 확인을 다시
부인한다. 이제 라드브루흐는 의도적으로 부정의한 규범에 대해서는
−'참을 수 없을' 정도로 부정당한 규범과 마찬가지로− 효력을 갖
는 법이라는 승인을 거부함으로써 법의 (의도한) 정의를 효력의 기준
으로 상승시킨다. 다시 말해 법을 문화적 현실로 구성하는 가치관련
성이 주관적 판단의 대상이 되고 동시에 법의 효력기준으로 상승된
다.

그러나 이렇게 되면 신칸트주의의 이론적 출발점에 따라 법과 정
의 관계를 선험논리적transzendentallogisch으로 파악하는 원래의 입장
이 존재론적 입장으로 전환되는 결과를 낳는다.**27** 신칸트주의의 선

---

25 Radbruch, *Vorschule der Rechtsphilosophie*(1948), *GRGA* Bd. 3, S.
151.
26 각주 25와 동일.
27 이 점 및 이하의 내용에 관해 더 자세히는 Neumann, "Ralf Dreiers Radbruch",
in: Robert Alexy(Hrsg.), *Integratives Verstehen. Zur Rechtsphilosophie
Ralf Dreiers*, 2005, S. 141 이하, 149 이하[본서의 28면 이하] 참고. 또한
Funke, "Überlegungen zu Gustav Radbruchs 'Verleugnungsformel'",
ARSP 89(2003), S. 1 이하도 참고.

험논리적 출발점에 따르면 문화의 영역 ―법은 이 영역에 속한다―
에서는 가치평가가 이루어질 수 있는 가능성이 구성요소인 반면, 라
드브루흐에게는 이제 규범제정자의 의도적인 가치지향이 법규범의
존재 여부에 관한 기준이 된다. 그리하여 원래는 선험논리적으로 이
해되던, 법의 가치관련성이 이제는 규범적―실천적 의미를 갖는 방
향으로 흐르게 된다. 다시 말해 '법'에 해당하는 것만이 구속력을
갖는 법이 될 수 있기 때문에 규범제정자의 의도적 가치지향이 없는
경우에는 그 '법(정확히는 비법Nicht-Recht)'은 구속력을 갖지 않게 된다.
그 때문에 라드브루흐는 후기 저작에서 어느 누구도 나치의 '법'에
대해 ―법의 부정이라는 기준에 따라(또는 '참을 수 없음'이라는 기준에
따라) 법적 성격 자체가 없다면― 복종할 의무가 없었다는 점에 대해
추호도 의심하지 않았다.28

　그러나 라드브루흐가 1922년에 법이념의 문제점에 관해 발표한
논문29에서는 이와 같은 결론을 도출하지 않았다는 사실에 주목할
필요가 있다. 물론 이 논문에서도 평등취급을 향한 의지, 즉 정의를
법의 존재 여부를 확인하기 위한 기준으로 끌어들이고 있다. "예컨
대 특정한 성질을 갖는 개인 또는 개인집단에게만 불이익을 부과하
는 예외명령처럼 같은 것을 같게 그리고 다른 것을 다르게 취급하려
는 의지가 내재하지 않는 명령에 대해서는 법이라는 이름을 붙이는
것을 거부해야 마땅하다. 왜냐하면 최소한일지라도 정의에 봉사하
는 것을 목적으로 삼는 것만이 법이기 때문이다."30 이 점에서 이미

28 Radbruch, "Gesetzliches Unrecht(각주 6)", S. 89.
29 Radbruch, "Die Problematik der Rechtsidee(1924)", *GRGA* Bd. 2, S. 460 이하.
30 Ebd. S. 462.

이 당시에 라드브루흐의 관점이 법학에 대한 가치관련적 고찰방식으로부터 입법자의 가치지향 쪽으로 변화하고 있음을 확인할 수 있다.

하지만 이 논문에서 라드브루흐는 1945년 이후에는 더 이상 구별하지 않았던 두 가지 물음을 엄격히 분리하고 있다. 즉 어떠한 실정규범이 '법이라는 이름'을 붙일 수 있는 마땅한 자격이 있는가라는 물음은 이 규범의 효력, 즉 규범의 실천적 구속력에 대한 물음과 함께 다루어지지 않았다. 왜냐하면 라드브루흐는 '법이라는 이름을 붙이는 것을 거부해야' 마땅할 예외명령도 "실정법적으로 효력을 갖거나 합목적적이고 필요한 것일 수 있으며, 따라서 절대적으로 타당한 것일 수 있다"[31]고 확인하기 때문이다. 이러한 확인을 법개념과 결부시켜 보면, ─유감스러운 표현이긴 하지만─ '구속력을 갖는 비법'도 존재하게 된다. 라드브루흐는 이러한 외관상의 모순의 근거가 되는, 인식론적 법개념과 규범적─실천적 법개념의 분리를 1945년 이후에는 포기한다. 이로써 원래는 인식론적으로 이해되던, 법의 가치관련성의 구성적 의미로부터 실천적─규범적 결론을 도출하게 된다. 바로 이 지점에서 라드브루흐의 법철학은 현저한 변화를 겪게 되고, 이러한 변화는 내용과 관련된 입장뿐만 아니라, 방법과 관련된 입장에도 해당된다. 즉 라드브루흐는 이론철학에 속하는 (신칸트주의적) 접근방법으로부터 실천철학의 영역으로 넘어간 셈이다. 이 점에 대해서는 나중에 다시 다루도록 하겠다.

---

31 Ebd.

b. 형식적 정의와 실질적 정의

라드브루흐가 자신의 법철학을 변경시킨 두 번째 측면은 정의의 개념에 대한 해석과 관련된다.[32] 라드브루흐는 원래 정의개념을 형식적으로 이해했다. 예를 들어 1932년의 「법철학」에서 좁은 의미의 정의, 즉 평등은 바로 '사실상의 불평등을 특정한 관점에서 추상화한 것'[33]이다. 그리고 무엇이 그와 같은 특정한 관점이 될 수 있고 되어야 하는지에 대해서는 정의 원칙 자체는 아무것도 말해주지 않는다. 그렇다고 해서 평등원칙으로서의 정의가 아무런 규제력도 없다는 뜻은 아니다. 왜냐하면 평등원칙으로서의 정의는 어쨌든 형식적 구조에 비추어 볼 때 이미 평등취급 원칙을 위반한 법률규범을 금지하기 때문이다. 평등취급은 형식적으로 일반화Generalisierung를 전제한다. 따라서 평등취급은 법철학 특유의 보편화가능성 원칙Universalisierbarkeitsprinzip에 해당한다. 왜냐하면 명시적으로 단칭적인 상황에 관련된 개별사례법률은 1932년의 「법철학」에서도 이미 법적 성격을 박탈당하고 있기 때문이다.[34]

하지만 이 정도만으로는 두 가지 이유에서 1945년 이후에 제기된 과제를 충족할 수 없다. 첫째, 라드브루흐는 1932년에도 문제되는 규범의 법으로서의 성격과 구속력을 구별한다. 그리하여 개별사례법률이 법적 성격을 박탈당해야 한다는 것은 이 법률이 허용되지 않는다는 뜻이 아니라고 한다.[35] 이렇게 해서 또다시 구속력 있는 비법이

---

32 이 점 및 이하의 내용에 관해 더 자세히는 Neumann, "Ralf Dreiers Radbruch(각주 27)", S. 151 이하 참고.
33 Radbruch, *Rechtsphilosophie*(1932), *GRGA* Bd. 2, S. 259.
34 Radbruch, *Rechtsphilosophie*(1932), *GRGA* Bd. 2, S. 261.
35 Radbruch, *Rechtsphilosophie*(1932), *GRGA* Bd. 2, S. 305.

라는 현상이 등장한다. 둘째, 일반화라는 형식적 관점은 참을 수 없을 정도로 정의를 위반한 규범을 효력을 갖는 법규범으로부터 배제할 수 있기에는 너무 약한 논거이다. 왜냐하면 일반화라는 형식적 관점에서만 본다면 1935년의 혈통보호법Blutschutzgesetz[36]이 됐든 '제국청결의 밤Reichskristallnacht' 이후 피해자들에게 가해진 손해에 대해 스스로 책임을 부담하도록 의무를 부과했던 명령이 됐든 아무런 문제가 없기 때문이다.[37] 결정적인 측면은 기본적인 의미의 실질적 정의 원칙에 대한 위반이다. 그렇기 때문에 라드브루흐 공식을 '법률적 불법'에 적용할 수 있기 위해서는 정의개념의 실질화가 전제되어야 한다. 라드브루흐는 1945년 이후에 이러한 실질적 정의개념을 명시적으로 신봉한다. 즉 라드브루흐는 예컨대 법관독립의 원칙을 '순수한 정의의 요구'로 이해하거나[38] 특정한 사람들에게 인권을 거부하는 법률로부터 법으로서의 성격을 박탈한다.[39] 이렇게 해서 법철학적 인식과 학문적으로는 더 이상 정당화할 수 없는 신념 사이에 뚜렷한 경계를 설정했던 초기 저작에서와는 달리 이제는 양자 사이의 경계가 유동적이게 되었다.

---

36 법률의 공식명칭은 '독일의 혈통과 명예를 보호하기 위한 법률(1935년 9월 15일 공포; RGBl 1935 I 1 146)'이다. 이에 대해서는 Radbruch, "Entwurf eines Nachwortes zur 'Rechtsphilosophie'", *GRGA* Bd. 20, S. 25 이하, 25 참고.

37 '독일계 유대인의 속죄활동에 관한 명령(1938년 11월 12일 공포; RGBl 1938 I 1581). 이에 대해서는 Radbruch, "Entwurf(각주 36)", S. 26 참고.

38 Radbruch, *Vorschule der Rechtsphilosophie*(1948), *GRGA* Bd. 2, S. 144.

39 Radbruch, *Vorschule der Rechtsphilosophie*(1948), *GRGA* Bd. 2, S. 151.

c. 상대주의의 상대화

학문적 인식과 개인적 신념이라는 대안은 라드브루흐 저작에서 변화가 발생하는 세 번째 측면을 포착할 수 있게 만든다. 출발점은 초기 저작에서 계속 유지되던 견해, 즉 법적 안정성과 정의 이외에 법이념의 세 번째 요소인 합목적성의 영역에서는 학문적 인식이 아니라, 오로지 개인적 신념만이 가능할 뿐이라는 견해이다.[40] 여기서 말하는 합목적성이란 − 앞에서도 지적했듯이 − 적절한 수단선택이라는 기술적 의미가 아니라, 법의 사회형성적 기능과 목표설정의 의미로 이해해야 한다. 이러한 목표들은 사회철학적 대안으로, 정당들이 내세우는 상이한 강령들에서도 계속 등장하게 된다.[41] 이와 관련해 라드브루흐는 1932년의 법철학에서 −내용의 측면에서 볼 때− 세 가지 가치이념을 구별한다. 즉 개인이 최고의 가치를 갖는 개인주의적 가치체계 이외에 한편으로는 전체의 가치를 최고의 가치로 여기는 초개인적 가치체계와 다른 한편으로는 이른바 작품가치Werkwert가 최상의 가치로 여겨지는 초인격적 가치체계가 있다고 한다.[42] 일반적으로 사용되지 않는, 초인격적 입장에 관한 보기로 라드브루흐는 「법철학」 제1판에 해당하는 「법철학원론(1914)」에서 국가가 인간의 종교적 소명의 수행에 기여한다는 가톨릭교회의 국가관을 제시한다.[43]

---

40 대표적으로는 *Rechtsphilosophie*(1932), *GRGA* Bd. 2, S. 208 이하.

41 이러한 연관성 및 라드브루흐의 정당이론에 관해 더 자세히는 Ralf Dreier, "Gustav Radbruchs rechtsphilosophische Parteienlehre", *ARSP* 85(1999), S. 479 이하. 라드브루흐의 정당이론에 대한 상세한 서술은 Wiegand, *Unrichtiges Recht*(각주 1) 참고.

42 Radbruch, *Rechtsphilosophie*(1932), *GRGA* Bd. 2, S. 279 이하.

43 Radbruch, *Grundzüge der Rechtsphilosophie*(1932), *GRGA* Bd. 2, S.

　　라드브루흐에 따르면 이 서로 다른 가치목록들 사이에 우선순위
를 확정할 수는 없고, 어느 가치를 선택할 것인지는 개인적 결단에
의존할 뿐이라고 한다. 이 의미에서 개인주의적(즉 자유주의적), 초개
인주의적 또는 초인격적 국가관 가운데 어느 하나를 선택하는 것은
신념의 문제일 뿐, 학문적 인식의 대상이 될 수 없다. 이러한 견해를
라드브루흐는 상대주의Relativismus라고 부른다.44 상대주의의 입장은
사회철학과 정치철학의 전통적인 문제들을 학문적 논의로부터 추방
하고, 각 개인의 주관적 확신의 형성에 맡긴다는 것을 뜻한다.

　　이러한 상대주의적 입장 때문에 라드브루흐는 신랄한 비판을 받
게 된다. 라드브루흐를 심지어 법철학적 허무주의라고 비판하기도
했다. 따라서 상대주의를 상당히 제한하는 후기의 입장을 살펴보기
전에 라드브루흐가 처음에 구상했던 상대주의에 대해 두 가지 측면
에서 제한을 가했다는 사정을 먼저 살펴보도록 하자. 첫째, 라드브루
흐의 상대주의는 일단 합목적성의 영역에만 관련될 뿐, 법이념의 다
른 두 요소인 정의와 법적 안정성에는 관련되지 않는다.45 따라서
무엇이 정의에 부합하고 무엇이 법적 안정성에 기여하는지가 처음부
터 학문적 인식의 대상에서 배제되지는 않는다.46

　　둘째, 개인주의, 초개인주의, 초인격주의의 입장들 가운데 어느
하나를 선택하는 결정이 학문적으로 이루어질 수 없다는 것이 곧바
로 국가와 사회에 대한 정치적 형성 모두가 개인적 결정 및 궁극적으

---

143 이하.

44 이에 관해서는 Radbruch, *Rechtsphilosophie*(1932), *GRGA* Bd. 2, S.
230 이하의 § 2 참고.

45 Radbruch, *Rechtsphilosophie*(1932), *GRGA* Bd. 2, S. 303.

46 하지만 '상대주의적 체념(라드브루흐)'은 법이념의 세 가지 요소들 상호간
의 우선순위에 대해서도 적용된다(각주 45).

로는 정치권력에 맡겨져야 하고, 그에 따라 민주주의와 독재는 선택 가능한 똑같은 비중의 대안이라는 뜻은 아니다. 오히려 그 반대이다. 즉 상대주의라는 전제로부터 정치적 삶의 형성과 관련된 섬세한 결론들이 도출된다. 특히 자연법의 전통적 요구[47]에 해당하는 자유, 민주주의, 법치국가에 대한 요구뿐만 아니라, 사회주의적 사회질서와 확신범을 위한 특별형법의 실현에 대한 요구까지도 상대주의로부터 도출되는 결론이다. 라드브루흐 자신도 상대주의로부터 이러한 요구들이 도출되는 전환을 '논리적 기적'이라고 부른다.[48] 기적이라는 표현만으로도 전환의 내용이 구체적으로 무엇인지를 더 자세히 고찰할 계기를 제공한다.

이러한 기적이 일어나기 위해서는 특정한 정치적 구조가 논란의 대상이 되는 내용들과는 다른 논리적 차원에 자리 잡아야 한다는 전제조건이 충족되어야 한다. 즉 정치적 구조는 서로 경쟁관계에 있는 정치적 견해들 가운데 어느 하나에 기초하는 것이 아니라, 이러한 경쟁 자체가 가능할 수 있기 위한 조건이다. 이념들 사이의 경쟁은 의사표현의 자유, 종교의 자유, 언론의 자유를 전제한다. 이렇게 해서 상대주의는 자유주의 쪽으로 흘러가게 된다. 더 나아가 합리적인 논쟁으로서의 이념 경쟁은 강자의 논거가 아니라, 강한 논거가 관철될 것을 전제한다. 이념 자체가 갖는 힘이 관철되려면 경쟁의 왜곡이 제거되어야 한다. 이 점에서 상대주의는 ―오늘날의 용어로 표현하자면― 합리적 논의를 제도화하는 사회질서에 대한 요구로 귀결된

---

47 Radbruch, "Relativismus in der Rechtsphilosophie(1934)", *GRGA* Bd. 3, S. 17 이하.

48 Radbruch, "Relativismus in der Rechtsphilosophie(1934)", *GRGA* Bd. 3, S. 21.

다. 즉 특정한 내용에 대한 보장49이 아니라, 특정한 방식의 절차에 대한 보장을 요구한다. 다시 오늘날의 용어를 빌리자면, 상대주의는 특정한 정치적 입장이 아니라, 절차적 규칙이다. 민주주의적 국가건 설이라는 핵심적 요구와 관련해서 라드브루흐는 「사회주의의 문화 이론」 제3판의 후기에서 매우 뚜렷하게 다음과 같이 말한다. "민주 주의는 세계관이 아니라, 사회 내에서 발생하는 세계관적 대립들을 지탱해야 할 절차 방식이다."

　결과적으로 볼 때 라드브루흐의 상대주의 자체가 상대화된다. 왜 냐하면 라드브루흐의 상대주의는 상이한 정치진영들 사이의 논쟁과 대립에 대해 결정을 내릴 수 없다는 사실로부터 절차주의적인 특정 한 정치적 구조원칙의 정당성을 도출해내기 때문이다. 따라서 민주 주의와 법치국가는 라드브루흐에게 그의 전 생애에 걸쳐 신봉했던 정치적 가치일 뿐만 아니라, 그의 철학적 회의주의로부터 도출되는 결론이기도 하다. 이는 분명 설득력을 갖고 있다. 자신의 생각이 곧 진리라고 착각하는 자는 관용을 무책임으로, 민주주의를 착오를 범 할 자유로 오해하지 않을 수 없다. 그렇기 때문에 오로지 회의주의자 만이 민주주의와 관용을 이론적으로도 정당화할 수 있다.

　하지만 상대주의의 이러한 논리는 한 가지 약점을 안고 있고, 이 약점은 라드브루흐로 하여금 나중에 자신의 상대주의적 입장을 부분 적으로 제한하는 계기가 된다. 왜냐하면 절차적 원칙들이 서로 경합 하는 견해들 사이의 자유로운 경쟁에 기여한다면, 이 견해들 가운데 어느 견해가 승리할지라도 그 결과를 수용해야 하기 때문이다. 이

---

49 Radbruch, "Nachwort zur 3. Auflage der 'Kulturlehre des Sozialismus' (1949)", *GRGA* Bd. 4, S. 99 이하, 160.

점은 초인격주의적 입장이든 초개인주의적 입장이든 또는 개인주의
적 입장이든 모두에게 똑같이 적용된다. 그러나 초인격주의적 견해
에 기초할 경우 개인주의적 견해의 토대가 되는 자유권의 범위와
관련해서 다른 결론이 도출된다. 즉 인간의 종교적 소명의 이행이라
는 작품가치에 구속되는 국가는 개인주의에 구속되는 자유주의 국가
제도와는 달리 종교의 자유와 긴장관계에 놓이게 된다. 인권과 시민
권 역시 정당들 사이의 합리적 논란의 전제조건일 뿐만 아니라, 그
자체가 이미 하나의 정당Partei으로서 개인주의적 국가이해의 편에 서
서 초인격적 견해와 집단주의적 견해에 대립한다. 이와 같이 인권과
시민권 자체가 하나의 정당이기 때문에 이와는 반대되는 정당이 승
리할 때에는 인권과 시민권을 완전히 제거할 위험이 있다. 라드브루
흐가 제시한 원래의 체계에는 이러한 위험을 방지하는 안전장치가
존재하지 않는다.

　1945년 이후에 발간된 라드브루흐의 저작에서는 이와 같은 상대
주의적 입장에도 변화가 나타난다. 즉 상대주의에 대한 원래의 구상
에서는 패배한 입장을 위한 '소수자보호'가 없었던 반면, 이제는 국
가질서와 관련해서 개인주의적 구상에 구속되는 자유주의적 권리에
대한 최소한의 보장을 명시적으로 요구한다. 이런 의미에서 이제 자
유주의는 라드브루흐에게 "권위주의적 견해를 포함하여 ... 모든 견
해에서 필수불가결한 동반자로 입증된다."[50] 그리하여 초개인주의
적 또는 초인격주의적 입장에서 인권을 완전히 거부하는 것은 이제
'절대적으로 부정당한 법'이 된다.[51]

---

50 Radbruch, *Vorschule der Rechtsphilosophie*(1948), *GRGA* Bd. 3, S. 147.
51 Ebd.

이 점은 "피디아스의 조각상 하나가 수백만의 고대 노예들이 겪은 고통보다 더 높은 가치를 갖는다"는 트라이취케Treitschke의 악명 높은 문장에 대한 라드브루흐의 태도에서 분명하게 드러난다. 1932년의 「법철학」에서는 이 문장을 '말할 수 없이 가혹한 말'이라고 지칭하긴 하지만, 동시에 원칙적으로 가능한 초인격적 견해를 보여주는 예시적 표현으로 인정했다.52 그러나 1947년의 「법철학입문」에서는 판단이 바뀐다. 이제 트라이취케의 문장은 초인격적 관점에 기초해서 인권을 완벽히 부정하는 표현으로 고찰되고, 이러한 부정은 법의 차원에서 절대적으로 부정당한 법으로 평가되어야 한다고 말한다.53 초인격주의적 입장이 아니라, 초개인주의적 입장에서 인권에 대한 완벽한 부정을 포함했고 엄청나게 강력한 영향을 미친 원칙이었던 "너는 아무 것도 아니고, 너의 민족이 전부다"라는 나치의 슬로건 역시 같은 심판의 대상이 된다.54 이 점에서 라드브루흐는 자유주의적 법이해와 국가이해에 대한 최소한의 보장마저도 전체주의 체제를 위해 희생시켰던 정치체제에 대한 실제 경험으로부터 자신의 법철학과 관련해서도 과거와는 다른 결론을 도출한 셈이다.

요약

a. 라드브루흐는 어느 시점에서도 엄격한 법실증주의자가 아니었으며 또한 어느 시점에서도 일관된 자연법론자도 아니었다. 1945년

---

52 Radbruch, *Rechtsphilosophie*(1932), *GRGA* Bd. 2, S. 281 이하.
53 Radbruch, *Vorschule der Rechtsphilosophie*(1948), *GRGA* Bd. 3, S. 147.
54 Ebd.

이후에도 라드브루흐는 정의와 법적 안정성 사이에 긴장관계가 형성
될 때는 원칙적으로 법적 안정성이 우위에 선다고 확인했다. 법실증
주의와 자연법론의 사이에 위치하는 라드브루흐의 입장은 그의 법사
상의 어떠한 단계에서도 의문의 대상이 되지 않았던, 법이념의 다차
원성에 대한 핵심적 통찰에 부합한다. 즉 법이념 내에 존재하는 긴장
관계를 강조함으로써 자연법과 법실증주의라는 관련체계에서 어느
한쪽을 선택하는 극단적 입장을 취하지 않았다.

　b. 라드브루흐 법철학의 전개과정은 한편으로는 법이념의 세 가
지 요소들 상호간의 관계(특히 후기 저작에서 나타나듯이 법적 안정성이나
합목적성의 요구와 비교형량할 수 없고 또한 포기할 수 없는, 정의의 최소한에
대한 요구를 승인하는 것) 속에서, 다른 한편으로는 방법적인 접근방법
속에서 이루어진다. 라드브루흐의 초기 저작에서 후기 저작에서보다
훨씬 더 강하게 영향을 미치고 있는 신칸트주의에 기초할 때는 법의
실천적 구속력과 그 한계에 대한 설명, 즉 시민과 법적용자가 제정법
을 따라야 하는지 여부 및 그 조건에 대한 설명을 정당화할 수 없다.
즉 문화과학 −법학 역시 여기에 속한다− 의 영역에서 필수불가결
한 **가치관련성**이라는 관점으로 인해 부정적으로 평가되는 존재사실
('부정의한' 법)을 문화과학의 대상영역으로부터 배제하는 것은 불가
능하다. 설령 '초기의' 라드브루흐처럼 법의 필연적 가치관련성으로
부터 정의를 조금도 추구하지 않는 법규범은 '법'이라는 이름을 지닐
자격이 없다는 결론을 도출할지라도, 이러한 규범의 실천적 구속력
자체는 이와는 전혀 별개의 문제가 된다. 다시 말해 문화과학적 관점
에서는 법규범의 구속력, 즉 법규범의 당위에 대한 언명을 끌어낼
수 없다. 그렇기 때문에 라드브루흐가 그의 저작의 초기 단계에서
법의 개념과 법의 효력에 관한 물음을 엄격히 분리한 것은 논리적

일관성을 갖는다. 이에 반해 후기 단계에서는 법의 필연적인 가치관련성(원래는 법학의 가치관련적 절차라고 불러야 정확하다)이라는 방법론적 관점이 존재론적이고, 이 점에서 규범적인 관점으로 변화하게 된다. 이를 통해 처음부터 정의를 의도하지 않은 경우(부정테제) 또는 정의가 요구하는 최소한의 내용을 무시한 경우('참을 수 없음'-테제)에는 법규범의 실천적 구속력을 부정할 수 있게 된다. 이 점에서 라드브루흐 법사상의 발전은 법에 대한 인식론으로부터 실천적 법철학으로의 발전이기도 하다.

법효력과 법개념의 관계에 대하여
: 구스타프 라드브루흐 법철학의 변화과정

▌서 론

구스타프 라드브루흐 법철학의 변화를 주제로 삼고 있는 본 논문은 라드브루흐의 저작에서 실증주의의 입장으로부터 자연법적 사고로의 발전 또는 전환을 확인할 수 있는가(그리고 확인할 수 있다면 어떠한 의미에서 그러한가)라는 물음에 대해 다시 한편의 논문을 추가하려는 의도를 갖고 있지 않다. 이 물음에 대해서는 예리하고 내용에 정통한 다수의 연구가 이미 존재했고, 최근 들어 다시 몇몇 탁월한 연구가 추가되었다.[1] 이러한 연구들이 모두 높은 학문적 수준과 극히 섬세한 해석학적 역량을 보여주고 있음에도 불구하고 상당히 다른 결론에

---

1 예컨대 Hidehiko Adachi, *Die Radbruchsche Formel. Eine Untersuchung der Rechtsphilosophie Gustav Radbruchs*, 2005; Stanley L. Paulson, "Ein ewiger Mythos: Gustav Radbruch als Rechtspositivist − Teil I", *JZ* 2008, S. 105 이하 참고.

도달하고 있다는 사실2은 아마도 라드브루흐 법철학의 전개과정을

---

2 원래 이 물음에 관한 논의는 라드브루흐 법철학이 급격한 전환을 겪었다는
해석(예컨대 Fritz von Hippel, *Gustav Radbruch als rechtsphilosophischer
Denker*, 1951, S. 36; Ernst von Hippel, "Das Naturrecht in der
Rechtsprechung der Bundesrepublik", in: ders., *Mechanisches und
moralisches Rechtsdenken*, 1959, S. 224 이하, 228 이하; Fritz Bauer,
"Das 'gesetzliche Unrecht' des Nationalsozialismus und die deutsche
Strafrechtspflege", in: *Gedächtnisschrift für Gustav Radbruch*, 1968, S.
302 이하, 302)과 상당부분 지속적인 발전('강조점의 변화')을 거쳤다는 해
석(예컨대 Arthur Kaufmann, "Gustav Radbruch — Leben und Werk",
in: *GRGA* Bd. 1, S. 7, 83 이하; Erik Wolf, "Gustav Radbruch", in:
ders., *Große Rechtsdenker*, 4. Aufl. 1963, S. 728; Winfried Hassemer,
"Einleitung" zu Bd. 3 *GRGA*, S. 13; 연속성과 불연속성이 공존한다는 세
분화된 해석으로는 Kristian Kühl, "Kontinuitäten und Diskontinuitäten
im Naturrechtsdenken im 20. Jahrhundert", in: ders., *Freiheitliche
Rechtsphilosophie*, 2008, S. 112, 127)을 구조로 삼았다. 그 사이 이 두
가지 해석, 즉 '전환 테제'와 '발전 테제'에 덧붙여 후자의 발전 테제보다 더
욱 라드브루흐 법사상에서 지속된 측면을 강조하는 '연속성 테제'가 제기되
었다[Adachi(각주 1), S. 13]. 아디치는 그 자신 이외에도 폴슨[Stanley L.
Paulson, "Radbruch on Unjust Law; Competing Earlier and Later
Views", in: *Oxford Journal of Legal Studies*, 15(1995), S. 489, 493]의
견해와 드라이어/폴슨의 견해가 이러한 '연속성 테제'를 취하고 있고, 이에 반
해 아르투어 카우프만은 '발전 테제'를 취한다(S. 13 각주 4, 5)고 보는 반면,
정작 드라이어/폴슨[Ralf Dreier/Stanley Paulson, "Einführung in die
Rechtsphilosophie Radbruchs", in: Gustav Radbruch, *Rechtsphilosophie*
(Studienausgabe), hrsg. von Ralf Dreier und Stanley Paulson, 2. Aufl.
2003, S. 237, 247]은 카우프만이 주장하는 형태의 '연속성 테제'를 신봉한
다고 한다. 다른 한편 폴슨은 자신의 논문[Stanley L. Paulson, "Ein
ewiger Mythos(각주 1)"]에서 "카우프만의 연속성 테제가 궁극적으로는 실증
주의적 이론을 표방하고 있다"고 하면서 본인의 '비실증주의 테제'와 대립된다
고 설명한다. '초기'의 라드브루흐가 실증주의의 입장을 취했다는 해석에 대한
반론으로는 Frank Saliger, *Radbruchsche Formel und Rechtsstaat*, 1995, S.
23; Friederike Wapler, *Werte und das Recht*, 2008, S. 203 참고. 라드브
루흐가 "1933년까지는 열렬한 실증주의자였다"는 주장(Bernd Rüthers, *JZ*

'자연법'과 '실증주의'라는 개념을 중심으로 재구성하게 되면 그의 법철학 체계의 구체적 측면에서 분명히 확인할 수 있는 입장변경이 과연 어떠한 의미를 갖고 있는지에 대해 모두가 합의할 수 있는 결론에 도달하지 못하게 된다는 점을 보여주고 있는 것 같다.

이밖에도 라드브루흐 법사상의 전개과정에 대한 분석을 처음부터 자연법과 법실증주의 사이의 대립이라는 도식에 관련시키게 되면, 각자의 입장에 부합하는 문구들만을 선택하여 해석, 평가할 위험이 있다. 예를 들어 라드브루흐의 입장을 자연법/법실증주의라는 도식에 비추어 상당부분 일관성을 갖고 있다고 생각하는 사람은 이 도식과 관련해서 라드브루흐 법사상의 상이한 단계에 속하는 저작들 사이에 존재하는 차이를 '강조점의 변화'로 해석할 것이고, 이에 반해 '전환 테제'를 주장하는 사람은 라드브루흐의 근본적 전환의 증거로 해석할 것이다. 더욱이 '자연법'과 '실증주의'라는 개념은 극히 불확실하고 다의적이어서 라드브루흐의 법철학이 과연 법실증주의의 입장에서 자연법의 입장으로 전환했는가(그리고 어떠한 측면에서)라는 물음은 이 물음 자체가 갖는 해석학적 생산성에도 불구하고 이에 대해 결코 섬세한 대답을 제시할 수는 없을 것이다.

따라서 라드브루흐 법철학에서의 입장변화에 관해 이 글에서 펼치게 될 생각은 기존의 해석에 비해 훨씬 더 제한된 범위에서 출발한다. 즉 연속성 테제와 전환 테제 사이의 다툼에서 어느 한쪽을 지지하거나 부정하지 않으면서 라드브루흐의 법효력 이론에 나타난 변화를 추적하고자 한다. 이 글의 핵심에 해당하는 문제는 법효력의 문제

2013, S. 822, 824)은 적어도 폴슨의 상세한 분석(각주 1)이 제시된 이후에는 반박된 것으로 보아야 한다.

와 관련해서 법개념이 갖는 의미에 대한 물음이다. 이 두 가지 주제 영역이 라드브루흐 법철학에서 서로 분리될 수 있는지 여부와 그 범위에 대해서는 논란이 있다.[3] 이 측면과 관련해 라드브루흐 법철학의 전체구성에서 뚜렷한 변화가 발생했다는 것이 이 글이 주장하는 테제 가운데 하나이다. 1932년의 「법철학」과 1914년의 「법철학원론」 그리고 이 두 저작이 출간된 시점 사이에 발간된 수많은 글에서 법효력의 개념과 기준들은 상당부분 법개념의 구조와 내용과는 무관하게 전개되었던 반면, 1945년 이후에 출간된 텍스트들에서는 법개념과 관련을 맺는 법이념의 요소들이 법이 구속력을 갖기 위한 구성적 전제조건으로서 법효력 개념에 편입된다.[4]

이와 함께 '법효력' 개념의 탈분화Entdifferenzierung를 확인할 수 있다. 즉 라드브루흐는 1932년의 「법철학」에서만 하더라도 법의 구속력(=효력)을 예전과 같이 자율적 의무로 이해하고, 그 때문에 관계적으로 이해했던 반면, 1945년 이후에는 실정법규범의 속성으로 이해한다. 그 결과 '치욕적인 법률'의 구속력을 「법철학원론」과 「법철학」 제3판에서처럼 시민과 법관이라는 수범자에 따라 구별하던 입

---

3 랄프 드라이어의 해석에 따르면 "라드브루흐의 법효력 이론은 실질적으로 법개념 이론의 연장이다[Ralf Dreier, "Gustav Radbruchs Rechtsbegriff", in: Matthias Mahlmann(Hrsg.), *Gesellschaft und Gerechtigkeit. Festschrift für Hubert Rottleuthner*, 2011, S. 17, 20]"고 한다. 그 때문에 드라이어는 라드브루흐의 법개념에 대한 논의에서 법효력을 배제하는 푼케[Andreas Funke, "Überlegungen zu Gustav Radbruchs 'Verleugnungsformel'. Ein Beitrag zur Lehre vom Rechtsbegriff", *ARSP* 89(2003), S. 1 이하]에 대해 "푼케는 법개념의 반쪽만을 파악하고 있을 뿐"이라고 비난한다.

4 예를 들어 「법철학입문」에서 라드브루흐는 "법이념을 통해서도 실정법으로부터 효력을 박탈할 수 있다는 생각에 대해 끈질기게 저항하는 이상한 상황"을 한탄한다(*GRGA* Bd. 3, S. 153).

장은 더 이상 고려하지 않게 된다. 물론 법효력은 예전과 마찬가지로 법의 구속력, 즉 의무를 부과하는 성질과 동일한 것으로 여겨지고, 단순히 규범논리적 의미로만 이해되지 않는다.5 하지만 법효력은 이제 제정법에 부여될 수도 부여되지 않을 수도 있는 성질이 된다. 이로써 법효력은 이항술어("…에게 구속력 있는")에서 일항술어로 바뀐다. 지금까지는 법의 도덕적 구속력으로만 이해되던 '효력' 개념을 이 개념이 갖는 호소 기능appelative Funktion을 상실하지 않은 채, 그 자체로 존재하는 대상으로 파악(존재론화Ontologisierung)하게 되었다고 말할 수도 있다.

아래의 논의는 라드브루흐의 이론구성에서 일어난 이러한 변화를 재구성하고자 한다. 그러나 ─앞에서 지적했듯이─ 라드브루흐의 '원래의' 법철학적 접근방법에 함축되어 있는 내용에 논리적 일관성이 없다는 주장을 '심판'하는 것은 이 글이 의도하는 바가 아니다. 라드브루흐는 그가 1945년 이후에 전개한 '법률적 불법'이라는 이론적 구상과 ─여기에 연결된─ '초법률적 법'이라는 사고를 통해 그가 원래 갖고 있던 '신칸트주의적'인 선험철학적 접근방법으로부터 벗어났다는 사실에 대해서는 의문이 있을 수 없다.6 그러나 라드브루흐 법철학 전체를 이러한 접근방법에만 고정시키고 후기의 이탈을 '전혀 근거가 없는 변경'으로 규정7해야 할 어떠한 근거도 없다.

라드브루흐가 1945년 이후에 현저하게 부정의한 법률과 ─이보다 더 심한 경우에 해당하는─ 정의를 결코 추구하지 않는 법률에

---

5 Gustav Radbruch, *Vorschule der Rechtsphilosophie*(1948), § 12(*GRGA* Bd. 3, S. 121 이하, 153).

6 이에 관해서는 Funke(각주 3) 참고.

7 '부정 공식(Verleugnungsformel)에 관련된 Funke(각주 3), S. 16.

대해 효력을 박탈하고, 이 의미에서 법의 효력과 법의 정당성을 이 지점에서 '직결kurzschluss'시킨 것은 (가치평가를 하지 않은 채) 가치관련 을 통해 법개념을 문화개념으로 규정했던 원래의 이론적 출발점과 비교해보면 사실상 별로 논리적 일관성이 없다고 보인다. 그렇지만 라드브루흐 후기 저작에서 이루어진 이러한 '직결'을 통해 1932년 의 「법철학」에 이르기까지 법개념과 법효력 개념이 어떤 지점에서 는 서로 연결되지만, 양자의 관계를 체계적으로 조율하지 않은 탓에 발생했던 긴장을 완화하게 되었다는 사정을 간과해서는 안 된다. 법개념과 법효력의 독자성은 특히 라드브루흐가 '효력을 갖는 비법 Nicht-Recht'이라는 얼핏 보면 역설로 여겨지는 이론적 구상을 전개했 다는 점에서 극명하게 드러나 있다.

이러한 이론적 구상은 라드브루흐 법철학이 전개되는 과정이 신 칸트주의[8]의 선험철학적 방법을 통해 법을 가치관련적으로 구성(정

---

8 신칸트주의가 라드브루흐에게 결정적인 영향을 미쳤다는 점에 대해서는 예 컨대 Stanley L. Paulson, "Ein 'starker Intellektualismus'. Badener Neukantianismus und Rechtsphilosophie", in: Marcel Senn/Daniel Puskas(Hrsg.), *Rechtswissenschaft als Kulturwissenschaft?* ARSP – Beiheft 115 (2007), S. 83; Ralf Dreier/Stanley Paulson, "Einführung in die Rechtsphilosophie Radbruchs", in: Gustav Radbruch, *Rechtsphilosophie* (Studienausgabe), hrsg. von Ralf Dreier und Stanley Paulson, 2. Aufl. 2003, S. 237 이하, 238; Ulfrid Neumann, "Wissenschaftstheorie der Rechtswissenschaft bei Hans Kelsen und Gustav Radbruch. Zwei 'neukantische' Perspektiven", in: Paulson/Stolleis(Hrsg.), *Hans Kelsen. Staatsrechtslehrer und Rechtstheoretiker des 20. Jahrhunderts*, 2005, S. 35 이하[본서의 109면 이하]; Frank Saliger, "Radbruch und Kantorowicz", *ARSP* 93(2007), S. 236 이하, 243 이하; Marc André Wiegand, *Unrichtiges Recht. Gustav Radbruchs rechtsphilosophische Parteienlehre*, 2004, S. 19 이하 참고.

의와의 관련성)하는 것을 가치실현을 향한 경향과는 무관한 법개념 모델로 연장되는 쪽으로 더욱 강화되었다는 사정과 같은 맥락에 속한다. 그 결과 평등취급이라는 목표를 전혀 추구하지 않는 입법자의 명령은 법적 명령으로서의 성질 자체를 박탈당하게 된다. 물론 규범의 실정법적 효력은 이로부터 영향을 받지 않는다.[9] 그러나 1945년 이후에 출간된 저작에서 라드브루흐는 정의를 전혀 추구하지 않는 법률에 대해 법으로서의 성질뿐만 아니라, 그 구속력까지도 부정하게 된다.

▌「법철학원론(1914)」과 「법철학(1932)」에 나타난 법효력의 기준

법효력과 법개념의 분리

「법철학원론」에서는 「법철학」[10]에서와 마찬가지로 법개념에 대한 물음과 법효력에 대한 물음을 명확히 구별한다. 전체 구조의 측면에서 이러한 분리는 「법철학원론」의 핵심에 해당하는, 법의 목적에 관한 장에서 법개념과 법효력을 별개의 절에서 다루고 있고, 「법철학」에서도 기본적으로 같은 내용을 담고 있는 별개의 절로 배치하고 있다는 점에도 반영되어 있다. 두 개의 문제영역을 뚜렷이 구별하는

---

9 Gustav Radbruch, "Die Problematik der Rechtsidee(1924)", *GRGA* Bd. 2. S. 453, 462.

10 랄프 드라이어(Ralf Dreier, "Anmerkungen zu Radbruch", in: *Behrends* —*FS* 2009, S. 147 이하, 163)가 타당하게 지적하고 있듯이 법효력론의 측면에서 「법철학원론」과 「법철학」사이에는 본질적인 차이가 없다. 따라서 아래에서는 두 저작을 함께 인용하기로 한다.

실질적 근거는 이 문제영역들이 논리적으로 볼 때 서로 다른 영역에 속하기 때문이다. 즉 법개념의 선험적 성격에도 불구하고[11] 법은 존재의 영역에, 법효력은 당위의 영역에 귀속시켜야 한다고 한다.

법은 문화현상으로서 존재의 영역에 속하지, 당위의 영역에 속하지 않는다. 문화현상으로서의 법에 필연적으로 수반되는 정의와의 관련성[12]은 개념을 구성하는 기능을 갖긴 하지만, 가치론적 또는 규범적 의미를 갖지는 않는다. 이 지점에서 라드브루흐는 신칸트주의의 문화철학적 접근방법과 완전히 일치하는 방식으로 논증한다. 즉 개개의 문화적 영역의 구성은 '가치관련적' 행동을 통해 이루어지고, 이 행동이 특정한 문화적 대상에 대해 그에 상응하는 가치가 귀속되는지 여부를 사전에 결정하지 않는다. "법은 "정의판단뿐만 아니라, 부정의판단의 대상으로 삼을 수 있는 모든 것이다. 법은 그것이 실제로 정의로운지에 관계없이 마땅히 정의로워야 하는 것(!)이다(GRGA Bd. 2, S. 54)." 다시 말해 법은 개념정의상 이미 정의에 의존하는 것이 아니라, 단지 개념정의를 할 때만 정의라는 가치와 관련을 맺을 뿐이다. 그 때문에 라드브루흐는 '법의 개념'과 '정당한 법의 개념'을 뚜렷이 구별하고(GRGA Bd. 2, S. 54), 후자의 개념은 존재의 영역이 아니라, 당위의 영역에 속한다고 한다(GRGA Bd. 2, S. 22).

따라서 법은 부정의할 수 있고, 부정의할지라도 법으로서의 성질을 상실하지 않는다. 이는 곧 '법'이라는 대상을 가치관련적으로 구성할 때 '정의로운'과 '부정의한'이라는 가치술어가 대등성을 갖지 않는다는 것을 뜻한다. 왜냐하면 법은 마땅히 정의로워야 할 뿐이기

---

11 *GRGA* Bd. 2, S. 47 이하. 이 점 및 이를 비판하는 켈젠의 입장에 관해서는 Neumann(각주 8), S. 45 이하[본서의 116면 이하] 참고.

12 *GRGA* Bd. 2, S. 53(리커트 Rickert 인용).

때문이다. 따라서 '부정의'는 가치가 아니라, 단지 정의라는 가치와 관련을 맺는 대상이 지닐 가능성이 있는 술어에 불과하다. 그렇기 때문에 법개념은 '정의로운'과 '부정의한'이라는 개념들을 통해 규정할 수 있는 가치차원과 '중립적으로'으로 관련을 맺는 것이 아니라, 정의라는 가치와 관련을 맺는다. "법은 법이념을 실현시킨다는 의미를 갖고 있는 존재사실이라고 개념규정을 할 수밖에 없다. 법은 부정의할 수 있다(극단적인 법은 극단적인 불법이다). 그러나 법은 오로지 그것이 정의롭다는 의미를 갖기 때문에 법이다."[13] 또한 "법의 개념은 정당한 법이라는 개념과 엄격히 구별되어야 하지만, 오로지 정당한 법이라는 개념으로부터만 획득할 수 있다"고 말하기도 한다 (GRGA Bd. 2, S. 54). 하지만 '정당한 법'과의 이러한 필연적 관련성은 지속적으로 가치론적 또는 규범적 의미가 아니라, 선험철학적 의미로 이해된다.[14] 문화현상으로서의 법은 "정의가치가 실현되어야 할 존재적 형상이고, 정의가치 자체와는 구별되는 실재이다(GRGA Bd. 2, S. 73)."

이에 반해 법효력의 문제는 당위의 영역에 속한다. 법의 효력에 대한 물음은 "법에 복종해야 한다는 주장, 즉 법의 구속력에 대한 물음"과 동일시된다(GRGA Bd. 2, S. 152). 그러나 이러한 구속력은 신칸트주의와 라드브루흐가 결코 포기한 적이 없는 방법이원주의 원

---

13 Radbruch, *Rechtsphilosophie*(1932), *GRGA* Bd. 2, S. 227.
14 물론 그렇다고 해서 이 인용문에서 법이 필연적으로 정의와 관련된다는 것을 주관적 의도의 의미로 이해하는 것이 불가능하다는 뜻은 아니다. 아다치 (Adachi, 각주 1, S. 36)는 명백히 이러한 의미로 이해한다. 라드브루흐가 1924년에 발표한 논문 '법이념의 문제점(Die Problematik der Rechtsidee)'에서 등장하는 법이념의 명백한 '규범화'는 이러한 해석의 증거가 될 수 있다.

칙15(방법삼원주의는 단지 방법이원주의의 변형이다16)에 따라 결코 사실로
서의 법으로부터 도출될 수 없다. 따라서 「법철학원론」에서든 「법철
학」에서든 법효력의 문제는 옐리네크Jellinek의 개념구성에 따라 '사
실적인 것의 규범력normative Kraft des Faktischen'에 관한 문제로 규정된다
(GRGA Bd. 2, S. 164).17

   법개념과 법효력의 관계에 대한 물음에서 결정적 의미를 갖는 측
면은 이 시기의 라드브루흐는 법의 효력을 도덕적 구속력이라는 의
미로 이해했다는 사실이다. 즉 법효력은 현행법 개념과 논리적 필연
성을 갖고 결합되어 있는 법적 당위가 아니라, 도덕적 의무일 뿐이
다. "오로지 도덕만이 법의 구속력을 정당화할 수 있다."18 따라서
'법적으로 명령된 것'은 "그것이 도덕적 의무로 격상됨으로써, 다시
말해 윤리의 영역에서 비로소" 의무가 된다.19

실정법질서의 효력주장에 대한 상대화

   그렇지만 실정법과 법효력, 즉 존재와 당위 사이에 다리를 놓는
작업은 라드브루흐에 따르면 법학의 (따라서 법률가의) 특수한 관점에

---

15 이에 관해 자세히는 Ulfrid Neumann, "'Methodendualismus' in der
   Rechtsphilosophie des Neukantianismus. Positionen zum Verhältnis von
   Sein und Sollen bei Gustav Radbruch", in: A. Brockmöller/S. Kirste /U.
   Neumann(Hrsg.), *Wert und Wahrheit in der Rechtswissenschaft*, ARSP
   −Beiheft 2015, S. 25 이하[본서의 143면 이하] 참고.
16 Radbruch, *Rechtsphilosophie*(1932), *GRGA* Bd. 2, S. 230 각주 2.
17 Radbruch, *Rechtsphilosophie*(1932), *GRGA* Bd. 2, S. 308 역시 동일하
   다.
18 Radbruch, *Rechtsphilosophie*(1932), *GRGA* Bd. 2, S. 271.
19 Radbruch, *Rechtsphilosophie*(1932), *GRGA* Bd. 2, S. 308 각주 2.

비추어 가능할 수 있다고 한다. 즉 법률가에게 "법질서의 절대적 효력주장은 실정법적 진리로서 절대적 기준이 된다"고 한다(GRGA Bd. 2, S. 153). 다시 말해 법학은 자신이 다루는 법질서에 대해 "필연적이고 무제한적으로 효력을 인정"해야 한다는 것이다(GRGA Bd. 2, S. 173). 그리하여 의지를 표현하고, 따라서 존재의 영역에 속하는 입법자의 명령이 규범 및 당위로 변화한다고 한다. 그러기 때문에 법학은 비록 존재(실정법)를 다루긴 하지만 방법의 측면에서는 규범과학과 구별되지 않는다고 말한다(GRGA Bd. 2, S. 153).

방법의 측면에서는 규범과학과 구별되지 않는 존재과학이라는 이론구성이 과연 설득력이 있는지 그리고 이러한 구성이 라드브루흐가 신봉하는 신칸트주의의 학문이론적 원칙과 합치하는지에 대해서는 여기서 자세히 논의하지 않겠다.[20] 우리의 맥락에서 중요한 것은 법에 대한 법학과 법률가의 특수한 고찰방식이 이 법에 대한 특수한 방법적 사용방식을 구성할 수 있을지는 모르지만, 결코 이 법에 대한 복종의무를 정당화할 수는 없다는 사정이다.

이러한 의미에서 라드브루흐는 법학의 특수한 고찰방식이 '인식에 대한 구속'일 뿐, '행위에 대한 실천적 구속'은 아니라는 점을 강조한다. 그러나 '행동하는 법률가'로서의 법관이 '인식에 구속'될 의무를 부담하는지 아니면 이 맥락에서 라드브루흐가 명백히 언급하고 있는 '법공동체 구성원'과 마찬가지로 법관도 '실천적 행위에 대해서는 구속력이 없다'는 사실을 원용할 수 있는지는 여기서는 일단 대답하지 않겠다. 다만 라드브루흐가 법의 구속력을 법학과 법률가의 관점에

---

20 이 물음 및 이와 관련하여 라드브루흐를 비판하는 켈젠의 입장에 관해서는 Neumann(각주 8), S. 45 이하[본서의 116면 이하] 참고.

상응하는 '법학적 효력론'에 비추어 판단하고자 하는 '실증주의적' 견
해를 명백히 거부한다는 사실만은 분명히 확인할 수 있다. 즉 오로지
철학적 효력론만이 법질서의 '진정한' 구속력에 대해 다룰 수 있다는
것이다. 이 점에서 "오늘날 법학적 효력론이 마치 정의의 문제에 대
해 최종적 결정권을 쥐고 있는 듯 행동"하는 것은 "현학적 사고방식
의 전형적인 예"라고 말한다(GRGA Bd. 2, S. 173).

철학적 효력론은 법학적 효력론과는 반대로 법의 구속력이라는
문제를 내재적 관점이 아니라, 외재적 관점에서 고찰하기 때문에,
철학적 효력론에게 법의 구속력은 '관점주의적perspektivistisch'으로 파
악되지 않는다. 따라서 철학적 효력론은 법의 구속력 여부에 대해
결정을 내릴 수 있게 해주고, ─긍정적으로 결정을 내리는 경우에는
─ 구속력을 정당화해줄 수 있는 기준들을 제시해야 한다. 법의 효
력은 오로지 자율적으로, 즉 '개인 자신의 도덕적 인격성의 요청'으
로서만 정당화될 수 있기 때문에(GRGA Bd. 2, S. 69), 이러한 기준들
은 시민들에게 도덕적으로 법을 준수할 의무를 부과하기에 적합한
것이어야 한다.

법효력의 '가설적' 기준으로서의 법효력

a. (가상적) 자연법의 우선적 효력

그렇기 때문에 1945년 이후에는 '라드브루흐 공식'을 통해 법효
력의 기준으로 상승되는, 법의 정의Gerechtigkeit des Rechts라는 문제(「법
철학원론」에서는 아직 '합목적성'에 속하는 문제였다21)는 이미 「법철학원

---

21 이와 관련해서는 1934년의 「법철학」에서는 1914년의 「법철학 개요」와 비

론」과 1932년의 「법철학」에서 이루어지는 효력의 문제에 관한 논의에서도 중요한 역할을 한다. 왜냐하면 법의 효력은 가설적으로 hypothetisch 법의 명백한 정당성에 구속되기 때문이다. 즉 만일 정당한 법을 인식할 수 있다면, "학문을 통해 인식된 이 자연법 앞에서 이와는 어긋나는 실정법의 효력은 마치 가려진 장막을 거두고 모습을 드러낸 진리 앞에서 가면이 벗겨진 착오와 마찬가지로 소멸해야 한다는 결론을 피할 수 없다. 그리하여 명백히 부정당한 법의 효력에 대해서는 어떠한 정당화도 생각할 수 없을 것이다(GRGA Bd. 2, S. 161; 이 문장은 「법철학」 제3판에서도 거의 똑같이 반복된다, GRGA Bd. 2, S. 312). 그 때문에 오로지 '자연법의 불가능성'으로부터 출발할 때만 실정법의 효력을 정당화할 수 있다고 한다(GRGA Bd. 2, S. 162).

이러한 견해는 나중에 라드브루흐의 논문 '법철학에서 상대주의(1934)'[22]에도 분명하게 표명되어 있다. 즉 이 논문에서도 상대주의는 실정법의 구속력에 관한 '유일하게 가능한 토대'로 등장한다. "만일 자연법, 즉 명확하고, 인식 가능하며 입증 가능한 법적 진리가 존재한다면 절대적 진리에 모순되는 실정법이 도대체 무슨 이유로 구속력을 갖겠는가?" 이 문장에 뒤이어 다시 장막이 걷힌 진리 앞에서 가면이 벗겨진 착오에 관한 표현이 등장한다.[23]

이와 같이 실정법이 '명백히' 부정당하다고 입증되는 경우에는 그 실정법은 부정당한 법으로서 효력이 없다는 가설적 표현을 근거

교해볼 때 변화가 발생했다는 점을 명확하게 밝히고 있는 Ralf Dreier, Anmerkungen zu Radbruch(각주 10)과 Wapler(각주 1), S. 161 참고.

22 Gustav Radbruch, Der Relativismus in der Rechtsphilosophie(이 논문은 원래 Archives de philosophie du droit et de sociologie juridique에 불어로 게재되었다. 이에 관해서는 GRGA Bd. 3, S. 273 참고).

23 Radbruch, GRGA Bd. 3, S. 18.

로 라드브루흐의 입장이 '자연법적'이라고 볼 수 있는지는 상당히 대답하기 힘든 물음이다. 왜냐하면 어떠한 자연법 개념을 토대로 삼는가에 따라 대답이 달라지기 때문이다. 물론 라드브루흐가 실정법은 그것이 설령 '부정당'하다고 입증될지라도 실정법인 이상 어쨌든 구속력을 인정해야 한다는 극단적인 실증주의적 입장을 비난하고 있는 것은 틀림없다.[24] 이는 상대주의는 결국 실증주의로 귀착한다는, 라드브루흐 자신이 확인하고 있는 내용(GRGA Bd. 3, S. 18)의 이면이다.

b. 자연법의 거부

다른 한편 라드브루흐가 자연법의 인식 가능성 및 자연법의 존재를 부정한다는 사실을 간과해서는 안 된다. 여기서 말하는 자연법은 '그 자체'로 존재하는 '정당한' 법의 체계를 우리가 인식할 수 없다는 의미로 이해되지 않는다. 오히려 자연법이란 ―적어도 라드브루흐 법사상의 이 단계에서는― 오로지 인식된(1932년의 「법철학」에서는 특이하게도 '인식된'이 아니라, '승인된'으로 쓰고 있다[25]) '정당한' 법으로서만 존재할 수 있다고 한다. 이러한 결론은 '그 자체'로 효력을 갖고 인간에게는 전혀 계시되지 않거나 부분적으로만 계시되는 자연법을 구성할 수 있는 종교적 또는 형이상학적 입장이 아닌 한, 다른 대안이 없는 필연적 결론이다. 이 결론은 자연법이 기초하고 있는 방법적

---

24 이 점에서 (비록 상당히 의심스러운 전제에서 출발하긴 하지만) 라드브루흐의 접근방법에 기초할 때 초인격주의적 법은 명백한 부정당성을 이유로 효력을 박탈당한다고 보는 비간트(Wiegand, 각주 9, S. 214 이하)의 견해는 최소한 논리적 일관성을 갖고 있다.

25 Radbruch, *GRGA* 2, S. 312.

원칙을 "정의로운 법에 관한 명확하고, **인식 가능하며 입증 가능한** 이념이 존재한다"[26]는 견해로 규정하는 경우에도 분명하게 표현되고 있다. 이 맥락에서 라드브루흐는 '자연법이라는 잘못된 이론에 다시 빠질 수 있는' 위험성에 대해 명백히 경고한다.

핵심적 효력기준으로서의 법적 안정성

자연법의 거부는 법의 구속력을 무엇보다 법적 안정성이라는 관점에 근거하도록 해야 한다는 결론에 도달하게 만든다. 이와 관련된 라드브루흐의 논증을 여기에서 반복할 필요는 없다. 다만 라드브루흐 법사상의 이 단계에서 법개념과 법효력의 관계가 어떻게 설정되었는가라는 물음에서는 '법적 안정성 사고'를 통해 '법이념의 문제와 법효력의 문제'가 서로 만나게 된다는 사실(GRGA Bd. 2, S. 308)이 의미를 가질 수 있다. 하지만 이러한 '만남'이 법이념에 지향된 법개념을 거쳐 이루어지는 것은 아니다. 오히려 법적 안정성과 정의는 법효력과 직접적이고 밀접하게 결합되는 관련성을 갖고 있다(GRGA Bd. 2, S. 170).

(부)정의의 효력 관련성

이로써 법의 효력이 (법이념의 구성요소로서의) 정의와 관련을 맺는다는 사실은 라드브루흐 법철학의 이 단계에서도 현저하게 부정의한 법률에 대해서는 효력을 갖는 법으로서의 승인을 거부할 수 있다는

---

26 Radbruch, *GRGA* 3, S. 17(강조는 글쓴이).

결론을 낳는다. 하지만 이에 대한 근거 제시는 상당히 복잡하고, 그 결론 역시 1945년 이후의 저작에 비해 별다른 영향력을 갖고 있지 않다.

a. '승인설' 모델을 통한 법적 안정성의 우위

1945년 이후의 저작에서는 법효력이 법률의 (가능한) 성질, 즉 법률에 속하거나 속하지 않는 속성으로 등장하는 반면, 「법철학원론」과 「법철학」은 규범의 속성이 아니라, 수범자의 의무와 관련시켜 법효력을 논의한다. 이는 법의 효력은 오로지 자율적으로, 즉 개인 자신의 윤리적 인격의 요청으로서만 정당화될 수 있다는 라드브루흐의 출발점(GRGA Bd. 2, S. 69)과도 부합한다. 왜냐하면 이러한 전제에서 출발하게 되면 실정법의 구속력을 수범자에 의한 실정법의 승인에 의존한다고 보는 '승인설'을 선택하는 것이 논리필연적인 결론이 되기 때문이다. 이렇게 해서 현저하게 부정의한 법률에 대해 승인을 거부하고, 따라서 효력을 거부할 여지가 생기게 된다.

그러나 라드브루흐가 구성하고 있는 승인설에서는 법률에 대한 승인의 문제가 개인의 자유로운 결정에 맡겨져 있지 않다. 두 가지 이유 때문이다. 첫째, 법률의 구속력에 대한 승인 또는 비승인이 의지에 따른 것이 아니라, 감정에 따른 것이라고 하기 때문이다(GRGA Bd. 2, S. 311). 둘째, 승인이 심리학적 토대를 떠나 규범적 의미를 갖는 것으로 변경되기 때문이다. 이 점에서 법복종자의 진정한 이익에 초점을 맞추어야 한다고 한다(GRGA Bd. 2, S. 311). 그러나 이 진정한 이익은 '정당한' 법을 입증할 수 없다는 사정에 비추어 일차적으로 법적 안정성이라는 관점에 지향된다고 말한다.

b. '치욕스러운 법률'과 관련된 양심의 결정

그렇지만 법률이 중대한 방식으로 정의의 원칙(또는 합목적성의 원칙)에 위반되는 경우에는 실정법의 구속력이 개인의 승인이라는 심리학적 사실에 의존한다. 이처럼 법이념이 개별적 요소들이 서로 모순되는 경우에는 "개인의 양심만이 이들 가운데 어느 하나를 선택하는 결정을 내릴 수 있을 뿐이다(GRGA Bd. 2, S. 315)." 양심이 복종을 거부하게 되는 '치욕스러운 법률Schandgesetz'이라는 유명한 표현 — 이는 「법철학원론」에서도 이미 등장하고 있다(GRGA Bd. 2, S. 168) — 은 '사회주의자 법률(1878)'을 예시로 들고 있으며, 이러한 법률에 대해서는 저항권도 인정될 수 있다고 암시한다.

따라서 법률의 부정의는 라드브루흐 법사상의 이 단계에서도 법률로부터 효력을 박탈하는 결론을 낳는다.[27] 하지만 여기서 말하는 '효력'은 여전히 법률의 이념적 속성으로서의 효력이 아니라, 수범자에 대한 도덕적 구속력이라는 의미의 효력이다. 그렇기 때문에 '효력'은 관계적 개념이고, 법률은 '그 자체' 효력을 갖는 것이 아니라, 법률의 수범자에 대해 효력을 갖는다.

c. 법효력의 관계적 구조

법효력에 대한 이러한 이해로부터 법률의 효력을 서로 다른 수범자 집단에 따라 다르게 규정할 수 있는 가능성이 도출된다. 라드브루흐가 이 단계의 법사상에서 법관에게 '치욕스러운 법률'까지도 엄격하게 적용해야 할 의무를 부과하는 것은 법적용자로서의 법관은 법

---

27 따라서 '치욕스러운 법률 — 테제'는 '참을 수 없음 — 테제'의 전신인 셈이다 [Ralf Dreier, "Gustav Radbruchs Rechtsbegriff(각주 3)", S. 28].

학의 고찰방식 및 '법학적' 효력론에 구속된다는 사실(GRGA Bd. 2, S. 173)에 따른 결론이 아니다. 그보다는 법관은 "모든 법을 효력이 있는 법으로 고찰해야 할 양심상의(!) 구속을 받기" 때문이라고 한다 (GRGA Bd. 2, S. 316). 다시 말해 라드브루흐가 법관은 실정법질서에 봉사할 때 "오직 법학적 효력론만을 알아야 한다(GRGA Bd. 2, S. 315)"라고 말할 때는 '철학적' 효력론을 '법학적' 효력론으로 대체하는 것이 아니다. 오히려 철학적 효력론에 따른 기준인 '양심상의' 구속은 법관이 법관으로서 오로지 법학적 효력론에 비추어서만 법규범의 구속력에 대해 판단해야 한다는 사실로부터 도출되는 결론이다.

이러한 관계적 효력론의 결론은 1932년의 「법철학」에서 극적으로 묘사된다(「법철학원론」에서는 아직 등장하지 않는다).

"모든 제정법을 효력을 갖는 법으로 고찰하도록 양심상 구속된 법관과 부정의하거나 합목적성이 없는 법에 대해서는 그것이 설령 제정되었을지라도 효력을 갖지 않는다고 고찰해야 하는 양심의 구속을 받는 피고인이 서로 대립한다(GRGA Bd. 2, S. 316)."

따라서 이 맥락에서 라드브루흐가 언급하고 있는 확신범은 효력을 가진 법에 반해 행동하도록 양심의 구속을 받는 법파괴자가 아니라, 효력을 가진 법을 위반하지 않는 행위자이다. 왜냐하면 그의 양심이 이 법에 대해 구속력을 승인하는 것 자체를 금지하기 때문이다.

▎'규범화된' 법개념의 효력에 대한 무관심

법개념의 요소인 정의와의 의도적 관련성

'법이념의 문제점(1924)'이라는 논문에서 "이제는 마감한 시대의 공리주의적 법철학과 실증주의적 법철학" 그리고 이 지나간 시대에 여전히 집착했던 본인의 법철학으로부터 거리를 두면서[28] 원래 선험 철학적으로 이해되던 법의 정의 관련성[29]을 법률과 입법자가 반드시 의도해야 할 정의라는 의미로 재해석하고, 그에 따라 정의를 전혀 추구하지 않은 법률로부터 법으로서의 성격을 박탈한다. 왜냐하면 "최소한일지라도 정의에 봉사하는 것을 목적으로 삼는 것만이 법이 고 … 정의는 법이라는 종Art을 규정하는 이념이기 때문이다."[30] 이렇 게 해서 법의 개념은 정의를 향한 의도라는 기준에 구속되며, 따라서 규범적 의미로 채워지게 된다.

---

28 Gustav Radbruch, "Die Problematik der Rechtsidee", *GRGA* Bd. 2, S. 460.

29 푼케는 이러한 정의 관련성이 「법철학」에서는 법의 개념정의에 포함되어 있는 것이 아니라, '법에 대한 개념규정을 획득할 수 있는' 방법을 지시하고 있을 뿐이며, 이 방법에 따라 비로소 법을 '인간의 공동생활을 위한 일반적 명령의 총체(*GRGA* Bd. 2, S. 261)'로 개념규정하게 된다는 점을 타당하게 지적하고 있다(Funke 각주 3, S. 14). 이 맥락에서 푼케는 법의 일반성이 라는 의미의 '형식적 정의'가 해체되고 만다고 지적하지만, 라드브루흐의 구상에서 형식적 정의는 바로 법적 규범의 일반성을 의미한다는 점을 상기 할 필요가 있다.

30 Radbruch, "Die Problematik der Rechtsidee", *GRGA* Bd. 2, S. 462.

'비법'의 효력

따라서 이러한 기준을 충족하지 못하는 법률에 대해서는 법으로 서의 성격과 함께 구속력까지 부정하는 것이 당연한 결론일 것이다. 그러나 라드브루흐는 이러한 결론을 도출하지 않는다. 오히려 그 반 대로 이러한 결론을 명시적으로 거부한다. 해당하는 구절을 그대로 인용해보자.

"예컨대 특정한 성질을 갖는 개인 또는 개인집단에게만 불이익 을 부과하는 예외명령처럼 같은 것을 같게 그리고 다른 것을 다르게 취급하려는 의지가 내재하지 않는 명령일지라도 실정법 적으로 효력을 갖거나 합목적적이고 필요한 것일 수 있으며, 따 라서 절대적으로 타당한 것일 수 있다. 그러나 이 명령에 대해 법이라는 이름을 붙이는 것을 거부해야 마땅하다. 왜냐하면 최 소한일지라도 정의에 봉사하는 것을 목적으로 삼는 것만이 법 이기 때문이다 … 정의는 법이라는 종을 규정하는 이념이다."

따라서 라드브루흐는 ─유감스러운 표현이긴 하지만─ '효력을 갖는 비법geltendes Nicht-Recht'의 가능성을 인정한다.[31]
이러한 맥락에서 라드브루흐는 막스 뤼멜린Max Rümelin의 텍스트 「법률 앞의 평등」[32]에 대한 서평에서 명시적으로 '비법'이라는 개념

---

31 이에 관해서는 Ulfrid Neumann, "Ralf Dreiers Radbruch", in: Robert Alexy (Hrsg.), *Integratives Verstehen. Zur Rechtsphilosophie Ralf Dreiers*, 2005, S. 141, 150 이하[본서의 31면 이하] 참고.
32 Max Rümelin, *Die Gleichheit vor dem Gesetz*, 1928.

을 사용한다. 이 서평에서 라드브루흐는 "더 이상 법이념에 지향되
어 있지 않은 법률에 대해서는 복종을 거부할 수 있다"[33]는 뤼멜린의
견해를 반박한다. 즉 뤼멜린은 "오로지 '법'이라는 개념에 부합하는
것만이 국가의 과제일 뿐, 반드시 '불법'일 필요는 없는 '비법'에 부
합하는 것은 국가의 과제가 아니라는 주장에 대해 아무런 증거도
제시하지 못하고 있다"고 한다.[34]

실질적으로 보면 '효력을 갖는 비법'이라는 모델은 1932년의 「법
철학」에서도 등장한다. 이 책의 '법이념의 대립과 모순'에 관한 장에
서 라드브루흐는 이렇게 말한다. "사실상 우리는 '정의를 목적으로
삼는다'라는 기준을 통해 단지 어떤 명령이 법적 성격을 갖는지, 즉
명령이 법의 개념에 부합하는지에 대해서만 결정을 내린다."[35] 하지
만 이러한 기준을 충족하지 않은 명령으로부터 법적 효력을 박탈하
는 결론은 또 다시 거부된다. 왜냐하면 라드브루흐는 해당하는 문장
의 각주에서 "그렇다고 해서 이 명령의 허용 여부에 대해서는 당연
히 결정을 내리지 않는다"[36]고 명시적으로 확인하고 있고, 이와 관
련해 "개별적 성격으로 인해 법적 성격을 전혀 갖지 않는 조치
Maßnahme도 허용된다"고 규정한 바이마르 헌법 제48조를 지적하고
있기 때문이다.[37]

---

33 Rümelin, *Die Gleichheit vor dem Gesetz*, S. 80.

34 Radbruch, "Die Gleichheit vor dem Gesetz(1928)", *GRGA* Bd. 1, S.
547.

35 Radbruch, *Rechtsphilosophie*, *GRGA* Bd. 2, S. 305.

36 Radbruch, *Rechtsphilosophie*, *GRGA* Bd. 2, S. 305 각주 7.

37 따라서 바이마르 헌법 제48조에서 말하는 조치가 그 규율대상의 측면에서
개별적 성격을 갖게 되는지 아니면 "명령 자체가 개별적 성격을 갖는지
(*GRGA* Bd. 2, S. 261)"의 구별은 법으로서의 성질에 해당하는 물음이지

라드브루흐는 법이념에 관한 논문에 등장하는 앞의 세 인용문 가운데 첫 번째 인용문에서만 법효력이라는 개념을 명시적으로 사용하고 있긴 하지만, 다른 두 인용문에서도 '법'으로서의 성질이 부정되는 규범의 효력을 염두에 두고 있다는 점에 대해서는 의문이 있을 수 없다. 왜냐하면 「법철학」에서도 뤼멜린에 대한 서평에서 논의했던 물음, 즉 특정한 법률에 대해 복종을 거부할 수 있는지 여부와 그 조건에 대한 물음이 곧 법효력의 핵심적 물음이 되기 때문이다.38 그리고 바이마르 헌법 제48조와 관련해 이 조항에 따른 조치의 '허용 여부'에 대한 언급 역시 조치의 구속력에 관련된 것이고, 따라서 조치의 법적 효력이라는 의미로 이해해야 한다.

법개념의 이원주의

'효력을 갖는 비법'이라는 사고는 이러한 역설을 통해 라드브루흐 법사상의 이 단계에서 법개념과 법효력의 기준 사이에 존재하고 있는 긴장을 잘 보여주고 있다. 이미 표현 자체에서 '효력' 역시 이 맥락에서는 법규범에만 관련될 수 있다는 점이 분명하게 드러난다. 이러한 사고의 배후에는 법개념의 이원주의, 즉 '철학적' 법개념과 '법학적' 법개념의 대립을 특징으로 삼은 이원주의가 자리 잡고 있다.39

두 가지 법개념에 대한 구별은 라드브루흐의 법철학 체계에 처음

명령의 효력에 관련된 물음이 아니다.

38 이는 「법철학원론(1914)」에서 「법철학(1932)」를 거쳐 「법철학입문(1948)」에 이르기까지 모든 단계에 공통된다.

39 Ralf Dreier, "Gustav Radbruchs Rechtsbegriff(각주 3)", S. 26.

부터 존재하는 구별이다. 예를 들어 「법철학원론」에서도 이미 법철학적 성찰을 통해 획득한 법개념과 '실증적 법학에 의해 다루어지는 법개념'을 구별한다.[40] 하지만 단지 추론과정에서만 차이가 있을 뿐, 결과적으로 두 법개념은 일치한다. 이와 관련해서 라드브루흐는 터널 공사에 비유한다. 즉 '두 가지 인식방식'은 서로 다른 지점에서 출발하지만, 한 지점에서 서로 만나는 것이 두 인식방식의 과제라고 한다.[41] 그러나 두 가지 법개념의 일치는 '효력을 갖는 비법'이라는 모델에서는 포기된다. 라드브루흐의 후기 저작에서 비로소 법철학적 법개념과 법학적 법개념이 다시 결합된다.

▌정의(법이념)와 법개념을 법효력의 기준으로 통합하는 1945년 이후의 입장

법효력과 법이념

'치욕스러운 법률'의 효력과 관련해서 1945년 이후에 발표된 저작에서는 특히 나치 시대의 불법체제에 대한 경험을 명시적으로 원용하면서 법관과 시민을 별개의 수범자로 구별하는 입장을 완전히 포기한다. "우리 시대는 법관에게 국가의 법률로부터 벗어날 수 있는 권한을 부여해야 한다."[42] 이제 법률의 효력은 모든 사람에 대해 효력을 갖는

---

40 Radbruch, *Grundzüge der Rechtsphilosophie*, *GRGA* Bd. 2, S. 47 이하.

41 Radbruch, *Grundzüge der Rechtsphilosophie*, *GRGA* Bd. 2, S. 48; ders., *Rechtsphilosophie* 역시 같은 입장이다.

42 Gustav Radbruch, "Neue Probleme in der Rechtswissenschaft(1952년에 사후출간)", *GRGA* Bd. 4, S. 233 이하, 233.

법률의 속성 및 ‒여기에 덧붙여‒ 법률의 비효력Nichtgeltung으로 이해
된다.[43] '법률적 불법'에 관한 수많은 서술에 비추어 볼 때 이 점은
전혀 의문의 여지가 없다.[44]

이에 대한 체계적 근거는 법이념을 원용함으로써 제시된다. 즉
실정법에 대해서는 법이념을 통해서도 효력을 박탈할 수 있다고 한
다. 구체적으로 말하면, 정의에 대한 참을 수 없는 위반이라는 관점
에 비추어 실정법의 효력을 박탈할 수 있다. 물론 법이념의 구성요소
인 정의와 법적 안정성 사이에 명확한 우선순위를 정할 수는 없다.
왜냐하면 법적 안정성은 가치이념의 우선순위에 대한 장(「법철학입
문」 § 10)에서 서술하듯이 정의의 형식이고, 따라서 양자 사이의 갈등
은 곧 '정의가 자기 자신과 겪는 갈등'이기 때문이라고 한다.[45] 하지
만 '끔찍하게 부정의한 법률'이라는 예외적인 경우에는 이 법률로부
터 '그 부정의함을 이유로 효력을 박탈할 수 있는' 가능성이 남아
있다고 한다(GRGA Bd. 3, S. 154).

「법철학원론」과 「법철학」에서 모두 법이념의 요소들과 관련시키

---

43 이와 관련해서는 특히 '법의 명령'을 준수해야 할 '양심의 의무'라는 문제가
   이제는 더 이상 「법철학」에서처럼 '법의 효력'을 설명하는 부분이 아니라,
   '법과 도덕'에 관해 서술(「법철학입문」 § 13)에서 다루고 있다는 점에 주목
   할 필요가 있다.
44 Gustav Radbruch, "Gesetzliches Unrecht und übergesetzliches Recht
   (1946)", *GRGA* Bd. 3, S. 83 이하, 89; ders., "Die Erneuerung des
   Rechts(1947)", *GRGA* Bd. 3, S. 107 이하, 108; ders., *Vorschule der
   Rechtsphilosophie*(1948), *GRGA* Bd. 3, S. 121 이하, 153.
45 Radbruch, *Vorschule der Rechtsphilosophie, GRGA* Bd. 3, S. 150. 법
   적 안정성을 '넓은 의미의 정의에 따른 요청'으로 파악하는 것은 이미 「법
   철학원론(*GRGA* Bd. 2, S. 170)」에서도 등장한다. 이에 관해서는 Saliger,
   Radbruchsche Formel und Rechtsstaat(각주 2), S. 13 참고.

면서 개개 시민의 양심에 맡겨져 있던 형량(衡量)이 이제는 일반화되고, 이로써 객관화된다. 즉 "정의에 대한 실정법률의 모순이 도저히 참을 수 없을 정도에 도달해서 '부정당한 법'으로서의 법률이 정의에 자리를 내주어야 하는"⁴⁶ 경우에는 법률의 효력을 박탈할 수 있다는 기준을 제시하는 '참을 수 없음 – 공식Unerträglichkeitsformel'은 「법철학원론」과 「법철학」의 연속선상에 있긴 하지만, 개인의 양심에 따른 판단을 일반화된 고찰방식으로 대체하고 법관 역시 '법률적 불법'을 적용할 의무가 없다고 보는 점에서는 변경이 가해지고 있다.

법효력과 법개념

이에 반해 '부정공식Verleugnungsformel'은 체계적 측면에서 법이념에 (직접적으로) 기초한 것이 아니라, 법개념에 기초한다.⁴⁷ 그 때문에 – 여러 학자들이 지적하고 있듯이 – 「법철학입문」에서 법의 효력에 관한 장(§ 12)에서 다루어지는 '참을 수 없음 – 공식'과는 달리 부정공식은 법의 개념에 관한 장(§ 1)에서 다루고 있다. 라드브루흐는 논문

---

46 Radbruch, "Gesetzliches Unrecht und übergesetzliches Recht", *GRGA* Bd. 3, S. 89.

47 '참을 수 없음 – 공식'과 '부정공식' 사이의 관계에 관한 논쟁에 대해서는 ('부정공식'의 독자성을 인정하는) Adachi(각주 1), S. 80; Robert Alexy, "A Defence of Radbruchs Formula", in: David Dyzenhaus(Hrsg.), *Recrafting the Rule of Law: The Limits of Legal Order*, 1999, S. 15 이하, 16; Ralf Dreier/Stanley Paulson, "Einführung in die Rechtsphilosophie Radbruchs(각주 1)", S. 237 이하, 248; Schumacher, *Rezeption und Kritik der Radbruchschen Formel*, 1985, S. 24와 이에 반해 부정공식의 독자성을 부정하는 Saliger, *Radbruchsche Formel und Rechtsstaat*(각주 2), S. 18 참고.

'법률적 불법과 초법률적 불법'에서 자신이 '법이념의 문제점'48과
「법철학」49에서 이미 전개한 사상, 즉 "평등취급에 대한 의지가 전혀
내재하지 않은 명령은 결코 '법'으로 지칭할 수 없다"는 견해를 원용
한다. 또한 이미 1924년의 논문에서도 그랬듯이 논증의 핵심은 "최소
한일지라도 정의에 봉사하는 것을 목적으로 삼는 것만이 법"이라는
점이다. 이러한 논증은 그 출발점에서는 법의 개념을 정의의 관점에
서 법을 고찰할 수 있는 가능성에 비추어 규정하는, 라드브루흐의
신칸트주의적 접근방법에 부합한다. 하지만 두 가지 측면에서 1945
년 이후에는 1924년에 밝힌 입장과 현저한 차이가 있다.

a. '비법'은 구속력이 없다

첫 번째 측면은 법률이 '최소한일지라도 정의에 대한 봉사를 목적
으로 삼을 것'이라는 개념정의의 기준을 충족하지 못할 때 도출되는
결론과 관련이 있다. 1924년의 논문과 1932년의 「법철학」에서 라드
브루흐는 −앞에서 서술했듯이− 이 기준으로부터 법의 구속력에
관한 결론을 추론하는 것을 분명히 거부했다. 그에 따라 '효력을 갖
는 비법', 즉 '법이라는 이름'50을 붙이는 것을 거부해야 하지만, 그
럼에도 구속력을 주장할 수 있는 법률이 가능하게 된다. 이는 −푼
케가 상세하고 설득력 있게 서술하고 있듯이51− 법률을 정의라는
관점에서 평가할 수 있는 가능성을 법의 구성적 기준으로 상승시키
긴 하지만, 적극적 평가 활동을 통해 확인할 수 있는 어떤 성질로

---

48 Radbruch, "Die Problematik der Rechtsidee", *GRGA* Bd. 2, S. 462.
49 Radbruch, *Rechtsphilosophie*, *GRGA* Bd. 2, S. 305.
50 Radbruch, "Die Problematik der Rechtsidee", *GRGA* Bd. 2, S. 462.
51 Funke(각주 3).

파악하지는 않는 선험철학적 접근방법에만 부합하는 결론이다.

1945년 이후 이 측면에 대한 라드브루흐의 입장은 변화를 겪는다. 이제 정의를 향한 의도가 결여되어 법의 개념에 부합하지 않는 법률은 논리필연적으로 구속력이 없다. 즉 비법은 이제 '법률적 불법'이 더욱 강화된 형태이다. 법률적 불법은 비록 법개념에 모순되지는 않지만, 정의의 기본적 요청에(따라서 법이념에) 모순되기 때문에 구속력이 없고, 이보다 더 강화된 형태인 '비법'도 당연히 구속력이 없다. 다시 말해 '정의에 대한 의도적 부정이라는 기준'을 충족하는 비법은 '법률적 불법'의 상승형태[52]로 여겨진다. 이 점은 부정공식과 관련된 라드브루흐의 표현 자체에 너무나도 분명하게 드러나 있다. "결코 정의를 추구하지 않는 경우, 다시 말해 실정법을 제정하면서 정의의 핵심을 이루는 평등을 의식적으로 부정한 경우, 그 법률은 단순히 '불법'에 그치지 않고 법으로서의 성질 자체를 갖고 있지 않

---

[52] 양자는 규범의 분류라는 측면에서 구별될 뿐, (논리적으로 결코 단계화할 수 없는) 비효력('구속력 없음')이라는 결과에 비추어서는 구별되지 않는다. 이처럼 '법적 결과(규범의 비효력)'가 동일하다는 점 때문에 (법실증주의의 '중립성 테제'에 합치할 수 있는) '법률적 불법'과 ('중립성 테제'에 반하는) '법률적 비법'의 구별이 과연 의미가 있는가라는 물음(Norbert Hoerster, *Was ist Recht? Grundfragen der Rechtsphilosophie*, 2006, S. 79 이하)에 대해서는 '법적 결과'를 정당화하는 과정에서 서로 다른 논증방식을 취하고 있다는 점에서 이 구별은 의미가 있다고 대답할 수 있다. 즉 전자의 경우는 가치평가('참을 수 없을 정도로 부정당한')에 해당하고, 후자는 법률의 의도에 대한 확인에 해당한다. 법률규정의 정의 또는 부정의와 관련된 입법자의 생각을 명확하게 밝힐 수 없다는, 자주 제기되는 반론과 관련해서는 라드브루흐의 해결방안이 입법자의 악의(dolus malus)에 초점을 맞추고 있는 것이 아니라, 그보다는 법률의 시대사적 맥락에서 사회적 상태를 부정하게 형성하려는 시도로 해석될 수 있는지 아니면 정의로운 갈등해결의 시도로 해석될 수 있는지에 초점을 맞추고 있다는 점을 강조할 수 있다.

다."53 1945년 이전에 발간된 저작들과의 결정적 차이는 '법이념'에 관한 논문(1924) 이후 '의도'를 중심으로 해석되는54 정의 관련성이 라는 철학적 법개념의 기준이 이제는 명백히 실정법에 대해서도 요구되고 있다는 점이다.55 이 점에서 **"실정법을 포함하여** 법은 정의에 봉사한다는 의미를 갖고 있는 질서와 제정이라고 개념규정하지 않을 수 없다"고 한다.56 실정법으로서의 규범이 그러한 성질을 갖지 않게 되면 필연적으로 이러한 규범의 (법적) 효력도 함께 상실되며, 그에 따라 '참을 수 없는 부정의'에 대한 물음도 더 이상 제기되지 않는다.

'부정공식'은 법률을 통해 정의를 추구하는가라는 질적 기준이기 때문에 법(법은 경우에 따라서는 '법률적 불법'으로서 효력을 갖지 않을 수 있다)과 비법 사이의 경계는 어쨌든 명확하게 설정할 수 있다. 라드브루흐는 (사실상으로 실현된) 불법의 정도에 초점을 맞추고, 그 때문에 비교형량을 필요로 하는 '참을 수 없음 – 공식'과 대비시키는 가운데 양자 사이에 뚜렷한 경계설정이 가능하다는 점을 반복해서 강조한다.57 이 점에서 '부정공식'이 갖는 실천적 의미는 라드브루흐 자신

---

53 Radbruch, "Gesetzliches Unrecht und übergesetzliches Recht", *GRGA* Bd. 3, S. 89.

54 이에 관해서는 위의 89면 이하 참고.

55 Robert Alexy, *Begriff und Geltung des Rechts*, 2. Aufl. 2002는 이와 관련해서 법의 정의 관련성이 법의 '성격을 규정하는' 맥락에서 '개념정의'의 맥락으로 전환되었다고 진단한다(S. 48).

56 Radbruch, "Gesetzliches Unrecht und übergesetzliches Recht", *GRGA* Bd. 3, S. 89(강조는 글쓴이).

57 Radbruch, "Gesetzliches Unrecht und übergesetzliches Recht", *GRGA* Bd. 3, S. 89; ders., *Vorschule der Rechtsphilosophie, GRGA* Bd. 3, S. 151.

이 매우 높게 평가하고 있다. 그 때문에 이 기준에 따라 "나치 법의 모든 부분은 결코 효력을 갖는 법으로서의 품격을 가질 수 없다"고 한다.[58] 또한 특정한 집단에 속하는 사람들에게 인권을 거부하는 법률을 비법으로 규정할 뿐만 아니라, 예컨대 국가를 일당독재국가로 구성하는 규율도 비법으로 규정한다.[59]

b. '일반성'이라는 법적 기준의 실질화

부정공식에 대해 라드브루흐 자신이 부여하고 있는 커다란 의미는 1945년 이후에 예전의 입장에 비해 현저한 변화를 겪은 두 번째 측면과도 관련이 있다. 물론 라드브루흐는 법개념에 대한 자신의 서술에서 여전히 법의 명령이 반드시 일반적 성격을 가져야 한다는 점을 강조한다.[60] 하지만 이 기준은 원래 개별사례 법률과 개별사례 명령을 배제한다는 의미에서 형식적으로 이해되었다.[61] 1932년의

---

[58] Radbruch, "Gesetzliches Unrecht und übergesetzliches Recht", *GRGA* Bd. 3, S. 89.

[59] Radbruch, *Vorschule der Rechtsphilosophie*, *GRGA* Bd. 3, S. 151.

[60] Radbruch, "Die Problematik der Rechtsidee", *GRGA* Bd. 2, S. 462; ders., *Rechtsphilosophie*, *GRGA* Bd. 2, S. 261; ders., *Vorschule der Rechtsphilosophie*, *GRGA* Bd. 3, S. 151.

[61] Radbruch, "Die Problematik der Rechtsidee", *GRGA* Bd. 2, S. 462; ders., *Rechtsphilosophie*, *GRGA* Bd. 2, S. 261. '형식적'이라고 지칭되는 이 '일반성(Generalität)'이라는 기준도 이미 정의와의 관련성을 갖고 있다는 점은 Ralf Dreier, "Gustav Radbruchs Rechtsbegriff(각주 3)", S. 37에서 타당하게 지적하고 있다. 하지만 이러한 기준의 도움으로 일반적 법률을 통한 개인집단의 불평등취급이 배제되지는 않는다[이에 관해서는 Ulfrid Neumann, "Naturrecht und Positivismus im Denken Gustav Radbruchs − Kontinuität und Diskontinuität", in: Wolfgang Härle/Bernhard Vogel (Hrsg.), '*Vom Rechte, das mit uns geboren ist*'. *Aktuelle Probleme des Naturrechts*, 2007, S. 11 이하, 21 이하(본서의 61면 이하) 참고].

「법철학」에서도 '평등취급'에 대한 요청으로서의 정의 원칙으로부터 어떠한 내용적 기준을 도출하지 않고 있다. 왜냐하면 정의 원칙은 같은 것을 같게 다른 것을 다르게 취급하라고 명령하긴 하지만, 무엇을 같게 보고 무엇을 다르게 볼 것인가라는 물음에 대해서는 대답할 수 없기 때문이다. 그 때문에 정의는 "이로부터 특정한 내용을 가진 법규정을 도출할 수 있기에는 충분하지 않다"고 한다(GRGA Bd. 2, S. 278).

「법철학입문」에서도 일단은 법적 규율의 내용과는 관련이 없는 정의의 형식적 성격을 다시 확인하지만, 그 범위를 현저하게 제한함으로써 정의사상을 부분적으로 '실질화'하는 결과에 도달한다. 즉 먼저 「법철학」에서의 서술과 똑같이 정의는 단지 법률의 형식, 즉 법률의 형식적 일반성만을 규정할 수 있기 때문에 법률은 '같은 지위를 갖는 모든 사람들에게 똑같은' 것이라는 사실을 확정하면서, 그렇지만 "같은 지위를 갖는 모든 사람들에게 똑같이 효력을 갖는 일반적인 법률"의 내용에 대해서는 정의가 아무 말도 해주지 못한다고 한다(GRGA Bd. 3, S. 144). 여기서 라드브루흐는 ('같은 사람들Gleiche'이 아니라) '같은 지위를 갖는 사람들Gleichgestellte'이라고 분명히 말하면서, 정의 자체는 무엇이 같고 무엇이 다른지를 확정할 수 없다는 자신의 고찰방식을 포기하지 않았다는 점을 강조한다.

그러나 「법철학입문」에서는 앞의 인용문에 바로 뒤이어 그렇다고 해서 "정의로부터 직접적으로 도출될 수 있는 특정한 내용의 법규정이 존재하지 않는다는 뜻은 아니다"고 덧붙인다. 여기서 라드브루흐는 예컨대 법관의 독립이라는 원칙 및 형사피고인의 방어권이 그와 같은 '정의의 순수한 요청'에 속한다고 한다. 그러나 정의로부터 특정한 내용의 법규정이 도출될 수 없다는 언명과 그러한 법규정이 도출될 수 있다는 언명을 함께 놓고 보면 곧바로 모순이 발생한다. 그렇기 때문에 ―라드브루흐가 제시한 이 두 가지 예는 실질적으로 평등취급의 문제가 아니라, 기초적인 소송법적 원칙일 뿐이라는 점을 일단 도외시한다면― 정의 원칙으로부터 직접 특정한 내용을 가진 법규정이 도출될 수 있는가라는 물음에 대해서는 상이한 대답을 제시할 수 있다. 이러한 모순을 해석을 통해 해소하고자 한다면 라드브루흐가 「법철학입문」에서 취하고 있는 입장을 정의 원칙으로부터는 단지 기초적인 법원칙만을 도출할 수 있을 뿐이고, 다른 법규정을 구체화하기 위해서는 추가적인 전제가 필요하고, 이러한 추가적 전제에 비추어 각 법규범의 대상이 평등 또는 불평등 여부를 결정할 수 있다는 식으로 해석해야 한다.

▌요 약

a. 법개념과 법효력의 관계에 대한 물음과 관련해서 라드브루흐 법철학에서는 '효력을 갖는 비법'의 가능성에서 정점에 도달하는 양자의 엄격한 분리로부터 법의 개념에 부합하지 않는 명령은 논리필연적으로 효력을 박탈당한다는 통합모델 쪽으로 전개되었음을 확인할 수 있다. 이 점은 원래 선험철학적으로 구상했던, 법의 정의 관련성이 1945년 이후에 출간된 저작에서는 '법도덕주의적'으로 해석되는 방향으로 변경되었다는 사정에도 부합한다. 이와 동시에 처음에는 순전히 형식적으로 이해되던 정의 원칙이 1945년 이후에는 특정한 기초적 법원칙의 원천으로서 부분적으로 실질화했다는 사실도 드러난다.

b. 라드브루흐가 시간이 흐르면서 실증주의적 입장으로부터 자연
법적 입장으로 전환했는지 여부 및 그 범위에 대한 물음은 -서두에
서 언급했듯이- 이 글의 인식관심이 아니다. 하지만 앞에서 펼친
사고의 결과를 사후적으로 자연법/실증주의라는 통상의 도식에 비
추어 음미해보면, 법의 구속력, 즉 법의 효력을 훨씬 더 강하게 법의
정의가치에 결합시키는 견해로 변화했다는 테제가 타당하다는 것을
확인할 수 있다.

c. 그러나 이 점을 라드브루흐의 법철학이 자연법적 입장으로 흘
러갔다고 평가하고자 한다면, 라드브루흐가 1945년 이후에도 자연
법의 사유형식에 대해 회의적이었다는 사정을 분명히 의식해야 한
다. 예를 들어 라드브루흐는 자연법 모델이 법적 안정성에 야기하는
'중대한 위험'을 반복해서 경고하며, 그 때문에 실정법을 통한 '법률
적 불법'의 수정을 옹호한다.[62] 다른 한편 1945년 이전의 저작들 가
운데도 자연법을 격렬하게 공격하는 텍스트만 있는 것이 아니라, 자
연법을 명시적으로 신봉하는 텍스트도 있다. 예를 들어 '법이념의
문제점(1924)'이라는 논문에는 다음과 같은 구절이 있다.

> "실정법을 형식과 내용의 측면에서 뿐만 아니라, 효력의 측면
> 에서도 초실정적으로, 즉 자연법적 의미로 평가하는 것은 법
> 철학의 본질과 떼려야 뗄 수 없는 관계가 있다 … 그러나 법철
> 학은 단지 법에 대한 만인의 입장을 학문적으로 서술하는 것
> 이기 때문에 어떤 경우에는 법복종자에게 실정법이 효력이 없

---

62 Radbruch, "Die Erneuerung des Rechts(1947)", *GRGA* Bd. 3, S. 107
이하, 108; ders., "Neue Probleme in der Rechtswissenscahft(1952년 사
후출간)", *GRGA* Bd. 2, S. 460 이하, 466.

는 것일 수도 있고 —이렇게 표현하길 원한다면— 정의가 없
는 것일 수도 있다."[63]

라드브루흐는 1932년의 「법철학」에서 '치욕스러운 법률'에 대한
시민의 복종의무를 배제할 때에도 바로 이러한 고찰방식을 수용하고
있다.[64]

d. 이처럼 자연법에 대해 상이한 평가를 내리는 것과 마찬가지로
라드브루흐는 법실증주의에 대해서도 상당히 다른 평가를 내리고 있
다. 1945년 이전과 이후라는 시점의 구획에 비추어 볼 때에만 그런
것이 아니라, 1945년 이후에 발간된 저작들 내에서도 상당히 다른
평가를 내리고 있다. 예를 들어 잘 알려져 있고 또한 반복해서 제기
했던, 실증주의에 대한 책임귀속("법실증주의는 독일의 법률가들로 하여금
범죄적인 내용의 법률에 저항하지 못하는 무기력한 존재로 만들었다"[65])과는
반대로 "어떠한 경우든 법률을 그 내용과는 관계없이 구속력을 갖는
법으로 존중해야 한다는 법실증주의 이론은 계속 타당성을 유지해야
한다"고 확인하면서, 나치 시대와 같은 극소수의 예외적인 경우에만
실증주의 이론을 완화할 수 있다고 말하기도 한다.[66]

---

63 Radbruch, "Die Problematik der Rechtsidee", *GRGA* Bd. 2, S. 466.
64 이에 관해서는 위의 87면 참고.
65 Radbruch, "Fünf Minuten Rechtsphilosophie(1945)", *GRGA* Bd. 3, S. 78;
ders., "Erneuerung des Rechts", *GRGA* Bd. 3, S. 80; ders., "Gesetzliches
Unrecht und übergesetzliches Recht", *GRGA* Bd. 3, S. 78; ders.,
"Gesetz und Recht(1947)", *GRGA* Bd. 3, S. 96.
66 Radbruch, "Gesetz und Recht", *GRGA* Bd. 3, S. 96, 99; des.,
"Privatissismus der Rechtspflege(1947)", *GRGA* Bd. 14, S. 150, 152 이
하.

e. 라드브루흐가 자연법의 입장과 실증주의의 입장 모두를 ─비록 강조점이 그때그때마다 조금씩 다르기는 하지만─ 잠재적 위험의 관점(물론 실천적 유용성의 관점에서도)에서 평가한다는 사실은 그가 이러한 문제영역을 다루는 법철학을 이론철학의 분과가 아니라, 실천철학의 분과로 이해했다는 증거이다. 따라서 법철학에서 중요한 것은 이러한 논쟁에서 최대한 반박할 수 없는 관점을 취하는 것이 아니라, 두 가지 입장을 실천적 결론이라는 외재적 관점에서 평가하는 것이다. 이러한 관점은 말 그대로 '자연법과 실증주의를 극복한'[67] 관점이다. 그렇기 때문에 라드브루흐가 신칸트주의에 구속된 '이론적' 법철학의 전제들로부터 일관된 논리적 결론을 도출하기 보다는[68] 극단을 피하면서 존재론적으로 해석된 자연법과 극단적인 법실증주의가 갖고 있는 위험을 돌파하고자 시도하는 입장을 선택한 것은 결코 놀라운 일이 아니다.

---

[67] Arthur Kaufmann, *Gustav Radbruch. Rechtsdenker, Philosoph, Sozialdemokrat*, 1987, S. 32.

[68] 이에 관해서는 예컨대 Lukas H. Meyer, "'Gesetzen ihrer Ungerechtigkeit wegen die Geltung absprechen'. Gustav Radbruch und der Relativismus", in: Robert Alexy u.a.(Hrsg.), *Neukantianismus und Rechtsphilosophie*, 2002, S. 319 이하 참고.

GUSTAV

RADBRUCH

법학의 이론

GUSTAV RADBRUCH

구스타프 라드브루흐

GUSTAV

RADBRUCH

한스 켈젠과 구스타프 라드브루흐에서 법학의 학문이론
: 두 가지 '신칸트주의'의 관점

▌서론: 순수법학과 신칸트학파

양면성

켈젠Kelsen의 순수법학과 신칸트학파 철학의 관계는 얼핏 보기에는 혼란스러울 정도로 이중적이다. 순수법학은 일단 존재와 당위를 엄격히 분리(방법이원주의)한다는 학문이론적 토대에 비추어 볼 때는 의심의 여지없이 신칸트주의에 속한다. 또한 켈젠은 예컨대 서술적 고찰방식과 규범적 고찰방식의 구별과 같이 방법이원주의의 입장과 관련된 여타의 학문이론적 구별도 신칸트주의 철학의 이론적 무기고에서 끄집어내 사용한다.[1] 다른 한편 켈젠은 신칸트주의 법철학

---

[1] Hans Kelsen, *Hauptprobleme der Staatsrechtslehre*, 2. Aufl. 1923, S. 4 이하(여기서 켈젠은 빈델반트 Windelband를 원용한다). 이에 관해서는 Stanley L. Paulson, "Zwei Wiener Welten und ein Anknüpfungspunkt: Carnaps Aufbau, Kelsens Reine Rechtslehre und das Streben nach Objektivität",

110

구
스
타
프
라
드
브
루
흐

가운데 가장 섬세하게 구성된 기획에 해당하는 구스타프 라드브루
흐Gustav Radbruch의 「법철학원론(1914)」과 에밀 라스크Emil Lask의 「법
철학(1905)」에 대해서는 신칸트주의의 방법적 전제들을 목표점으로
잡고 근본적인 비판을 가한다.

1916년에 '규범과학 또는 문화과학으로서의 법학'이라는 제목으
로 발표한 논문2에서 켈젠은 특히 법학을 문화과학으로 이해하는

---

in: *Logischer Empirismus und Reine Rechtslehre. Beziehungen zwischen
dem Wiener Kreis und der Hans Kelsen—Schule*, hrsg. von Clemens
Jabloner und Friedrich Stadler, Wien/New York 2001, S. 137, 142 참고.
신칸트주의가 순수법학에 미친 영향을 얼마나 높게 평가할 수 있는가라는 —
여전히 논란이 많은— 물음에 대해서는 예컨대 Horst Dreier, *Rechtslehre,
Staatssoziologie und Demokratietheorie bei Hans Kelsen*, Baden—
Baden 1986, S. 33의 각주 40; Carsten Heidemann, "Geltung und Sollen:
Einige (neu—)kantianische Elemente der Reinen Rechtslehre Hans
Kelsens", in: *Neukantianismus und Rechtsphilosophie*, hrsg. von Robert
Alexy u.a., Baden—Baden 2002, S. 203 이하 참고. 또한 Stanley L.
Paulson, "Konstruktivismus, Methodendualismus und Zurechnung im
Frühwerk Hans Kelsens", *AÖR* 124(1999), S. 631 이하와 ders.(Hrsg.),
Die Rolle des Neukantianismus in der Reinen Rechtslehre, 1988에 실린
논문들을 참고. 신칸트주의가 켈젠에게 미친 영향에 대한 물음을 켈젠의 저작
전체의 발달사에 비추어 상대화해야 할 필요성에 관해서는 예컨대 Stanley L.
Paulson, "Four Phases in Hans Kelsen's Legal Theory?, Reflections on
a Periodization", in: *Oxford Journal of Legal Studies* 18(1998), S. 153
이하 참고. 신칸트주의적으로 법정당화의 맥락에서 특히 '근본규범'이 갖는 의
미에 관해서는 Wolfgang Kersting, "Neukantianische Rechtsbegründung.
Rechtsbegriff und richtiges Recht bei Cohen, Stammler und Kelsen",
in: *Neukantianismus und Rechtsphilosophie*, hrsg. von Robert Alexy
u.a. Baden—Baden 2002, S. 23, 58 이하 참고.

2 Hans Kelsen, "Die Rechtswissenschaft als Norm— oder Kulturwissenschaft",
in: *Schmollers Jarbuch für Gesetzgebung, Verwaltung und Volkswirtschaft
im Deutschen Reich* 40(1916), S. 95—151(*Die Wiener Rechtstheoretische
Schule*, 1968, Bd. 1, S. 37—93에 재수록). 이 논문은 아래에서 초판본의

에밀 라스크, 구스타프 라드브루흐 그리고 하인리히 리커트의 입장을 반박한다. 법은 존재의 영역이 아니라, 당위의 영역에 속하기 때문에 법학은 순수한 규범과학이라는 것이 켈젠의 논거이다. 켈젠의 비판이 지향하고 있는 방향을 보더라도 그가 신칸트주의자와 투쟁하기 위해 신칸트주의자의 무기를 사용하고 있음을 분명히 알 수 있다.[3]

나는 아래에서 켈젠의 견해와 그가 비판하는 입장 사이의 공통점과 차이점을 재구성해보도록 하겠다. 이와 관련해서는 특히 구스타프 라드브루흐와의 논쟁[4]을 주로 다루도록 한다. 라드브루흐는 앞에서 언급한 세 명의 신칸트주의자들 가운데 켈젠이 가장 뚜렷하게 비판하는 학자이긴 하지만, 켈젠의 학문모델에 가장 가깝다고 볼 수 있다. 다만 신칸트주의라는 공통의 전제에 기초하고 있는 두 사람 가운데 누가 더 타당한 이론을 제시했고, 누가 더 일관된 신칸트주의자인가라는 물음은 여기서 다루지 않겠다. 그보다는 어떤 방식과 어느 정도로 그리고 어떤 측면에서 신칸트주의의 입장을 끌어들이고 있는가라는 물음이 1차적인 의미를 갖는다. 그렇기 때문에 '마르부

페이지만을 기재하여 인용한다.

3 그 때문에 랄프 드라이어(Ralf Dreier)는 라스크, 라드브루흐, 리커트와 켈젠의 논쟁을 '서로 다른 신칸트주의적 경향 내부에서의 논쟁'이라고 표현한다 [Ralf Dreier, "Gustav Radbruch, Hans Kelsen, Carl Schmitt", in: H. Haller(Hrsg.), *Festschrift für Günther Winkler*, Wien 1997, S. 193, 199]. 켈젠이 1916년의 이 논문에서는 자신이 신칸트주의의 영향을 받고 있다는 점을 충분히 의식하지 못하고 있었다고 강조하는 Stanley L. Paulson, "Zwei Welten(각주 1)", S. 137, 143 참고.

4 리커트의 자연과학 모델에 대한 켈젠의 반박을 논의의 중심으로 삼고 있는 Yumi Saito, "Reine Rechtslehre. −Oder: Rechtswissenschaft als Normwissenschaft", *ARSP* 89(2003), S. 87 이하 참고.

르크 학파(코헨Cohen, 나토르프Natorp)'와 '하이델베르크 학파(남서독학파: 라스크, 리커트)'를 대비시키는 것은 이하의 고려에서 중요한 의미를 갖지 않는다. 물론 켈젠의 비판이 하이델베르크 학파의 대표자들이 법학(그리고 '문화과학' 전체)을 이해하는 방식을 대상으로 하고 있다는 점은 분명하다.5 또한 나의 논의는 순수법학과 신칸트주의의 관계에 대한 물음을 켈젠의 전체 저작에 비추어 상대화하려는 것이 아니

---

5 켈젠이 문화과학을 지향하는 하이델베르크 학파보다는 법학을 '정신과학의 수학(코헨)'으로 이해하는 마르부르크 학파에 더 가까웠다는, 특히 헤르만 헬러(Hermann Heller, "Die Krise des Staatsgedankens", 1926, in: ders., *Gesammelte Schriften*, Bd. 2, S. 5 이하)가 표방했고 오랜 기간에 걸쳐 통설로 여겨졌던 견해는 최근 들어 흔들리기 시작했다[이에 관해서는 예컨대 Hans Jörg Sandkühler, "'Natur' des Rechts und Relativismus im Recht", in: *Neukantianismus und Rechtsphilosophie*(각주 1), S. 127, 138 참고]. 오히려 그 관계를 거꾸로 보기도 한다[Stanley L. Paulson, "Faktum /Wert−Distinktion: Zwei−Welten−Lehre und immanenter Sinn. Hans Kelsen als Neukantianer", in: *Neukantianismus und Rechtsphilosophie* (각주 1), S. 223, 233 이하]. 전통적인 고찰방식에 대한 이러한 수정은 순수 법학의 방법적 및 개념적 토대[이에 관해서는 Carsten Heidemann, "Geltung und Sollen. Einige (neu−)kantianische Elemente der Reinen Rechtslehre Hans Kelsens", in: *Neukantianismus und Rechtsphilosophie*(각주 1), S. 203, 206 이하 참고]와 관련해서도 타당성을 갖는다. 이에 반해 법학의 학문이론적 구상의 측면에서는 헤르만 헬러의 전통적인 견해를 고수해야 할 것으로 보인다. 다른 한편 라드브루흐를 하이델베르크 학파에 속하는 것 으로 보는 데에는 어떠한 이견도 있을 수 없다. 라드브루흐가 특히 라스크 에 매우 가까웠다는 점에 관한 최근의 연구로는 Georg Mohr, "Kultur und Recht: Wie kann eine Theorie der Rechtskultur vom Neukantianismus lernen?", in: *Neukantianismus und Rechtsphilosophie*(각주 1), S. 111, 112; Gerhard Sprenger, "Die Wertlehre des Badener Neukantianismus und ihre Ausstrahlungen in die Rechtsphilosophie", ebd., S. 157, 165 이하 참고. 이에 반대하는 입장으로는 Hanno Durth, *Der Kampf gegen das Unrecht. Gustav Radbruchs Theorie eines Kulturverfassungsrechts*, Baden −Baden 2001, S. 3 참고.

다.[6] 오히려 나는 의도적으로 켈젠의 초기저작만을 대상으로 '순간 포착'을 하는 데 아래의 논의를 국한시키겠다. 그리하여 아래의 논의는 법학을 순수한 규범과학에 귀속시키는 켈젠의 논거와 법학을 문화과학에 귀속시키는 라드브루흐와 라스크의 논거가 갖는 설득력 여부를 대상으로 삼는다. 이를 통해 양 입장의 차이가 대부분은 신칸트주의자라면 누구나 기본적으로 인정했던 방법이원주의 원칙의 영향권을 둘러싼 논쟁에 기인했다는 사실을 밝히겠다. 이 점에서 한쪽(리커트, 라스크, 라드브루흐)이 혹시 이단인지 의심스러울 정도로 정통 신칸트주의에서 벗어난 것인지 아니면 다른 쪽(켈젠)이 마치 사악한 규문관처럼 제멋대로 교리에 대한 자신의 해석을 정통교단의 보편타당한 기준으로 격상시켰는지를 물어볼 수 있다.

공통점

켈젠의 입장과 그가 공격하는 '하이델베르크' 학파의 입장 사이의 차이는 양자의 본질적 공통점을 배경으로 삼을 때 제대로 파악할 수 있다. 양자의 공통점은 체계적 관점에서 볼 때 ―이론의 발생사적 관점에서까지 반드시 그런 것은 아니다― 칸트철학이라는 공동의 유산에 해당한다.

---

6 이에 관해서는 Stanley L. Paulson, "Four Phases(각주 1)" 참고. 또한 Carsten Heidemann, *Norm als Tatsache. Zur Normentheorie Hans Kelsens*, Baden-Baden 1997, S. 19; Yumi Saito, "Reine Rechtslehre (각주 4)", S. 88/89의 각주 4도 참고.

a. 방법일원주의의 거부

가장 먼저 언급해야 할 공통점은 존재와 당위의 엄격한 분리, 즉 방법일원주의의 거부이다. 방법일원주의의 거부라는 소극적 표현이 아니라, 방법이원주의 원칙에 대한 공동의 신념이라는 적극적 표현을 사용해야 할 것인지는 방법이원주의와 라드브루흐나 칸토로비츠 H. Kantorowicz가 표방했던 방법삼원주의7 사이의 관계를 어떻게 규정하느냐에 달려 있다. 학문들의 체계와 관련해서 방법일원주의의 거부는 존재과학과 당위과학을 원칙적으로 구별하는 것을 뜻하고, 법학의 영역에서는 법도그마틱과 법의 사회이론을 구별하는 것을 뜻한다.8 물론 이러한 개괄적 공통성의 테두리 내에서 다시 학문 전체의 분류와 법학 내부의 분과들의 분류와 관련해서는 커다란 차이점이 드러난다.9

b. 법현실주의의 거부

하이델베르크 학파의 법철학과 그 비판자인 켈젠의 또 다른 본질적 공통점은 경험적 분과의 모델에 따른 구조를 가진 통일과학에 대한 구상을 거부한다는 점이다. 이에 따라 법학의 영역에서는 법현실주의Rechtsrealismus, 즉 법을 경험적 현상으로 축소시키려는 입장을

---

7 Hermann Kantorovicz, "Staatsauffassungen(1925)", in: ders., *Rechtswissenschaft und Soziologie. Ausgewählte Schriften zur Wissenschaftslehre*, hrsg. von Thomas Würtenberger, Heidelberg 1962, S. 69, 80(칸토로비츠는 켈젠의 이원주의와 자신의 삼원주의를 뚜렷이 구별한다); Gustav Radbruch, *Rechtsphilosophie*(3. Aufl. 1932), *Gustav Radbruch Gesamtausgabe (GRGA)*, Bd. 2, S. 230의 각주 2, 261.

8 이에 관해서는 예컨대 Gustav Radbruch, *Grundzüge der Rechtsphilosophie*, 1914, S. 185(*GRGA*, Bd. 2, S. 175 이하) 참고.

9 이에 관해서는 아래의 3 참고.

거부한다.[10] 법현실주의에 대한 칸토로비츠의 날카로운 비판[11]은 하이델베르크 학파의 신칸트주의의 입장을 대표한다. 라스크와 라드브루흐 역시 같은 입장이었다.[12]

경험과학적 특성을 갖는 것처럼 보이는 법개념에 대한 경험주의적 해석을 비판한 것 역시 양자의 공통점이다. 이미 스탠리 폴슨 Stanley Paulson은 코헨과 켈젠이 '의지Wille'라는 법개념을 매우 비슷하게 해석했다는 점을 지적한 바 있다.[13] 라드브루흐는 켈젠의 저작 '법학적 방법과 사회학적 방법의 경계에 관하여'에 대한 서평에서 켈젠에 전적으로 동의하면서, 켈젠과 마찬가지로 법적 의미에서 무엇인가가 '의욕되었다는 것'은 곧 그 귀속가능성이라고 확인한다.[14] 이와 관련해서 라드브루흐는 라스크를 원용할 수 있었다. 라스크는 1905년의 법철학에서 이미 당시에 만연되어 있던, 형법상의 심리주의Psychologismus에 반대하면서 법개념의 목적론적 특성을 지적하고 심리학적 개념을 법적으로 처리하는 과정에 대한 분석을 주장했다.[15]

10 이에 대한 순수법학의 입장은 예컨대 Hans Kelsen, "Eine 'Realistische' und die Reine Rechtslehre", *ÖZÖR* 10(1959), S. 1 이하 참고. 순수법학과 법현실주의의 관계에 대한 섬세한 서술로는 Michael Pawlik, *Die Reine Rechtslehre und die Rechtstheorie H.L.A. Harts. Eine kritische Vergleich*, Berlin 1993, S. 37 이하 참고.

11 Hermann Kantorowicz, "Some rationalism about realism(1934)"; "Rationalistische Bemerkungen über Realismus", in: ders., *Rechtswissenschaft und Soziologie*(각주 7), S. 101 이하.

12 Gustav Radbruch, "Hermann Kantorowicz †", *GRGA*, Bd. 16, S. 75, 78 이하.

13 *Stanley L. Paulson*, "Einleitung", in: *Die Rolle des Neukantianismus*(각주 1), S. 11.

14 Radbruch, *GRGA*, Bd. 1, S. 519.

15 Emil Lask, *Rechtsphilosophie*(1905), in: Ders., *Gesammelte Schriften*,

c. 방법을 통한 실재의 구성

끝으로 실재를 어떤 주어져 있는 것으로 이해하는 것이 아니라, 개념적 종합의 산물로 이해하는 인식론적 입장에서도 양자는 공통점을 갖고 있다.16 이 측면에 관한 한, 켈젠 스스로도 자신의 견해가 코헨과 일치17할 뿐만 아니라, 라스크와도 일치18한다는 점을 강조한다. 그리하여 신칸트학파에서는 일반 학문이론이 철학에서 특별한 지위를 갖게 되고,19 법학의 학문이론이 법의 철학에서 특별한 의미를 갖게 된다. 그러나 앞으로 우리가 보게 되듯이, 인식론의 '코페르니쿠스적 전환'과 관련된 이 지점에서 켈젠은 하이델베르크 학파가 방법이 실재를 구성한다는 원칙을 법과 법학의 영역에서 철저히 관철시키지 못했다고 비판하고, 이로써 켈젠 자신은 신칸트주의보다 더욱 칸트적이 되었기 때문에 양자 사이의 차이가 드러나게 된다.

차이점

켈젠과 하이델베르크 신칸트주의자들 사이의 차이점은 법학에 관한 라드브루흐의 학문이론적 모델에 대한 켈젠의 비판에 비추어 구

---

hrsg. von Eugen Herrigel, Tübingen 1923, Bd. 1, S. 275, S. 316 이하.

16 Emil Lask, *Rechtsphilosophie*(각주 15), S. 308; Heinrich Rickert, *Der Gegenstand der Erkenntnis*, 4./5. Aufl. 1921, S. 314 이하.

17 Hans Kelsen, *Hauptprobleme der Staatsrechtslehre*, 2. Aufl. 1923, S. XVII.

18 Hans Kelsen, "Rechtswissenschaft(각주 2)", S. 124.

19 이에 관해서는 예컨대 Horst Dreier, *Rechtslehre*(각주 1), S. 70[드라이어는 이와 관련하여 헤르만 뤼베(H. Lübbe)와 헬무트 플레스너(H. Plessner)를 지적한다].

체적으로 서술하도록 한다. 일단은 한 가지 차이점만을 지적한다.

핵심적인 쟁점은 법이 존재과학적 고찰의 대상이 될 **수도** 있는가 아니면 전적으로 당위의 영역에만 속하고, 따라서 규범과학의 전속적 관할영역에 속하는가라는 물음이다. 이 물음에 대해 켈젠은 법학의 학문이론에 관한 그의 논문이 발간된 초창기에만 하더라도 규범과학의 전속관할권을 옹호하는 의미로 대답을 했다. 그에 따라 켈젠은 법과 국가의 규범적 의미와 함께 현실적이고 사회학적인 의미까지 인정하는 것을 철저히 거부한다.[20]

이 점에서 켈젠의 방법이원주의는 법학 및 법학의 대상과 관련해서 '방법독점주의Methodenmonopolismus'가 된다. 즉 법에 대해서는 각각의 인식관심에 따라 존재과학적 또는 규범과학적 관점이 적절한 것이 아니라, 오로지 규범과학적 관점만이 적절하다고 한다. 이렇게 되면 단순히 법학이 사회학적 고찰을 관할한다는 생각뿐만 아니라, 법사회학이 독자적 학문분과가 될 가능성 자체까지 거부되지 않을 수 없다.[21] 켈젠이 그의 후기저작에서 체계적으로 다루게 되는, 존재

---

20 옐리네크(G. Jellinek)의 '양면설'을 거부하는 켈젠의 입장에 관해서는 Kelsen, Vorwort zur 2. Aufl. der *Hauptprobleme der Staatsrechtslehre*(각주 1), S. XX 참고. 옐리네크의 양면설을 거부한다는 점에서는 Hermann Kantorowicz, "Staatsauffassungen(각주 7)", S. 69 이하도 동의한다. 이 점과 관련해서 방법이 대상을 구성한다는 원칙에 기초한 켈젠의 '신칸트주의적' 논증에 대한 비판으로는 Stanley L. Paulson, "Konstruktivismus(각주 1)", S. 631, 639의 각주 38 참고. 라드브루흐와 라스크에 대한 켈젠의 비슷한 비판에 관해서는 아래의 130면 이하 참고.

21 이 문제를 둘러싸고 켈젠과 에어리히(E. Ehrlich) 사이에 벌어진 논쟁은 Hans Kelsen/Eugen Ehrlich, *Rechtssoziologie und Rechtswissenschat. Eine Kontroverse(1915/17)*. Mit einer Einführung von Klaus Lüderssen, Baden–Baden 2003에 기록되어 있다. 이 논쟁에 대한 명쾌한 설명은 Hubert Rottleuthner, *Rechtstheorie und Rechtssoziologie*, 1981, S. 31 이

와 당위 사이에 다리를 놓는 과제와 관련해서도 건축설계도는 이미 규범과학적 분과에 의해 마련되어 있다. 왜냐하면 근본규범의 모델에서 법질서의 실효성은 법이 효력을 갖기 위한 근거가 아니라, 단지 하나의 조건에 불과하기 때문이다.[22]

   법을 오로지 당위의 영역으로만 축소시키는 이러한 규범적 환원주의와는 반대로 하이델베르크 학파의 신칸트주의는 법의 규범적 차원을 부정하지 않으면서, 법의 사회적, '문화적' 존재도 법학의 대상 영역에서 일정한 공간을 차지할 수 있도록 노력한다. 특히 빈델반트와 리커트가 섬세하게 구성한, 가치관련적 분과로서의 문화과학이라는 모델은 그러한 공간을 마련해준다. 그리하여 자연과학의 가치맹목적 고찰방식과 논리학, 윤리학, 미학 등에 해당하는 가치철학의 가치평가적 고찰방식[23]과는 별개로 그 대상을 가치와 관련시키고, 이를 가치의 기반Substrat, 즉 가치가 붙어 있는 실재로 구성하는 문화과학의 관점도 학문의 영역에서 한 자리를 차지하게 된다.[24]

▌문화과학으로서의 법학(라드브루흐)

하이델베르크 학파의 관점에서 바라 본 법학

   가치관련적 문화과학의 독자성을 인정하게 되면, 법의 영역에서는

하 참고.

22 이에 관해서는 Hans Kelsen, *Reine Rechtslehre*, 2. AUfl. 1960, S. 219 참고.

23 이에 관해서는 Gustav Radbruch, *Rechtsphilosophie*(3. Aufl.), *GRGA*, Bd. 2, S. 222 참고.

24 Ebd.

법학 역시 전면적으로 또는 특정한 관점에서 문화과학으로 해석할
수 있는 가능성이 열린다. 왜냐하면 미학의 관련점이 미(美)이듯이,
법학의 관련점 -따라서 법의 관련점도- 은 법이념이라고 선언할
수 있게 된다.[25] 법학의 위상을 이렇게 정리하는 것은 리커트의 학문
체계에 기초해서 이루어진다. 리커트의 학문체계는 자연과학과 문화
과학을 대비시키는 것을 특징으로 한다.[26] 법학을 문화과학으로 이해
하는 입장은 리커트 본인뿐만 아니라, 라스크와 -제한적이긴 하지만
- 라드브루흐에서도 등장한다. 이에 반해 역시 리커트의 학문체계를
신봉하는 칸토로비츠는 법도그마틱을 리커트의 학문체계 바깥에 있
는 분과로 규정한다. 그렇다고 해서 칸토로비츠가 법도그마틱을 켈젠
과 같이 주어져 있는 규범을 단지 인식하고 이해해야 하는 규범과
학[27]으로 본 것은 아니다. 그는 법도그마틱을 독자적으로 가치를 평
가하고 규범을 정립하는 분과로 보면서,[28] 이에 반해 법사회학은 리
커트의 구별에 따른 문화과학에 해당한다고 보았다.

'자연'과 '문화'라는 구별기준에 비추어 학문체계를 구조화하는
작업은 이 작업이 모든 학문을 망라하여 완벽한 체계를 구성하는
것이 아닌 한, 법학을 문화과학에 귀속시킬 가능성을 마련할 뿐이지,

---

25 Ebd.
26 Heinrich Rickert, *Die Grenzen der naturwissenschatlichen Begriffsbildung*,
5. Aufl. 1929; *ders.*, *Kulturwissenschaft und Naturwissenschaft*, Tübingen,
6./7. Aufl. 1926. 켈젠은 '문화과학과 자연과학' 제3판(1915)을 인용하고,
'자연과학적 개념구성의 한계'와 관련해서도 제3판(1915)을 인용하고 있지
만 제3판에는 켈젠이 인용하고 있는 98면 각주 1에는 해당하는 내용이 없
다. 아마도 1913년에 출간된 제2판을 인용한 것 같다.
27 Hans Kelsen, "Rechtswissenschaft(각주 2)", S. 97.
28 Hermann Kantorowicz, "Rechtswissenschaft und Soziologie(1911)", in:
ders., *Rechtswissenschaft und Soziologie*(각주 7), S. 117, 134, 139.

그 필연성까지 요구하지는 못한다. 어떠한 경우든 좁은 의미의 법학
에 해당하는 법도그마틱의 성격을 **순수한** 문화과학으로 규정하는 것
은 적어도 법률가의 관점에서는 생소한 일이다. 왜냐하면 자연과학
과 문화과학의 구별은 경험적 존재과학에 관련된 것이기 때문이
다.29 하지만 법도그마티커의 활동은 '법현실'에 대한 탐구에 국한되
지 않는다(적어도 켈젠과는 반대로 법을 현실의 영역에 귀속시킬 수 있다는 전
제하에서는). 다른 한편 법도그마티커의 활동은 실정적인 제정법으로
서 그 사회적 존재와 사회적 현실을 인정하지 않을 수 없는 특정한
규범상태와 관련을 맺는다. 따라서 법도그마틱으로서의 법학을 특정
한 관점에서는 문화과학으로 그리고 다른 관점에서는 훨씬 더 정확
하게 그 의미를 규정해야 할 규범과학으로 귀속시켜야 하지 않는가
라는 물음을 제기할 수 있다.

　　라드브루흐는 1914년에 출간된 그의 「법철학원론」에서 법학과
관련해서 그와 같은 복합적 모델을 기획한다.30 이에 따르면 법학은
한편으로는 문화과학이라고 한다(S. 184 이하). 이 점에서는 라드브루
흐의 견해와 리커트, 라스크의 견해가 일치한다. 하지만 다른 한편에
서 법학은 그 **방법**의 측면에 비추어 볼 때, 규범과학과 구별되지 않
으며, 그 이유는 법학이 현행법에 대한 규범적 해석을 과제로 삼고
있기 때문이라고 한다(S. 197). 따라서 법학은 "그 대상은 경험적인
문화과학이지만, 방법은 규범과학의 방법을 이용한다"고 말한다(S.
186).

29 Heinrich Rickert, *Kulturwissenschaft und Naturwissenschaft*, 6./7.
　　Aufl. 1926, S. 17.
30 Gustav Radbruch, *Grundzüge der Rechtsphilosophie*, GRGA, Bd. 2,
　　S. 9 이하. 이 책의 인용면수는 앞으로 1914년 판본에 따른다.

규범과학으로서의 법학(방법의 측면)

이미 이 지점에서 다음과 같은 사실을 강조할 필요가 있다. 즉 다른 곳에서는 법학을 규범과학으로 이해하는 옐리네크와 칸토로비치의 견해를 명시적으로 반대하고 있는 (S. 184) 라드브루흐가 이 맥락에서 규범과학의 개념을 켈젠과는 다른 의미로 사용하고 있다는 사실이다. 왜냐하면 켈젠에게 규범과학은 규범을 "인식하고 이해할 뿐, 결코 규범을 창조하지 않는다"[31]는 특징을 갖고 있는 반면, 라드브루흐에서는 법학이 법률을 구체화하고, 이 점에서 규범을 **형성**하는 기능을 갖기 때문이다(S. 204). 물론 법학의 방법을 규범과학의 방법으로 이해하는 라드브루흐는 법도그마틱이 법적 명령이라는 사실이 아니라, 이 사실의 의미인 규범을 다룬다는 점에 초점을 맞추고 있기 때문에, 규범과학으로서의 법학에 대한 라드브루흐의 이해는 대상영역과도 관련이 있다(S. 186). 하지만 이 점으로부터 라드브루흐가 규범과학의 개념을 이 분과가 규범을 그 대상영역으로 삼고 있다는 사실을 통해 정의할 것이라는 결론을 도출할 수는 없다. 그런 식의 결론은 법학이 그 대상에 비추어 볼 때 문화과학이라는 주장에 반할 뿐만 아니라, 라드브루흐가 법학의 규범과학적 방법이라는 테제에 대해 설명하고 있는 내용에도 반한다. 이 테제는 문헌학적 해석과 법도그마틱적 해석의 차이에 비추어 설명된다. 즉 문헌학적 해석은 단지 이미 생각된 것을 나중에 다시 생각하는 것임에 반해, 법학적 해석은 창조적이어서, "법률 자체의 상당부분이 법학의 해석활동에 의한 성과물(S. 205)"이라고 말한다. 그리고 '정당한 법'에 관한

---

31 Hans Kelsen, "Rechtswissenschaft(각주 2)", S. 97.

이론으로서의 법학이 그 대상의 측면에서도 규범과학으로 볼 수 있는지를 라드브루흐가 고려하는 경우(S. 207)에도 규범과학으로서의 법학에 대한 켈젠의 모델과 단지 외관상으로만 비슷하게 보일 뿐이다. 왜냐하면 켈젠은 규범과학의 기능을 '실정'법, 즉 권위를 통해 제정된 법에 국한(1916, S. 97)시키고 있기 때문이다.

문화과학으로서의 법학(대상의 측면)

라드브루흐가 법학을 문화과학에 편입시키는 것은 그가 전제하는 법개념의 구조(S. 184)에 따른 것이다. 그의 법개념은 선험적 개념으로 도입되며(S. 30), 이 선험적 개념이 대상영역의 구조를 결정할 뿐만 아니라, 대상영역 자체를 비로소 구성한다(S. 33). 따라서 법개념은 선험적 성격을 갖는다. 즉 법개념은 "주어져 있는 사실들이 비로소 인식의 대상이 되게 만드는(S. 34)" 카테고리 가운데 하나를 지칭한다. 이러한 법개념의 관점에서 비로소 예컨대 알아듣기 어려운 목소리, 손을 드는 행위, 큰소리로 숫자를 외치는 행위 등의 카오스가 의회의 표결이라는 하나의 그림으로 형태를 갖추게 된다(S. 34).

라드브루흐가 말하는 **법개념**은 경험에 근거하지 않음에도 불구하고, **실정법**은 존재의 모습이고, 따라서 법학은 경험과학이다. 법학을 이런 식으로 편제하는 배경은 켈젠의 경우와 마찬가지로 ㅡ물론 결론은 정반대이지만ㅡ 존재/당위 이원론이다. 라드브루흐 역시 켈젠과 마찬가지로 이 이원론을 서로 다른 고찰방식의 대립으로 해석한다. 그리하여 "하나의 동일한 사실로부터 두 가지 세계상을 형성하는 이원적 고찰방식(S. 35)", 즉 존재와 당위, 실재와 가치, 자연과 목적의 이원론에서 출발한다.

  그러나 이러한 근원적 이원주의는 법의 위치를 확인하는 데는 충분하지 않다. 왜냐하면 법은 자연의 영역에 속하지 않을 뿐만 아니라, 실정법으로서의 법 또한 오로지 가치와 목적의 왕국에만 자리 잡게 할 수는 없기 때문이다. 법의 고향은 오히려 제3의 영역,[32] 즉 "사실에 대한 '가치관련적' 행동(S. 38)"인 문화의 왕국이다. 신칸트학파의 문화철학적 경향에 속하는 다른 학자들과 마찬가지로 라드브루흐도 가치관련적 행동과 가치평가적 행동 사이의 차이를 강조한다. 즉 문화는 미덕만이 아니라, 죄악도 포함하여, "미덕과 죄악을 가르는 일은 문화사학자가 관할할 영역이 아니다(S. 38)."

  가치관련적 방법이 자연과 가치 및 목적의 왕국 사이에 제3의 영역을 구성함에도 불구하고, 이 방법은 존재와 당위의 이원론을 해체하는 것이 아니라, 단지 존재영역을 구별하고 구별기준을 섬세하게 만들 뿐이다. 왜냐하면 문화 전체가 그렇듯이 법도 자연적 사실은 아니지만, 존재형상, 즉 실재의 구성부분이기 때문이다. "문화현상은 그것을 판단의 대상으로 만들 수 있고, 또한 그것이 가치와 반가치의 어떤 기반인 이상, 하나의 존재형상이며 … 법은 법가치, 즉 법이념에게 기반과 전시장으로 기여하는 존재형상이다(S. 39)." 따라서 가치관련적 방법을 끌어들인 결과로서의 '가치삼원주의 Methodentrialismus'는 가치이원주의에 대립되는 것이 아니라, 가치이원주의의 한 형태가 된다.[33]

---

[32] 가치를 초월하는 종교적 행동의 영역(Radbruch, ebd., S. 36–38)은 여기서는 배제하기로 하자.

[33] Gustav Radbruch, *Rechtsphilosophie*(3. Aufl. 1932), *GRGA*, Bd. 2, S. 230의 각주 2.

대상과 방법의 관계: 라드브루흐의 해결방안

라드브루흐가 법학의 문화과학으로서의 성격을 정당화하면서 모든 중요한 관점에서 추종했던 리커트와 라스크와는 달리 라드브루흐에게는 법학의 규범과학적 방법에 관한 그의 테제로 말미암아 존재와 당위, 존재형상으로서의 법과 법학의 규범정립(규범구체화)적 기능 사이에 다리를 놓아야 하는 과제가 제기된다. 이 다리 놓기는 사실로서의 명령과 당위로서의 규범 사이에 존재하는 관계를 통해 이루어져야 한다. 라드브루흐가 다른 곳에서 켈젠의 규범주의적 관점에 반론을 제기하고 있듯이, '법규범'은 규범적 의미내용을 갖고 있긴 하지만, 그럼에도 규범이 아니라, 명령이며, 당위Sollen가 아니라 의욕 Wollen이라고 한다.34 이에 따라 실정법은 '명령의 총체(S. 63)'로 이해된다. 그 결과 법학은 사실상의 법적 명령을 다룬다는 점에서 사실과학이다. 그러나 법학은 이와 동시에 명령의 의미를 다루어야 하고, "모든 명령의 의미는 규범"이기 때문에, 법학은 그 방법에 비추어 볼 때에는 규범과학으로 규정해야 한다(S. 161). 여기서 주목해야 할 것은 라드브루흐가 이 맥락에서도 실정법을 문화의 영역과 해석된 세계, 즉 ―오늘날 식으로 표현하자면― '제도적 사실'에 귀속시킴에도 불구하고, 여기서는 '자연적 사실'로서의 명령["시간적, 공간적으로 규정되고, 인과적으로 야기되는 존재형상, 지금 여기에서 울려 퍼지는 소리의 연쇄 … (S. 62)"]을 원용하고 있다는 점이다. 그러므로 명령에서 규범으로 옮겨가는 것은 법효력의 규칙, 즉 명령을 구속

---

34 Gustav Radbruch, "Rezension zu Kelsen, Rechtsgeschichte gegen Rechtsphilosophie? Eine Erwiderung", 1928, *GRGA*, Bd. 1, S. 545.

력을 갖는 규범으로 **해석**하는 규칙을 통해서가 아니라, 단지 명령이
라는 사실과 명령의 **내용**, 즉 당위로서만 표현될 수 있는 객관적(!)
의미 사이에 존재하는 필연적 연관성(S. 161)을 통해서만 이루어진
다. 바로 이 점을 켈젠이 방법이원주의 원칙에 대한 위반이라고 보았
다는 사실은 특별히 강조할 필요가 없을 것이다.

▌순수한 규범과학으로서의 법학(켈젠)

켈젠은 법학에 관한 라드브루흐의 학문이론 모델에 상세한 비판
을 가한다(S. 140 이하). 켈젠은 하이델베르크 신칸트학파의 학문체계
론 전반과 관련해서 이미 리커트(S. 98 이하)와 라스크(S. 122 이하)에
대항해 제기한 반론의 상당부분을 라드브루흐에 대한 비판에서도 원
용한다. 켈젠의 반론은 특히 가치관련적 방법과 가치평가적 방법의
관계(2), 방법의 대상 구성적 기능(3) 및 하이델베르크 신칸트학파가
발전시킨 학문체계론(4)에 관련되어 있다. 하이델베르크 신칸트학파
전반에 걸친 반론과는 별개로 법학의 규범과학적 방법과 존재과학적
대상을 결합시키려고 했던 라드브루흐에게 특유한 시도 역시 비판의
대상이 된다(1).

규범과학 대 문화과학

켈젠은 라드브루흐가 법개념을 선험적 개념으로 도입하면서도 이
와 동시에 ―법학의 대상영역으로서의― 법을 경험적 사실로 이해한
다는 점에서 법학의 학문이론적 모델에 관한 라드브루흐 이론에 모순

이 있다고 생각한다. "법학은 경험과학을 대상으로 해야 한다는 라드
브루흐 연구의 결론에 주목한다면, 그의 연구의 출발점이 되었던 전
제, 즉 법의 개념 ―이 개념이 곧 법학의 대상을 구성한다― 은 **경험
에** 기초할 수 **없고**, 오로지 선험적으로 연역되어야 한다는 전제는
도대체 무슨 뜻인지 이해할 수 없다(S. 140)." 켈젠은 이 비판을 상세
히 설명하고 있지 않기 때문에, 과연 이 비판이 얼마나 타당한지는
정확히 판단하기 어렵다. 그렇지만 어쨌든 다음과 같은 반론은 가능
하다. 예를 들어 인과관계라는 개념을 선험적 개념으로 도입한다고
해서, 그 때문에 인과과학의 경험과학적 성격에 의문을 제기해야 하
는 것은 아니다. 다시 말해 경험적 현실의 영역이 선험적 개념을 통
해 독자적인 영역으로 구성되는 것이 반드시 모순인 것은 아니다.

이에 반해 법학에 대한 라드브루흐의 이해를 둘러싼 켈젠의 또
다른 반론은 앞의 반론에 비해 훨씬 더 큰 무게감을 갖고 있다고
보인다. 즉 명령과 규범 사이의 결합은 명령이라는 단순한 사실로부
터 법학의 방법을 구성하는 규범적 '당위'에 도달하는 길이 없기 때
문에 결코 존재과학과 규범과학 사이에 다리를 놓을 수 없다는 비판
(S. 149 이하)은 상당이 높은 설득력이 있다. 왜냐하면 라드브루흐는
명령을 규범적 사실로 이해하는 것이 아니라 ―만일 규범적 사실로
이해한다면 명령의 내용에 대해 얼마든지 토론이 가능하다― 원초
적 사실factum brutum, 즉 심리적 또는 물리적('소리의 연쇄') 사실로 이해
하고 있기 때문이다. 당연히 이러한 사실이 ―라드브루흐의 생각(S.
63)과는 반대로― 어떤 작용을 의욕한다Wirken-Wollen는 식으로 해석
될 수는 없다. 그렇기 때문에 '실재'로서의 법은 자연의 영역에 속한
다고 보고(소리의 연쇄로서의 명령), 법학의 규범적 고찰의 대상으로서
의 법은 당위의 영역에 속한다고 본다면 과연 문화과학의 대상으로

서의 법은 어떻게 구성되어야 하는지의 문제가 여전히 남아 있다.
라드브루흐의 구상에서 전혀 해결되지 않은 이 문제는 라스크의 경
우에는 학문 이전에 독자적인 법적 영역이 구성되어 있다는 모델을
통해 해결된다. 이에 관해서는 나중에 다시 설명하도록 한다.

가치관련적 방법과 가치평가적 방법

켈젠은 이미 리커트에 대해 그랬던 것처럼 라드브루흐에 대해서
도 가치관련적 절차와 가치평가적 절차를 구별할 수 없다는 비판을
가하고, 이를 통해 문화과학적 분과의 독립성을 인정하기 위한 방법
적 토대 자체에 의문을 제기한다. 리커트의 경우 가치관련성은 자연
과 문화를 구별하는 기준일 뿐만 아니라, 본질적인 것과 비본질적인
것을 구별하는 기준이기도 하다. 그렇다면 가치관련적 방법과 가치
평가적 방법의 경계는 더 이상 뚜렷하게 확인할 수 없다는 것이 켈
젠의 비판이다(1916, S. 111. 비슷한 비판으로는 S. 100, 101, 102, 128).
신칸트학파의 문화철학적 경향에 대해 여러 번에 걸쳐 제기되었던
이 반론은 적어도 리커트에 대한 켈젠의 비판과 관련해서는 타당하
다. 켈젠이 상세히 입증하고 있듯이, 리커트는 문화과학과 그 대상
영역을 구성하는 기준으로서의 가치관련과 문화과학적 연구가 의미
를 갖게 되는 기준으로서의 가치관련을 항상 뚜렷하게 구별하지는
않는다. 그렇지만 결정적인 물음은 과연 이러한 구별 자체가 가능한
가이다. 이 문제는 리커트에 대한 명확한 비판만으로는 대답되지
않는다. 그리고 문화영역을 구성하는 기준으로서 문화**가치**Kulturwert
라는 이중적 기준이 아니라, 명백히 문화**의의**Kulturbedeutung라는 기준
을 도입하고 있는 라스크의 경우에는 켈젠의 반론이 타당하지 않

다.35 법학과 관련해서 켈젠의 반론은 전반적으로 제한적인 범위에
서만 타당성을 갖는다. 왜냐하면 법학에서는 대상을 그 비중, 즉 '본
질성'에 따라 구성하는 것은 애당초 고려의 대상이 될 수 없기 때문
이다. 역사학의 경우에는 역사를 어떤 '본질적인 것'에 국한시킬 수
도 있을지 모른다. 하지만 법학에서 본질적인 것에만 국한시킨다는
원칙은 연구의 실제에서 필요한 원칙이 될 수 있을지언정, 결코 대
상을 구성하는 기준이 될 수는 없다.

이밖에도 가치관련과 가치평가의 분리를 공격하면서 켈젠은 양자
를 구별하는 실마리가 될 수 있는, 라드브루흐의 논거 하나를 감안하
고 있지 않는 것 같다. 켈젠은 먼저 문화사적 고찰이 문화의 '미덕'뿐
만 아니라, 문화의 '죄악'까지도 포괄하기 때문에 결코 가치평가적
성격을 갖지 않는다는 논증에 대해 타당한 반론을 제기한다. 그 이유
는 죄악의 확인 역시 미덕의 주장과 마찬가지로 가치평가이기 때문
이라고 한다(S. 142). 켈젠의 이 반론은 분명 타당하지만, 과연 라드
브루흐가 켈젠이 반론의 대상으로 삼은 논증을 펼쳤는지는 일단은
의심스럽다. 켈젠이 이 맥락에서 상당히 길게 인용하고 있는, 라드브
루흐의 「법철학원론」의 구절은 다음과 같다. "사실로부터 문화를 벗
겨내는 고찰방식은 분명 가치평가적 고찰방식이 아니다. 한 민족 또
는 한 시대의 문화는 ─그것이 예컨대 문화사의 대상을 형성하는
경우에서 보듯이─ 그 민족, 그 시대의 미덕, 통찰력 그리고 고상하
고 품격 높은 것뿐만 아니라, 죄악, 착오 그리고 저열하고 혐오스러
운 것까지 포괄하며, 더욱이 문화사학자가 가치평가를 통해 이것과

---

35 켈젠은 존재/당위의 분리에 기초하여 문화과학의 위치를 파악할 때 중요한
   의미를 갖는 이 구별을 인정하지 않는다. 이에 관해서는 Hans Kelsen,
   "Rechtswissenschaft(각주 2)", S. 127─131 참고.

저것으로 심판하듯 나눌 권한도 없다.(S. 38)" 라드브루흐의 논증은 문화사적 고찰방식에 '죄악'까지 포함된다는 점이 아니라, 다른 측면에 비중을 두고 있다. 즉 결정적인 측면은 문화사로부터 미덕과 통찰력을 죄악과 착오로부터 '심판하듯 나눌' 권한을 박탈하고 있다는 점이다. 라드브루흐에 의하면 문화과학은 객체, 즉 있을 수 있는 가치평가의 대상과 관련될 뿐, 스스로 가치평가를 수행하지 않는다. 따라서 켈젠이 인용하고 있는 라드브루흐의 문장은 가치관련적 고찰방식이 주어져 있는 사실 가운데 "가치개념에 포섭될 수 있는(S. 38)" 구성부분만을 추출한다는 식으로 이해해야 한다.

따라서 켈젠이 "라드브루흐에서는 '가치관련'이 객관적 가치판단과 하등의 차이도 없다(S. 142)"는 자신의 주장을 "'가치평가'를 가치개념에 포섭한다는 것 말고 도대체 무슨 뜻이란 말인가?(S. 142)"라는 수사학적 물음으로 정당화하는 것은 문제가 있다. 왜냐하면 그러한 가치평가를 행한다는 것은 문화과학의 과제가 아니기 때문이다. 물론 켈젠의 용어에 따르면 객관적 가치평가와 가치관련은 구별되지 않는다. 객관적 가치평가 역시 가치관련을 통해 개념정의가 이루어지기 때문이다. "하나의 사실을 객관적으로 타당한 가치, 즉 가치평가를 하는 사람의 희망이나 의욕과는 관계없거나 관계가 없는 것으로 전제하는 규범이나 당위에 관련을 맺게 만들면, 이는 곧 객관적 '가치평가'이다(S. 114)." 여기서 '사실'과 가치가 주어져 있다면(또는 주어져 있다고 생각한다면), 구체적 가치평가는 저절로 이루어진다[이 점에서 켈젠은 가치평가를 '논리적 작동'이라고 부른다(S. 114)]. 그러나 라드브루흐나 하이델베르크 신칸트주의자들이 가치관련이라고 말할 때 이 개념은 포섭이 가능한 척도가 아니라, 가치평가의 차원을 목표로 한다는 의미로만 사용될 뿐이다. 나팔 부는 천사를 그린 바로

크 회화도 미(美)의 측면에서 평가될 수 있다는 확인은 이 회화가 **아름답다**고 평가되어야 하는가라는 물음과는 무관하다.

그렇지만 가치맹목적이지도 않고, 스스로 가치평가를 하지 않으면서 단지 가치를 관련시키는(이에 관해서는 Radbruch, S. 38 참고) 문화과학의 가능성을 둘러싼 이 논쟁의 다른 지점에서는 라드브루흐뿐만 아니라, 이러한 학문모델을 주장하는 다른 하이델베르크 신칸트주의자들보다 켈젠이 옳다고 보아야 한다. 무엇보다 실재와 가치(또는 가치평가) 사이의 관계는 이 모델에서 전혀 뚜렷한 윤곽이 없는 채로 남아 있다. 이는 켈젠이 적절히 비판하고 있듯이, 하이델베르크 학파의 문화철학에서 '가치', '의의', '의미'가 서로 어떠한 관계에 있는지가 극히 불확실하다는 사정 때문이다. 실재와 가치의 관계에 관련된 또 다른 측면은 학문적 방법이 대상을 구성하는 기능을 갖는다는 원칙이 어느 정도까지 타당한가라는 문제에 관한 것이다.

방법의 대상 구성적 기능

법학을 가치관련적 문화과학으로 해석하는 것 ―따라서 존재과학이 아니라, 규범과학으로 해석하는 것― 에 대해 켈젠이 제기한 반론의 핵심은 방법의 대상 구성적 기능, 즉 실재와 가치의 관계에 대한 통찰의 의미와 관련되어 있다. 라드브루흐뿐만 아니라, 라스크도 법을 가치와 관련된 현실, 즉 정의라는 가치의 기반을 형성하는 존재형상으로 이해한다.[36] 실재와 가치를 그런 식으로 결합시킬 가능성

---

36 Gustav Radbruch, *Grundzüge der Rechtsphilosophie*, 1916, S. 38 이하

을 켈젠은 반박한다. 하지만 가치가 붙어 있는 대상이라는 형상이
존재론적 의미를 갖는다는 켈젠의 반박[37]은 부차적인 의미만을 갖는
다. 이런 식의 표현은 단지 비유로만 이해해야 할 뿐이고, 가치관련
은 오로지 가치를 관련시키는 활동으로부터만 나타난다는 점에 대해
서는 논쟁을 할 필요가 없다.[38] 결정적인 물음은 오히려 법을 실재이
자 동시에 가치평가의 대상으로 이해할 수 있는가이다. 이 물음은
법학을 가치와 관련된 문화적 현실로서의 법을 학문적 고찰의 대상
으로 삼는 분과로 이해할 수 있는 토대를 겨냥한다. 켈젠은 이 물음
에 대해 부정적으로 대답한다. '실재'와 '가치'는 형식적으로 완전히
다른 두 가지 고찰방식의 결과이기 때문에 실재는 평가될 수 없다는
것이다(S. 115). 켈젠의 말을 그대로 옮기면 다음과 같다. "내가 무엇
인가를 평가하는 한, 나는 그것을 실재로서, 다시 말해 존재하는 것
으로 생각해서는 안 된다." 켈젠처럼 방법이원주의와 신칸트학파의
인식론적 전환을 극단적으로 관철시키게 되면, 법학을 문화과학으로
해석할 가능성뿐만 아니라, 문화과학이라는 모델 자체마저도 그 토
대를 박탈당하지 않을 수 없다.[39]

(= *GRGA*, Bd. 2, S. 53 이하); Emil Lask, *Rechtsphilosphie*(각주 15),
S. 271. 이에 관해서는 Hans Kelsen, "Rechtswissenschaft(각주 2)", S.
123, 144 참고.

37 실재를 실재에 '붙어 있는 초경험적 가치의 공연장 또는 기반'이라고 표현
하는 라스크에 대한 반론으로는 Kelsen, "Rechtswissenschaft(각주 2)", S.
123 참고.

38 Kelsen, "Rechtswissenschaft(각주 2)", S. 103도 이 점을 명시적으로 확인
하고 있다.

39 라드브루흐에 대한 이러한 비판은 이미 에어리히의 법사회학에 대한 켈젠
의 서평[Hans Kelsen/Eugen Ehrlich, *Rechtssoziologie*(각주 21)] S. 3,
5의 각주 2 참고]에도 등장한다.

켈젠이 이러한 비판을 통해 신칸트주의의 인식론적 출발점을 신
칸트주의보다 더 일관되게 관철한 것인지 아니면 그의 비판은 방법
이원주의와 인식의 대상 구성적 기능이라는 모델을 지나치게 과장한
것인지의 문제는 여기서 결정을 내릴 수 없다. 왜냐하면 켈젠은 신칸
트주의를 그 대표자들에 대항해 방어하려는 의도를 갖고 있지 않기
때문이다. 따라서 중요한 것은 법학에 대한 적절한 해석과 법학의
학문이론적 및 인식론적 전제조건에 관련된 실질적 문제이다. 이와
관련해서 결정적인 물음은 '가치'의 구성과 '실재'를 같은 등급에 있
고, 따라서 엄격한 대안관계에 있는 구성절차로 이해해야 하는가 아
니면 실재의 구성이 가치고찰에 우선할 수 있는가이다. 이 물음에
대해 켈젠처럼 첫 번째의 의미로 대답을 하게 되면, 서로 다른 직관
형식을 통해 한 번은 실재로, 다른 한 번은 가치로 구성될 수 있는
기반에 대한 문제가 제기된다.

　이와 관련하여 켈젠은 라드브루흐도 사용하는 '존재사실Gegebenheit'
이라는 개념을 원용해서(S. 96),[40] 이 기반에 대해 언어는 아직 아무
런 특수한 표현을 갖고 있지 않고, 철학은 확실한 개념을 만들지 않
았다고 한다(S. 124). 이에 대해 「주권의 문제」에서는 "그 자체 아무
런 구별도 이루어지지 않았고 이러한 추상성으로는 전혀 상상할 수
없는" 이 기반 때문에 "사실상의 사건을 평가하고, 특별한 경우에는
법적으로 판단할 수 있다"고 말한다.[41] 이에 반해 특정한 실재가 가
치가 있는가 아니면 가치에 반하는가라는 물음은 존재와 당위, 실재
와 가치 사이의 원칙적 이원주의를 전제할 때에는 아무런 의미도

40 이에 관해서는 Carsten Heidemann, *Die Norm als Tatsache*(각주 6), S. 65 참고.
41 Hans Kelsen, *Das Problem der Souveränität*, 1920, S. 99의 각주 1.

없다고 한다.

이와 같이 추상적 사실을 실재와 가치에 공통된 기반으로 파악하는 모델은 가능한 구상이긴 하지만, 문화과학으로서의 법학의 가능성에 대한 켈젠의 비판을 뒷받침하기 위해 매우 유용한 구상이라고 볼 수는 없다. 왜냐하면 이 구상은 가치평가를 할 수 있는 '실재'가 가능하다는 것을 보여주는 구상으로 읽힐 수도 있고, 동시에 그것이 불가능하다는 것을 보여주는 구상으로도 읽힐 수 있기 때문이다. 그렇기 때문에 앞의 인용문은 존재/당위 이원론에도 불구하고 사실상의 사건에 대한 평가가 왜 가능한가에 대해 근거를 제시하고 있다. 즉 존재의 내용과 당위의 내용이 일치하기 때문이다. 이는 아무런 구별도 이루어지지 않은 이 기반 때문에 사실상의 사건에 대한 가치평가가 가능하다고 하는 켈젠의 논증과 정확히 일치한다. 기반에 '붙어 있는' 가치라는 표현에서 그 비유적 내용을 빼버리면, 켈젠의 모델과 하이델베르크 학파의 모델 사이에는 실재에 대한 직접적 가치평가관련과 간접적 가치평가관련의 차이만이 남아 있을 뿐이다.

방법의 대상 구성적 기능의 원칙 및 이 원칙을 인정할 때 수반되는 '코페르니쿠스적 전환'이 하이델베르크 학파 법철학의 대표자 한 사람에 의해 법학에 대한 이해에 커다란 영향을 미칠 정도로 명백히 상대화되고 있는 측면에 대해서는 켈젠은 흥미롭게도 자세히 다루고 있지 않다. 라스크에 따르면 문화과학의 대상은 학문적 고찰을 통한 두 번째 단계에서 비로소 (함께) 구성된다고 한다. 즉 문화과학의 대상으로서의 재료는 직접적으로 주어져 있는 실재가 아니라, 학문 이전에 이미 처리되어 있고, 문화의미와 관련을 맺는 세계라고 하면서, 이러한 대상의 위상을 라스크는 '반제품Halbfabrikat'이라는 이해하기

쉬운 개념으로 표현하고 있다.[42] 이로써 문화과학적 사실이 갖는 의미의 차원은 대상영역 자체로 옮겨가고, 이 차원은 상당부분 학문적 처리의 대상에서 벗어나게 된다. 라스크의 이러한 입장에 대해서는 뒤에서 다시 다루도록 하겠다.

학문체계론

실재와 가치, 존재와 당위의 이원론을 엄격히 지향했던 이 시기의 켈젠[43]으로서는 학문체계와 관련해서도 규범과학과 실재과학의 대립에 집중했고, 따라서 자연과학과 문화과학의 차이를 엄격하게 구성하고자 했다. 규범과학은 통일적인 관점에 따라 규범들 사이의 질서를 형성하는 과제를 담당한다. 그리하여 법학뿐만 아니라, 윤리학과 문법도 이러한 규범과학에 속한다고 한다(S. 96 이하). 따라서 규범을 정립하는 일은 학문의 과제에 속하지 않고, 관련된 권위를 통해 해결될 문제이다. 도덕의 영역에서는 신 또는 양심이 그러한 권위를 갖는다(S. 97). 실재과학은 인과과학과 동일하게 취급되고, 자연과 사회적 실재 사이의 차이는 무시된다. 이러한 체계에서는 방법적 독자성을 갖는 문화과학이 차지할 자리가 남아 있지 않다. 켈젠의 체계론에 따라 법학처럼 규범과학에 속하게 되지 않는 한, 문화과학은 인과과학에 속해야 한다. 그렇기 때문에 켈젠은 법이 존재형상이긴 하지만, 결코 자연적 사실이 아니라는, 라드브루흐와 여타의 하이델베르크 학파 철학자들의 견해를 반복해서 비판한다(S. 99, 144). 순수법학

---

42 Emil Lask, *Rechtsphilosophie*(각주 15), S. 309.
43 "존재와 당위 사이의 대립은 인식체계의 기초이자, 학문에 대한 기본적 분류가 되어야 한다[Hans Kelsen, "Rechtswissenschaft(각주 2)", S. 95]."

의 제2판(1960)에서도 여전히 인간의 사실적 공동생활로 이해되는 사회는 자연의 구성부분으로 생각될 수 있기 때문에 자연과 사회를 대비시키는 것이 아무런 전제도 없이 가능하지는 않다고 주장한다.[44]

이 역시 하나의 가능한 관점이다. 공통점과 차이점은 중요성의 기준과 이론적 체계의 문제이지, 결코 이미 주어져 있는 대상영역의 구조가 아니기 때문이다. 그렇기 때문에 문화과학의 방법적 독자성을 무시했다고 켈젠을 비판하는 사람은 학문의 분류와 관련해서 다른 중요성 기준을 토대로 삼을 뿐이지, 자신이 이와 관련된 유일하게 가능한 중요성 기준을 토대로 삼고 있다고 주장할 수 없다. 이 점은 켈젠에 대해서도 마찬가지이다. 즉 문화과학에 대한 켈젠의 비판 역시 유일하게 가능한 중요성 기준을 토대로 삼고 있다고 주장할 수 없다. 그렇기 때문에 학문체계론과 관련된 설득력 있는 비판은 내재적 비판으로서만 가능하다. 이 측면에서 결정적인 것은 법학을 순수한 규범과학으로 축소시키는 켈젠의 모델이 순수법학을 구성하고 있는 다른 요소들과 과연 합치할 수 있는가이다.

규범주의와 실증주의

이 물음은 순수법학이 주장하는 것처럼 순수한 규범과학의 틀 속에서 과연 실정법에 대한 이론을 수행할 수 있는가의 문제를 대상으로 삼는다. 적어도 형식적으로는 법의 실정성과 관련을 맺게 되면

---

44 Hans Kelsen, *Reine Rechtslehre*, 2. Aufl. 1960, S. 2. 또한 규범과학과 인과과학의 이원주의에 대한 S. 78 이하의 설명도 참고.

그것은 이미 사회적 사실에 초점을 맞추는 것이고, 따라서 당위의
영역에 국한시키는 입장을 뛰어넘는 것이라는 반론이 당연히 제기될
수 있다.45

이런 의미에서 라스크와 라드브루흐 모두 법학은 자연법체계와
관련해서만 철학적 규범과학과 방법적으로 조화를 이룰 수 있다고
주장한다.46 여기서 말하는 '자연법체계'는 제정법질서가 아니라, 모
든 이상적 법질서를 뜻하는 것으로 이해해야 한다.47 왜냐하면 예컨
대 미래의 법질서에 대한 기획과 같이 가설적으로 전제된 법규범들
의 체계도 순수한 규범과학의 대상으로 생각할 수 있기 때문이다.
이에 반해 사회적 사실로서의 제정법에 초점을 맞추게 되면 규범과
학의 순수성이 훼손될 위험이 있다.

켈젠이 '근본규범Grundnorm'을 도입함으로써 규범주의와 실증주의
사이의 간극을 충분한 안정성을 갖는 구성을 동원해 극복했는지는
오늘날에도 여전히 논쟁의 대상이고,48 이에 대해서는 여기에서 논
의할 수 없다. 하이델베르크 학파 신칸트주의자들과 논쟁을 할 때는

45 라드브루흐는 순수법학이 "실증주의와 그 정반대에 해당하는 것처럼 보이
   는 '규범논리적' 당위이론과 교묘히 결합시킨 독특한 이론"이라고 한다
   (Gustav Radbruch, *Rechtsphilosophie*, 3. Aufl. 1932, *GRGA*, Bd. 2, S.
   253). 최근의 문헌에서 이 점을 지적하고 있는 경우로는 무엇보다 Ralf
   Dreier, "Sein und Sollen. Bemerkungen zur Rechtslehre Hans Kelsens
   (1972)", in: ders., *Recht −Moral− Ideologie. Studien zur Rechtstheorie*,
   Frankfurt/Main 1981, S. 217, 224 이하 참고.
46 Emil Lask, *Rechtsphilosophie*(각주 15), S. 282, 315; Gustav Radbruch,
   Grundzüge der Rechtsphilosophie, 1914, S. 207(=*GRGA*, Bd. 2, S.
   196).
47 라드브루흐는 '(유일하게) 정당한 법'이라는 표현을 사용한다.
48 이에 대한 상세한 서술은 Horst Dreier, *Rechtslehre*(각주 1), S. 27 이하
   참고.

켈젠은 다른 방어전략을 선택했다. 물론 이때도 이미 근본규범에 관한 훗날의 모델이 암시되어 있었다.[49] "군주의 명령이나 국가의 법률이 (사람들이 흔히 말하듯이) 왜 준수되어야 하는가, 왜 그것들이 규범인가라는 물음, 간단히 표현하자면 구체적 법질서의 효력이 어디에 기초해야 하는가라는 물음에 대한 대답은 다시 당위를 통해서만 이루어질 수 있다. 그리고 더 이상 도출이 될 수 없는 최상의 규범은 '너는 군주의 명령 또는 국가의 법률에 복종해야 한다'는 당위이다 (S. 134)." 하지만 다른 논증이 더 중요한 기능을 한다. 즉 켈젠은 실증주의의 개념에서 제정성이라는 의미의 실정성이라는 요소를 제거하고, 실증주의를 오로지 법과 도덕의 분리를 통해서만 개념 정의한다.[50] 그리하여 법의 실정성은 통상적인 견해와는 반대로 법의 제정성이라는 사실이 아니라, 도덕으로부터의 독립성을 뜻한다고 하며, 따라서 실정법의 본질은 자연법에 반대된다는 것이라고 한다.[51]

이는 얼마든지 가능한 수세적 방어이긴 하지만, 곧 바로 다음과 같은 반론을 유발한다. 즉 자연법과 ―도덕으로부터 자유로운― '실정positiv'법의 대립 또한 오로지 구체적으로 주어져 있는 법질서와 관련해서만 가능하다는 반론을 유발한다. 다시 말해 켈젠의 실증주의적 견해에서는 법규범이 설령 도덕에 반하는 경우일지라도 그 타당성Gültigkeit에는 아무런 문제가 없다는 사실이 중요하다면, 효력Geltung과 동일시할 수 있는 이 타당성[52]은 미리 전제되어야 하고, 그

---

49 이에 관해서는 Horst Dreier, *Rechtslehre*(각주 1), S. 75 이하 참고.

50 이에 관한 자세한 내용은 Kelsen, *Das Problem der Souveränität*, 1920, S. 85 이하 참고.

51 이 점에 관해서는 예컨대 Stanley L. Paulson, "Konstruktivismus(각주 1)", S. 631, 654 참고.

52 켈젠은 법규범과 도덕규범의 '효력'에 대해서도 같은 의미로 이해한다. 이

래야만 실증주의적 모델이 대답하고자 하는 물음 자체가 제기될 수 있다. 그렇기 때문에 켈젠은 다른 지점에서도 구체적 법질서가 효력을 갖는 근거에 대한 물음에서 벗어날 수 없다. 하지만 이 물음에 대해 켈젠은 거의 대답을 거부한다고 보이는 방식에 가깝게 대답할 뿐이다. 물론 이 시기에도 이미 앞에서 언급했듯이 훗날에 전개된 근본규범모델이 어느 정도 작용을 하고 있다. 즉 설령 법을 특정한 권위에 의해 정립된 규범이라고 지칭할지라도 법효력의 근거는 입법행위라고 표현되는 사실상의 과정이 아니라, 국가의 법률을 준수해야 한다고 말하는 규범에서만 찾을 수 있다고 한다(S. 133/134). 이 맥락에서 켈젠은 다시 한 번 법의 당위로서의 성격이 '경험적 권위'에 근거해야 하고, 따라서 법의 당위적 성격은 공동체의 의지를 통한 명령에서 그 형식적 근거를 찾게 된다고 하는 라스크의 견해를 격렬하게 비판한다(S. 135). 다른 곳에서도 그렇듯이 여기에서도 켈젠은 방법이원주의라는 신칸트주의의 원칙을 하이델베르크 학파의 신칸트주의자들에 대한 대항무기로 삼는다. 즉 라스크와는 반대로 존재와 당위의 분리라는 원칙에 따라 당위는 그 '형식적 근거'를 결코 경험적 사실에서 찾을 수 없다고 한다(S. 135). 그러나 이것만으로는 법의 효력근거에 대해 단지 소극적으로 대답한 것에 불과하다. 켈젠은 법효력의 근거에 대해 적극적으로 대답하기를 거부하면서, 그 이유는 이 물음에 대해서는 대답이 있을 수 없거나, 국가의 법률 또는 군주의 명령에 복종해야 한다고 명령하는 '법명제Rechtssatz'를 형식적으로 가정하는 '사이비 대답'이 있을 뿐이기 때문이라고 한다.

에 관해서는 Kelsen, *Das Problem der Souveränität*, 1920, S. 85 이하 참고.

▌ 방법이원주의의 타당성범위

켈젠과 하이델베르크 신칸트주의자들 사이의 핵심적인 차이점은
방법이원주의에 대한 해석의 차이에서 드러난다. 즉 이 원칙 자체에
대한 승인 여부의 차이가 아니라, 이에 대한 해석의 차이다. 왜냐하
면 하이델베르크 신칸트주의자들 역시 이 원칙을 무조건적으로 신봉
하기 때문이다. 이미 확인한 바와 같이 방법삼원주의는 방법이원주
의의 파괴가 아니라, 이에 대한 보충으로 이해해야 한다.[53] 당위를
정당화하기 위해 존재를 원용하는 경우 ―앞에서 인용했던, 켈젠이
반박하는 라스크의 논증처럼― 에도 방법이원주의 원칙을 유보한다
고 말하지 않는다. 따라서 서로 대립하는 당사자들은 이 원칙의 의미
를 ―따라서 원칙 자체도― 서로 다르게 이해할 뿐이다. 이 원칙에
대한 '올바른' 이해가 무엇인가를 묻는 것은 '원래의' 신칸트주의적
해석이 무엇인가를 묻는 것만큼이나 대답하기 어려운 물음이다. 따
라서 양자 사이의 논쟁을 평가할 때는 각 입장의 일관성과 설득력이
중요할 뿐이다. 설득력의 관점, 즉 인식론적 모델이 구체적 삶에 가
깝다는 관점에서 나는 앞에서 언급했던 라스크의 이론을 다시 한
번 다루고자 한다. 라스크의 이론은 방법이원주의와 방법이 대상을
구성한다는 원칙이 지배하는 학문체계 내에서 문화과학 및 ―라드
브루흐도 표방하는― 문화과학으로 해석된 법학이 가능할 수 있는
공간을 마련해주고, 이를 통해 켈젠처럼 방법이원주의를 극단적으로

---

53 Gustav Radbruch, *Rechtsphilosophie*(3. Aufl.), *GRGA*, Bd. 2, S. 230의
각주 2.

과장하는 것에 반대되는 입장을 취하고 있다.⁵⁴

자연과 당위 사이의 제3의 영역을 거부하는 켈젠의 입장은 방법
이원주의를 법적 세계상과 관련해서도 극단적 이원주의로 확대하게
만든다. 헤르만 헬러의 표현을 빌리자면, "한 쪽에는 그저 인과적
설명을 통해 포착할 수 있고, 의미와는 완전히 동떨어져 있는 존재로
넘쳐나는, 무시해야 마땅한 영역, 즉 아무런 연관성도 없는 감각적
현실들이 자연주의적으로 미쳐 날뛰는 세계가 있고 … 다른 한편에는
어떠한 방식으로도 이해할 수 없는 연관성을 통해 결합된 채 … 필연
적으로 내용이 없어야 할, 이념적 당위의 세계가 있다."⁵⁵ 방법이원
주의를 이질적인 관점이 완벽하게 분리된다는 식으로 이해하며, 이
이질적인 관점들에게 각각의 학문분과를 귀속시켜서, 각 분과가 역
시 완전히 분리되어 있다고 이해하고 또한 학문적 방법이 대상을
구성하는 기능을 갖는다는 원칙을 무조건적으로 고수한다면 이와 같
은 극단적 이원주의는 불가피하다. 이 경우 (켈젠이 의미하는) '자연'과
'당위'의 대안은 서로가 서로를 배제하는 배타적 대안이다. 이는 법

---

54 라스크의 법철학에 관한 최근의 문헌으로는 Georg Mohr, "Rechtskultur
(각주 5)", S. 111 이하; Stefan Nachtsheim, "Zwischen Naturrecht und
Historismus. Kritische Rechtsphilosophie und Bedeutungsdifferenzierung
bei Emil Lask", in: *Neukantianismus und Rechtsphilosophie*(각주 1),
S. 301 이하 참고. 또한 Konrad Hobe, *Emil Lask. Eine Untersuchung
seines Denkens*, Diss. phil. Heidelberg, 1968; ders., Emil Lasks
Rechtsphilosophie, ARSP 59(1973), S. 221 이하; Tercio Sampaio Ferraz,
*Die Zweidimensionalität des Rechts als Voraussetzung für den
Methodendualismus von Emil Lask*, Meisenheim am Glan 1970도 참
고.
55 Hermann Heller, "Die Krise der Staatslehre(1926)", in: ders.,
Gesammelte Schriften, Bd. 2, 1992, S. 516.

과 관련해서는 다음과 같은 것을 의미한다. 즉 법은 규범과학적 관점에서 규범적 현상, 즉 당위로 여겨지거나 아니면 법은 −존재과학적 고찰에 따라− 다수의 행위나 텍스트 따위로 분리되어 −헬러가 말하듯이− "감각적 현실들이 자연주의적으로 미쳐 날뛰는 세계"에 불과할 뿐이다.

켈젠의 학문이론적 전제(방법이원주의, 방법의 대상 구성적 기능)를 원칙적으로 인정한다는 전제하에 법에 대한 사회적 경험에 상반되는 이러한 불만족스러운 결론을 피하면서 법을 사회적 및 문화적 현실로 고찰할 수 있는 여지를 창출할 가능성은 학문 이전에 구성되어 있는 대상영역으로서의 법을 인정하는 것이다. 이러한 대상영역은 그 자체 법학의 규범과학적 또는 존재과학적 성격과는 관련이 없다. 이 가능성이 바로 앞에서 언급했던 라스크의 이론에 합치한다. 라스크의 이론은 법을 포함한 문화적 영역 전반과 관련해서 학문적 고찰 방식의 대상 구성적 기능보다는 학문 이전의 개념구성이 갖는 의미를 강조한다.[56] 다시 말해 법을 사회현실의 독자적 영역으로 이해하는 사회적 지각은 법학이 이에 대해 학문적으로 이해하는 것에 앞서 있다. "법영역을 분리하고, 더 나아가 법영역을 마치 현실적으로 분리되어 있는 삶의 힘으로 가정하는 것은 이미 학문 이전의 의식을 통해 이루어진다."[57]

---

56 Hermann Heller(각주 55), S. 19도 이에 동의한다.

57 Emil Lask, *Rechtsphilosophie*(각주 15), S. 311. 이러한 출발점의 개념논리적 결론(법과 관련해서 학문 이전의 개념구성과 학문적 개념구성을 원칙적으로 분리하지 않는 것)이 막스 베버의 사회학적 개념구성과 어떠한 관계가 있는지에 대해서는 Bernahrd K. Quensel/Hubert Treiber, "Das 'Ideal' konstruktiver Jurisprudenz als Methode. Zur 'logischen Struktur' von Max Webers Idealtypik", *Rechtstheorie* 33(2002), S. 91 이하, 98

더 나아가 라스크는 법의 사회이론이 이미 "구체적 총체성으로부터 추상적인 것을 분리했다(S. 311/312)"고 확인하고 있는데, 그렇다면 법의 사회이론은 오로지 학문 이전의 고찰방식에만 해당한다. 이점은 우리가 이러한 "사회과학적으로 사고된 법을 … 그럼에도 실재에 투사시켜 마치 실재인 것처럼 생각한다(S. 312)"는 확인 역시 마찬가지이다. 이는 곧 법을 자연적 존재가 아니라, 사회적 존재의 독자적 영역으로 구성하는 일은 법학에 대한 학문적 처리방식이나 법의 학문이론적 위치를 결정하는 것과는 별개의 문제라는 것을 뜻한다. 법학을 규범과학으로 보는 켈젠의 해석(라스크는 이에 동조하지 않는다)이나 규범과학적 방법으로 구사하는 분과로 보는 라드브루흐의 해석이나 모두 라스크의 모델에서는 (사회적, 문화적) 실재로서의 법에 대한 이해와 얼마든지 부합할 수 있고, 따라서 법을 존재과학의 대상으로 보는 분과와도 아무런 문제없이 합치할 수 있다.

이하 참고. Carsten Heidemann, "Geltung(각주 1)"은 이와 관련해서 에밀 라스크의 입장과 프리츠 잔더(Fritz Sander)의 입장 사이에 유사점이 존재한다는 사실을 적절하게 지적하고 있다(S. 213 이하). 이와 관련된 켈젠과 잔더 사이의 논쟁은 Stanley L. Paulson(Hrsg.), *Zur Rolle des Neukantianismus in der Rechtsphilosophie. Eine Debatte zwischen Sander und Kelsen*, 1988에 실려 있다.

신칸트주의 법철학에서 '방법이원주의'

: 존재와 당위의 관계에 대한 구스타프 라드브루흐의 입장

▌서론: 신칸트주의 (법)철학에서의 방법이원주의 원칙

신칸트주의 철학은 20세기의 첫 10년 동안 법철학적 사고를 지배했었다. 법학을 학문적 고향으로 삼는 법철학자들 가운데 특히 루돌프 슈타믈러Rudolf Stammler, 헤르만 칸토로비츠Hermann Kantorowicz, 구스타프 라드브루흐Gustav Radbruch, 한스 켈젠Hans Kelsen[1]이 신칸트주의에 속했다. 일반 철학을 전공했던 학자 가운데 가장 중요한 인물은 신칸

---

1 신칸트주의가 켈젠의 '순수법학'에 구체적으로 미친 영향이 얼마나 강했는가라는 물음에 관해서는 예컨대 Stanley L. Paulson, "Four Phases in Hans Kelsen's Legal Theory? Reflections on a Periodization", *Oxford Journal of Legal Sudies* 18(1998), S. 153 이하 참고. 이 논란이 많은 문제와 관련된 다른 문헌으로는 Ulfrid Neumann, "Wissenschaftstheorie der Rechtswissenschaft bei Hans Kelsen und Gustav Radbruch. Zwei 'neukantische' Perspektiven (2005)", in: ders., *Recht als Struktur und Argumentation. Beiträge zur Theorie des Rechts und zur Wissenschaftstheorie der Rechtswissenschaft*, 2008, S. 294[본서의 109면] 각주 1도 참고.

트주의의 토대 위에서 독자적인 법철학을 발전시켰고, 요절했음에도 불구하고 당시의 법철학적 논의에 강한 영향을 미친 에밀 라스크Emil Lask를 들 수 있다. 라스크가 라드브루흐 법철학에서 갖는 의미는 결코 간과할 수 없을 정도로 중요하다. 라스크가 1905년에 출간한 「법철학」만이 라드브루흐에게 영향을 미친 것이 아니라, 1910년에 출간한 「철학의 논리학과 범주이론」도 '법이념의 소재규정성'에 관한 라드브루흐의 이론적 구상에 지침이 되는 역할을 했다. 이에 관해서는 나중에 다시 설명하도록 한다.

신칸트학파 내부에서의 차이점

그러나 신칸트주의적 접근방법을 취하는 법철학의 영역에서 도출되는 결론들은 결코 동질적이지 않다. 이는 신칸트주의의 '기본도그마'인 방법이원주의, 즉 존재와 당위 사이에는 도저히 극복할 수 없는 간극이 있다는 테제와 관련해서도 마찬가지이다.[2] 물론 신칸트주의 학파 내에서 이 원칙을 근원적으로 부정하는 경우는 없다. 그렇지만 게르하르드 슈프랭어Gerhard Sprenger는 볼프강 케어스팅Wolfgang Kersting을 원용하면서 타당하게 지적하고 있는 것처럼 방법이원주의

---

2 이에 관해서는 Ralf Dreier/Stanley Paulson, "Einführung in die Rechtsphilosophie Radbruchs", in: Gustav Radbruch, *Rechtsphilosophie* (Studienausgabe), hrsg. von Ralf Dreier und Stanley Paulson, 2. Aufl. 2003, S. 237 이하, 240. 라드브루흐는 방법이원주의 원칙과 관련해서는 1914년의 「법철학원론(*Grundzüge der Rechtsphilosophie*, GRGA Bd. 2, S. 9 이하, 38)」에서든 1932년의 「법철학*(Rechtsphilosophie, Gustav Radbruch Gesamtausgabe*(= *GRGA*) Bd. 2, S. 206 이하, 230)」에서든 주로 칸트와 슈타믈러를 원용한다.

의 실현과 관련해서는 마르부르크 신칸트주의와 주로 문화철학에 지
향된 '남서독 학파' 신칸트주의 사이에 현저한 차이가 있었다.[3] 즉
문화과학적 고찰은 현실과 가치를 날카롭게 가르려는 시도에 대해
커다란 거부감을 느꼈다.

마르부르크 학파와 남서독 학파 사이의 이러한 차이는 신칸트주의
계열의 법철학에도 그대로 반영되어 있다. 켈젠은 호흡을 멈추게 할
정도로 놀라운 결론들과 함께 방법이원주의를 철저하게 추구하고, 이
를 통해 법학을 순수한 당위라는 차가운 얼음으로 뒤덮인 정상으로
끌어올리는 반면, 라드브루흐는 그의 저작활동의 일정한 단계에서부
터는 존재와 당위, 현실과 가치 사이에 다리를 놓으려고[4] 빈번하게
시도한다.[5] 물론 라드브루흐가 방법이원주의라는 기본원칙을 포기한
적은 없다. 그의 마지막 법철학 저작에서도 라드브루흐는 방법이원주
의와 상대주의를 자신의 법철학의 근본사상으로 신봉한다. 즉「법철

---

3 Gerhard Sprenger, "Die Wertlehre des Badener Neukantianismus und
ihre Ausstrahlungen in die Rechtsphilosophie", in: Robert Alexy u.a.
(Hrsg.), *Neukantianismus und Rechtsphilosophie*, 2002, S. 157, 169.
4 신칸트주의가 라드브루흐에게 결정적인 영향을 미쳤다는 점에 대해서는 예
컨대 Stanley L. Paulson, "Ein 'starker Intellektualismus'. Badener
Neukantianismus und Rechtsphilosophie", in: Marcel Senn/Daniel Puskas
(Hrsg.), *Rechtswissenschaft als Kulturwissenschaft?* ARSP – Beiheft
115(2007), S. 83 이하; Frank Saliger, "Radbruch und Kantorowicz",
ARSP 93(2007), S. 236 이하, 243 이하; Gerhard Sprenger(각주 3), S.
157 이하; Sascha Ziemann, *Neukantianisches Strafrechtsdenken. Die
Philosophie des südwestdeutschen Neukantianismus und ihre Rezeption
in der Strafrechtswissenschaft des frühen 20. Jahrhunderts*, 2009, S.
66 이하 참고.
5 법학을 규범과학에 귀속시키는지(켈젠) 아니면 문화과학에 귀속시키는지
(라드브루흐)라는 상이한 관점으로부터 도출되는 결론에 대해서는 Ulfrid
Neumann(각주 1), S. 294 이하[본서의 109면 이하] 참고.

학」개정판을 준비하면서 쓴 후기의 초고에 라드브루흐는 다음과 같이 적고 있다. "나의 법철학의 방법론은 방법이원주의와 상대주의라는 두 가지 사상에 기초한다. 이 두 가지 사상은 그 사이 변화를 겪긴 했지만 여전히 주장되고 있다."6 그 때문에 가치관련적 방법을 수용함으로써 나타나게 되는 방법삼원주의Methodentrialismus를 라드브루흐는 방법이원주의에 반대되는 입장이 아니라, 방법이원주의의 한 유형으로 해석한다.7

법철학에서 방법이원주의가 갖는 역량과 결함

나는 아래에서 방법이원주의 원칙에 대한 라드브루흐의 입장 변화를 추적해보도록 하겠다. 이러한 시도는 연대기적으로, 즉 라드브루흐 법사상이 전개되는 여러 단계에 비추어 이루어진다. 하지만 라드브루흐 법철학의 전개과정을 보여주는 개별 저작의 흐름을 포착하는 것은 이 글의 주요 관심사가 아니다. 이 점은 이미 수많은 문헌들을 통해 충분히 밝혀져 있다.8 내 생각으로는 라드브루흐가 이 문제

---

6 *GRGA* Bd. 20, S. 25 이하, 38.

7 Gustav Radbruch, *Rechtsphilosophie*(1932), *GRGA* Bd. 2, S. 230 각주 2. 이에 관해서는 Marc André Wiegand, *Unrichtiges Recht. Gustav Radbruchs rechtsphilosophische Parteienlehre*, 2004, S. 123 참고. 방법삼원주의를 방법일원주의와 방법이원주의와 구별되는 '제3의 길'로 파악하는 칸토로비츠(H. Kantorowicz)의 입장에 관해서는 Saliger(각주 4), S. 246 참고.

8 이에 관해서는 특히 라드브루흐의 법개념의 전개과정을 설명하고 있는 Ralf Dreier, "Gustav Radbruchs Rechtsbegriff", in: Matthias Mahlmann (Hrsg.), *Gesellschaft und Gerechtigkeit. Festschrift für Hubert Rottleuthner*, 2011, S. 17 이하 및 이 논문에 인용된 문헌들을 참고.

와 관련해서 각 시기 마다 상이한 입장을 취하고 있다는 사정이야말로 법철학에서 엄격한 방법이원주의가 갖고 있는 역량과 한계를 너무나도 뚜렷하게 보여주고 있는 것 같다.

방법이원주의가 갖고 있는 역량은 예를 들어 법에 대한 법도그마틱적 고찰방식과 '사회이론적' 고찰방식을 엄격히 분리하는 데에서 분명하게 드러난다. 이러한 분리에 따르면 과거의 법질서 또는 다른 법질서를 '도그마틱'9을 통해 처리하려는 시도를 ─ 옐리네크Jellinek의 표현을 빌리자면 ─ '조롱거리에 가까운 노력'으로 여기게 된다. 이는 매우 시의적절한 측면도 갖고 있다. 왜냐하면 연방법원의 판례는 동서독 국경에서 복무했던 장벽수비대 소송에서 법철학과 형법학으로부터 많은 박수갈채를 받으면서 그러한 노력을 경주했기 때문이다.10 방법이원주의의 한계는 이 이론의 논리 자체로부터 등장한다. 즉 법사상의 영역에서 존재와 당위의 분리를 엄격하게 유지하고자 하면 법과 법이 관련을 맺는 사회적 상황이 구체적으로 어떠한 모습을 갖고 있는지를 도외시하지 않을 수 없다. 이는 순수법학의 예가 보여주듯이 얼마든지 이론적으로 가능한 접근방법이다. 하지만 법을 문화현상으로 고려해야 한다고 주장하는 경우라면 존재와 당위의 엄격한 분리는 비난의 대상이 된다. 이 점에서 존재와 당위의 문제에

9 Georg Jellinek, *Allgemeine Staatslehre*, 3. Aufl. 1914, S. 52.
10 이에 관한 자세한 서술은 Horst Dreier, "Radbruch und Mauerschützen", *JZ* 1997, S. 421; Steffen Forschner, *Die Radbruchsche Formel in den höchstrichterlichen 'Mauerschützenurteilen'*, Diss. Tübingen 2003; Henning Rosennau, *Tödliche Schüsse im staatlichen Auftrag. Die strafrechtliche Verantwortung von Grenzsoldaten für den Schusswaffengebrauch an der deutsch─deutschen Grenze*, 2. Aufl. 1998; Kurt Seidel, *Rechtsphilosophische Aspekte der 'Mauerschützen'─Prozesse*, 1999 참고.

관해 라드브루흐가 시기에 따라 서로 다른 입장을 취했다는 사실에
서 표현되고 있는 긴장은 문화철학적 계열의 신칸트주의에 이미 처
음부터 내재해 있었던 긴장이라고 보아도 무방하다.

▌ 라드브루흐 초기저작에 나타난 일관된 방법이원주의

그러나 라드브루흐의 법철학 저작의 초기 단계에서는 이러한 긴
장이 아직은 잠재되어 있었을 뿐이었다. 다시 말해 방법이원주의 원
칙을 명시적으로 옹호했다. 그렇기 때문에 이 시기의 저작의 중심은
그가 평생에 걸쳐 부정적인 입장을 취했던 '방법일원주의'에 대한
비판적 반론이었다.

목적론적 역사해석의 거부

구체적으로 말한다면, 방법일원주의에 대한 라드브루흐의 반론은
일단 필연적인 역사발전이 갖는 규범적 의미에 대한 물음을 대상으
로 한다. 이 물음과 관련해서 라드브루흐는 슈타믈러[11]와 마찬가지로
일원주의를 지향하는 마르크스주의적 역사이해를 비판한다.[12] '존재
와 당위, 필연적 발전과 추구할 가치가 있는 목표를 동일시'하는 유
물론적 역사이해에 대항해 라드브루흐는 사실성과 규범성의 분리를

---

11 "Rezension zu Rudolf Stammler, Wirtschaft und Recht nach der
materialistischen Geschichtsauffassung(1924)", *GRGA* Bd. 1, S. 541.

12 이 점 및 아래의 내용에 관해서는 Ulfrid Neumann, "Einleitung zum
Band 'Strafrechtsgeschichte'", *GRGA* Bd. 11, S. 9 이하 참고.

고수한다. "미래의 역사적 과정에 관한 자연의 인과적 필연성을 입증한다고 해서 이성의 목적론적 필연성에 대한 입증까지 이루어지는 것은 아니다."13 즉 사회주의자는 "실제로 사회주의가 불가피하게 도래할 것이기 때문이 아니라, 현재의 사회적 상태를 불법으로 느끼기 때문에" 사회주의를 긍정한다고 말한다.14

진화론적 일원주의의 거부

라드브루흐는 그의 스승 프란츠 폰 리스트Franz von Liszt의 형법의 역사에 관한 진화론적 견해도 '방법일원주의'로 보고 이를 명시적으로 거부한다. 리스트는 진화론적 기초 위에서 자신의 형사정책적 프로그램을 기획했다. 즉 맹목적 응보에 대한 목적사상의 우위는 단순히 목적사상이 응보사상에 비해 더 후기에 속한다는 사실을 통해 정당화되었다. 오늘날의 관점에서는 이러한 논증이 상당히 특이하게 여겨질 것이다. 하지만 그 당시에는 상당히 널리 퍼져있던 견해였고, 특히 1906년에 설립된 '일원주의자 연맹Monistenbund'이 표방했고 학술지 「일원주의Monismus」를 통해 호응을 얻었던 견해였다.15 이러한 일원주의적 접근방법의 의미에 따라 리스트는 다음과 같이 명확하게 발언한다. "앞으로 다가올 것과 마땅히 있어야 할 것은 … 동일한 개념이다. 오로지 우리가 인식한 발전경향만이 우리에게 마땅히 존

13 "Rezension zu Rudolf Stammler(각주 11)", S. 541.
14 Radbruch, *Rechtsphilosophie*(각주 7), S. 246.
15 이 학술지는 나중에 「일원주의의 세기(*Das monistische Jahrhundert*, 1912~1915)」 및 「독일 일원주의자 연맹 소식지(*Mitteileungen des Deutschen Monistenbundes*, 1916~1919)」로 이름이 바뀌었다.

재해야 할 것이 무엇인지를 밝혀줄 수 있을 뿐이다."[16]

라드브루흐는 특히 1905년의 논문 '비교법의 방법에 관하여'[17]에 서 이러한 견해에 대항한다. 즉 존재해야 할 것을 지금 있는 것 또는 예전에 있었던 것으로부터 도출할 수 없는 것과 마찬가지로 앞으로 다가올 것으로부터도 도출할 수 없다고 한다. 이러한 언급은 라드브 루흐에게 매우 중요한 의미를 갖고 있었기 때문에 자신의 논문에 대 해 자신이 쓴 짧은 서평에서 이 점을 특별히 강조한다.[18] 라드브루흐 가 1938년에 출간한 「형법의 우아함Elegantiae Juris Criminalis」에 수록된 논문 '프란츠 폰 리스트-소질과 환경'에서 라드브루흐는 리스트가 이러한 방법론적 기본입장 때문에 거의 모든 쪽에서 반론을 받았고, 심지어 자신의 학파 내에서도 저항에 부딪혔다고 쓰고 있다.[19] 또한 로젠펠트Rosenfeld 기념논문집에 기고한 글에서도 라드브루흐는 리스 트의 몇몇 제자들이 일원주의의 입장으로부터 "빈델반트Windelband와 리커트Rickert의 남서독 철학 학파로 전향했을 때" 리스트 학파 내부 에서 전개됐던 투쟁에 대해서도 언급하고 있다.[20]

---

16 Franz von Liszt, "Das 'richtige Recht' in der Strafgesetzgebung", *ZStW* 26(1906), S. 553 이하, 556.

17 Radbruch, "Über die Methode der Rechtsvergleichung(1905/06)", *GRGA* Bd. 15, S. 152 – 156.

18 *GRGA* Bd. 1, S. 473. 또한 다른 서평 ["Rezension zu Fritz Berolzheimer, System der Rechts – und Wirtschaftsphilosophie. Zweiter Band (1905)", *GRGA* Bd. 1, S. 475]에서도 이 점을 유독 강조한다.

19 Gustav Radbruch, "Franz v. Liszt – Anlage und Umgebung(1938)", *GRGA* Bd. 16, S. 27 이하, 37. 이에 관해서는 헤르만 칸토로비츠에 대한 라드브 루흐의 추념사("Gedenken an Hermann Kantorowicz", *GRGA* Bd. 16, S. 75 이하, 84)도 참고.

20 Gustav Radbruch, "Strafrechtslehrbücher des 19. Jahrhunderts(1949)", *GRGA* Bd. 11, S. 407 이하, 428.

라드브루흐는 이와 관련된 자신의 입장을 「법철학(1932)」에 분명하게 표명하고 있다. 물론 그는 예링Rudolf von Jhering에 연결된 리스트의 테제, 즉 법은 반드시 목적을 뚜렷이 의식하면서 투입해야 하는 조종수단으로 발전한다는 주장에는 공감한다. 하지만 이러한 발전에 대한 어떤 가치평가를 이 주장에 결부시켜서는 안 된다고 한다. "충동적인 법형성Rechtsbildung에서 목적에 부합하는 법형성으로의 필연적 발전, 즉 비합리적 법형성에서 목적합리적인 법형성으로의 발전 필연성은 다양한 가치판단의 대상이 될 수 있다."21 왜냐하면 개인의 의도적 행위보다는 '문제와 상황의 이성'에 의해 결국은 '이성이 승리'할 것이라고 희망하는 사람만이 이러한 발전을 진보로 여길 것이기 때문이라고 한다. 그 때문에 다가올 법을 '정당한' 법과 동일시하는 리스트의 이론은 라드브루흐에게는 '마르크스주의적 착각'일 따름이다.22

라드브루흐는 방법이원주의의 토대 위에서 비교법적 연구가 갖는 규범적 의미에 대해서도 회의적인 태도를 취한다. 매우 폭넓은 범위에 걸쳐 있었고, 그 당시 완결 직전 상태에 있던 프로젝트 '독일형법과 외국형법에 대한 비교서술'23과 관련해서 라드브루흐는 특정한 형법규율이 외국의 법질서에 존재한다는 사실이 국내의 입법자의 프로그램에 대해 어떠한 직접적 의미도 갖지 않는다는 점을 강조한다. 즉 비교법은 입법자의 계획을 준비하는 과정에서 결코 '법철학적으로

---

21 Radbruch, *Rechtsphilosophie*(각주 7), S. 322.
22 Radbruch, "Über die Methode der Rechtsvergleichung(각주 17)", S. 154.
23 *Vergleichende Darstellung des deutschen und ausländischen Strafrechts*, hrsg. von Karl Birkmeyer, Fritz Kalker u.a., 16 Bde., 1905~1909.

올바른' 규율에 관한 정보를 제공하지 못하고, 단지 법정책적으로 가
능할 수 있는 규율들만을 보여줄 수 있을 뿐이라고 한다.[24] 확고한
이원주의적 관점을 갖고 있는 오늘날의 우리에게 이러한 결론은 거의
진부하게 여겨진다. 하지만 시대사적 배경을 감안하면 결코 진부하다
고 볼 수 없다. 상당한 영향력을 갖고 있던 일원주의자 집단과 논쟁해
야 했던 당시에는 널리 확산된 규율이 곧 '정당한' 규율로 받아들여질
수 있는 위험에 대처해야 했기 때문이다.

과거의 법질서 또는 다른 법질서에 대한 도그마틱적 처리에 대한 비판

이에 반해 라드브루흐가 옐리네크와 칸토로비츠와 마찬가지로 방
법이원주의 원칙으로부터 다른 법체계를 다루는 법적 방법과 관련해
서 도출하고 있는 결론은 오늘날에도 매우 현실적인 의미를 갖는다.
여기서 다른 법체계란 과거에 존재했던 법질서뿐만 아니라 현재 존재
하고 있는 다른 나라의 법질서를 모두 포함한다. 이와 관련된 라드브
루흐의 논의의 배경은 좁은 의미의 법학Jursiprudenz와 법에 대한 사회
이론Sozialtheorie des Rechts의 구별이다. 즉 법학은 현행법에 대한 도그마
틱으로서 법률의 해석을 통해 현행법을 적용할 수 있도록 준비하는
과제를 담당하는 반면, 법의 사회이론의 대상은 사실, 즉 사회적 현상
이다. 따라서 법학은 당위와 관련을 맺고, 법의 사회이론은 존재와
관련을 맺는다. 하지만 구속력을 주장하는 현재의 법질서와 관련해서
만 당위라고 말할 수 있다. 옐리네크의 명료한 표현에 따르면, "과거

---

24 Radbruch, "Über die Methode der Rechtsvergleichung(각주 17)", S. 154.

로 거슬러 올라가는 당위란 있을 수 없다."[25] 그렇기 때문에 법학의 한 부분인 국가론은 거의 전적으로 현재를 다루어야 한다고 한다. 이에 반해 법사학적 연구는 사실적인 법적 사건에 관한 학문으로서의 사회적 국가론의 과제에 해당한다고 한다.

라드브루흐는 옐리네크의 「일반국가학Allgemeine Staatslehre」 제2판에 대한 1907년의 서평에서 이러한 고찰방식에 대해 명시적으로 동의한다.[26] 1905년에 발표한 논문 '비교법의 방법'에 관한 논문에서도 이미 법도그마틱은 과거의 법에 대해 적용될 수 없을 뿐만 아니라, 현재의 다른 법질서에 대해서도 적용될 수 없다는 견해를 주장했다. 왜냐하면 도그마틱적 작업의 목적은 법을 적용할 수 있도록 만드는 것이기 때문이라고 한다. 법률은 효력을 상실하는 즉시 더 이상 법도그마틱의 대상이 아니며, 사회과학의 대상이 된다는 것이다. 당시의 법학에 대한 비판을 담고 있는 표현을 그대로 인용하면 다음과 같다. "형법전을 어떻게 해석하고 적용해야 할 것인지가 아니라, 오로지 어떻게 해석했고 적용했는가만이 오늘날 학문적 관심의 대상이 되고 있다."[27] 이와 마찬가지로 외국의 법률도 단지 문화적 요소로 고찰할 수 있을 뿐이라고 한다.[28] 즉 외국법을 다루는 것 역시 과거의 법을 다루는 것과 마찬가지로 규범과학인 법학의 영역에 속하는 것이 아니라, 사실과학의 영역에 속한다.[29]

---

25 Georg Jellinek(각주 9), S. 52(옐리네크는 라드브루흐와 칸토로비츠를 지적한다).

26 GRGA Bd. 1, S. 484.

27 GRGA Bd. 15, S. 155.

28 Ebd.

29 Gustav Radbruch, "Rechtswissenschaft als Rechtsschöpfung(1906)", GRGA Bd. 1, S. 409 이하, 420.

a. 현재상황에의 적용

과거의 법질서에 대한 도그마틱적 처리에 대한 이러한 비판은 오늘날에도 상당히 커다란 의미를 갖는다. 왜냐하면 이 비판은 −이미 간략히 언급했듯이− 1989년 독일 통일 이후 연방공화국에서 구동독의 시민이었던 많은 사람들에게 선고한 유죄판결이 기초로 삼고 있는 법이론적 전제를 명백히 부정하는 것이기 때문이다. 즉 독일 연방공화국의 법원들은 라드브루흐가 불가능하다고 선언했던 바로 그것을 한 셈이다. 왜냐하면 독일 연방공화국의 법원들은 몰락한 구동독의 법률 자체를 해석해서 이미 사라진 구동독의 법실무가 그들 자신의 법률을 잘못 해석하고 적용했음을 밝힐 수 있다고 주장하기 때문이다.[30] 그러나 이는 엘리네크가 '조롱거리에 가까운 노력'[31]이라고 표현했던 바로 그 활동에 해당한다.

실제로 구동독의 법률에 대한 '인권 친화적 해석'[32]을 통해 이 법률이 구동독 당시의 법체계에 속하던 관할 법원과 다른 제도들의 해석에 따라 갖고 있었던 내용과는 다른 내용을 주입하려는 시도는 실패하지 않을 수 없다. 구동독의 법질서에 대해 자연법적 해석을 통해 구동독의 입법자와 사법부 그리고 법학이 전혀 생각하지 않았던 규율을 집어넣으려는 시도 역시 당연히 실패한다. 따라서 라드브

---

30 이에 대한 비판으로는 −라드브루흐와 엘리네크를 원용하지는 않지만− Ulfrid Neumann, "Rechtspositivismus, Rechtsrealismus und Rechtsmoralismus in der Diskussion um die strafrechtliche Bewältigung politischer Systemwechsel(2002)", in: ders., *Recht als Stuktur und Argumentation. Beiträge zur Theorie des Rechts und zur Wissenschaftstheorie der Rechtswissenschaft*, 2008, S. 163 이하 참고.

31 앞의 각주 9.

32 BGHSt 39, I, 23; BGHSt 41, 101, 111.

루흐와 옐리네크의 법이론적 입장은 '장벽수비대Mauerschützen'를 처
벌하기 위해서는 소급입법[이는 유럽인권협약(제7조 제2항)을 위반하
지 않고서도 헌법개정을 통해 얼마든지 가능했었다]을 필요로 한다
는 견해를 표방하는 모든 학자들의 입장을 지지하는 근거가 된다.

b. 라드브루흐와 칸토로비츠 사이의 차이점

헤르만 칸토로비츠가 이러한 입장에 대해 부분적으로만 동의한
것으로 보인다는 점에 주목할 필요가 있다.[33] 물론 칸토로비츠도 기
본적으로는 라드브루흐와 옐리네크의 입장에 동의한다. '자유법론'
의 강령과도 같은 저작에서 칸토로비츠는 라드브루흐와 옐리네크를
명시적으로 인용하면서 "더 이상 효력을 갖지 않는 법을 법적 기술
을 동원해서 처리하는 것은 아무런 의미도 없다"는 점을 강조한
다.[34] 1911년의 강연인 '법학과 사회학'에서는 이러한 견해를 더 자
세하게 전개한다. 이 강연에서 칸토로비츠는 과거의 법체계에 속하
는 규범을 '도그마틱적으로', 다시 말해 '체계적이고 구성적으로' 처
리하는 것은 법사학적 방법을 위반하는 것이라고 한다. 칸토로비츠
가 이를 위해 제시한 근거는 라드브루흐가 제시한 구별과 완전히
일치한다. 즉 법규범에 대한 도그마틱적 작업은 전적으로 실천적 법
적용을 위한 것이고, 과거의 법에 대해서는 그러한 법적용을 고려하
지 않는 것이 논리적 결론이라고 한다. 따라서 논리적 모순은 설명의
대상이지, 결코 논증에서 은근슬쩍 감출 수는 없다는 것이다. 이에

---

33 방법이원주의 원칙에 대해 라드브루흐와 칸토로비츠가 다른 입장을 취했다
　는 점에 관해서는 Frank Saliger(각주 4), S. 245 이하 참고.
34 Gnaeus Flavius(Hermann Kantorowicz), *Der Kampf um die*
　Rechtswissenschaft(각주 4), S. 245 이하.

덧붙여 칸토로비츠는 어떤 법명제로부터 과거에 살던 사람들이 도출하지도 않았고 또한 도출할 수도 없었던 결론을 도출해서는 안 된다고 말한다.35 이 점에서 칸트로비츠의 입장은 오늘날의 연방법원 판례와 다수의 법철학 문헌에 대한 비판으로 읽힌다.

그렇지만 칸토로비츠는 과거의 법질서에 속하는 규범에 대한 도그마틱적 처리를 절대적으로 배제하지는 않는다. 즉 역사적 연구가 관심을 갖는 개별적인 사례에 따라 규범을 '도그마틱적으로 처리'해야 한다고 한다. 다만 이 경우에도 "극히 소극적인 자세를 취해야 하고 법적 기술을 적용해서는 안 된다"는 단서를 추가한다.36 그러한 개별적 사례의 보기로 칸토로비츠는 방앗간 주인 아놀드Arnold의 소송과 관련해서 과연 프리드리히 대제가 실제로 그 당시의 법에 따라 그와 같이 결정을 내렸어야만 했는가라는 물음을 제기한다. 이 물음에 대해 칸토로비츠는 그와 같은 일회적인 사건에서는 법사학이 가치관련적이 아니라, 가치평가적으로 문제를 다루어야 한다고 대답한다. 이는 곧 법사학자는 그와 같은 경우에는 예외적으로 과거의 법질서 당시의 관점을 벗어나 특정한 역사적 행위의 위법성 또는 합법성에 대해 판단해야 한다는 뜻이다.

과연 방법이원주의에 대한 이와 같은 제한이 타당성이 있는지는 판단하기 어려운 문제이다. 왜냐하면 방법론적 유보가 갖는 의미를 정확히 파악할 수 없기 때문이다. 무엇보다 '극히 소극적인 자세를 취하고' '법적 기술을 적용하지 않으면서' 규범을 '도그마틱적으로 처리'한다는 것이 도대체 무슨 의미인가? 어쨌든 역사적 인물의 행

---

35 Hermann Kantorowicz, *Rechtswissenschaft und Soziologie*, 1911, S. 33.

36 Ebd.

동을 그 당시의 관련 규정이 어떻게 해석되고 적용되었는가라는 물음에 비추어 판단하는 것은 당연한 일이다. 이는 하나의 역사적 사실에 대한 물음이고, 따라서 가치관련적 태도에서 가치평가적 태도로 변경하는 위험을 부담할 필요가 없다.

적어도 이 점에 관한 한, 라드브루흐는 칸토로비츠에 비해 훨씬 더 일관성이 있다고 보인다. 즉 방법이원주의 원칙과 이 원칙을 기초로 도그마틱적 법학과 법의 사회이론이 각각 관할하는 영역 사이에 명확한 경계를 설정하는 입장을 일관되게 유지하고 있다. 이 맥락에서 라드브루흐는 '자유법학'이 표방하는 법발견 방법을 '사회학적 방법'으로 부르는 것에 반대한다. 왜냐하면 사회학은 사실을 다루는 학문이고, 사실로부터 가치판단은 도출될 수 없기 때문이라고 한다.[37]

다른 측면에서도 라드브루흐의 초기 사상은 엄격한 방법이원주의를 신봉한다. 즉 훗날 그 스스로 현대 법철학이 분석해야 할 가장 중요한 문제라고 지칭했던[38] '사물의 본성Natur der Sache'이라는 사유형식을 명시적으로 거부한다. 그리고 "칸트의 이론에 따르면 존재로부터 당위를 결코 끄집어낼 수 없기" 때문이라고 짧게 근거를 제시한다.[39] 하지만 이러한 엄격한 방법이원주의를 유지했다고 해서 라드브루흐가 법학의 학문이론적 방법을 통해 존재와 당위를 뒤섞고, 따라서 방법이원주의의 원칙을 위반했다는 비판으로부터 벗어날 수 있는 것은 아니다.

---

37 Gustav Radbruch, "Brief an Ernst Fuchs v. 8. Oktober 1910", *GRGA* Bd. 17, S. 134 이하.

38 Gustav Radbruch, "Brief an Thomas Würtenberger v. 14. November 1949", *GRGA* Bd. 18, S. 318.

39 Radbruch, "Rechtswissenschaft als Rechtsschöpfung(각주 29)", S. 409 이하, 418.

법학의 학문이론에서 존재와 당위

a. 규범과학으로서의 법학과 문화과학으로서의 법학

켈젠은 1916년에 발표한 논문 '규범과학 또는 문화과학으로서의 법학'에서 라드브루흐에 대해 바로 이러한 비판을 제기한다.[40] 켈젠의 공격지점은 라드브루흐가 「법철학원론」에서 법학의 대상과 방법의 구별에 관해 제시했던 설명이다. 라드브루흐에 따르면 법학 ―여기서는 좁은 의미의 도그마틱 분과로서의 법학으로 이해된다― 은 (경험적) 문화과학의 대상이지만, 규범과학의 방법을 사용한다고 한다.[41] 따라서 대상의 측면에서 법학은 법에 관한 사실적 고찰에 국한되고, 이 점에서 법사회학 및 법사학과 비교법학까지 포함하는 법의 사회이론과 구별되지 않는다고 한다(S. 185). 그러나 법의 사회이론과는 달리 도그마틱 분과로서의 법학은 ―'경험적' 대상으로서의― 법을 '규범적 방향에서 처리'해야 한다고 한다(S. 206). 이 맥락에서 라드브루흐는 법적 해석의 창조적 성격을 강조한다. 법적 해석은 각 개별사례에 대해 해결책을 찾아야 하는 과제에 당면하지만, 법률이 모든 개별사례에 대해 결정하지는 못하기 때문에, 법적 해석은 법률의 경험적 의미를 뛰어넘지 않을 수 없다고 한다(S. 202). 그렇기 때

---

40 Hans Kelsen, "Rechtswissenschaft als Norm― oder Kulturwissenschaft", in: *Schmollers Jahrbuch für Gesetzgebung, Verwaltung und Volkswirtschaft im Deutschen Reich* 40(1916), S. 1181 – 1239(=Heft 3, 95 – 151) *Hans Kelsen Werke*(hrsg. von Matthias Jestaedt), Bd. 3, 2010, S. 551 이하에 재수록(인용은 이 전집에 나온 초판본 페이지에 따름)].

41 Gustav Radbruch, *Grundzüge der Rechtsphilosophie*(1914)[*GRGA* Bd. 2, S. 9 이하], S. 186 (페이지 번호는 전집에 나와 있는 원본의 페이지에 따름).

문에 법적 해석은 문헌학적 해석과는 달리 법질서의 완결성과 무모
순성이라는 도그마를 신봉한다는 것이다(S. 193).

그 때문에 라드브루흐에 대한 켈젠의 핵심적 반론은 경험적 대상
영역과 규범적 방법을 통합하는 학문모델은 방법이 대상을 구성하는
기능을 갖는다는 방법이원주의 원칙과 합치할 수 없다는 것이다.[42]
다시 말해 이 원칙에 따를 경우 규범적 분과는 필연적으로 당위를
대상으로 삼아야 한다. 이러한 반론을 통해 켈젠은 신칸트주의 학문
이론의 핵심원칙을 그 어느 누구보다도 신칸트주의가 법철학의 영역
에서 풍성한 결과를 낳을 수 있도록 만들고자 했던 라드브루흐의
법철학적 이론 자체에 대항하는 무기로 삼고 있다.

b. 라드브루흐 법철학에 나타난 법개념의 이원주의

여기서는 이 방법이원주의 원칙이 신칸트주의 학문이론에서 실제
로 어느 범위에서 타당성을 갖는지, 다시 말해 켈젠과 라드브루흐
가운데 누가 '더 훌륭한 신칸트주의자'인지를 다루려는 것이 아니다.
우리의 맥락에서 켈젠의 비판은 무엇보다 이 비판이 일찍부터 라드
브루흐의 이론적 구상이 갖고 있는 이중성과 불확실성에 주목하게
해준다는 점에서 흥미를 끈다. 즉 이러한 이중성과 불확실성으로 인
해 라드브루흐의 법철학은 법개념의 이원주의로 흐르는 경향을 보이
고, 또한 라드브루흐 법철학에서 법의 개념과 효력을 분리할 수 있는
가[43]를 둘러싸고 오늘날 벌어지고 있는 논쟁 역시 이러한 이중성과

42 이에 대해 자세히는 Ulfrid Neumann(각주 1), S. 309 이하[본서의 130면
이하] 참고.

43 분리할 수 없다고 보는 입장으로는 Ralf Dreier, "Gustav Radbruchs
Rechtsbegriff(각주 8)", S. 20의 각주 12[푼케(Funke)에 대한 반론]

불확실성에 기인한다. 왜냐하면 실제로 법에 대한 규범적 작업은 법을 구속력을 주장하는 질서, 즉 당위로 파악할 때에만 가능하기 때문이다. 그러나 라드브루흐 법철학에서 법의 개념은 가치평가를 통해 구속력을 갖는 당위질서로 정의되지 않는다. 다시 말해 가치평가Wertung를 거치는 것이 아니라, 가치관련Wertbezug을 거쳐 법의 개념을 정의한다. 「법철학」 초판에 나와 있듯이 라드브루흐에게 법은 "정의판단뿐만 아니라, 부정의판단의 대상으로 삼을 수 있는 모든 것"이다.44 이와 같이 법의 개념이 문화적, 더 정확히는 문화과학적 기준을 통해 정의된다.

그러나 법을 규범적으로 처리하기 위해서는 규범적으로 정의된 법개념이 전제되어야 한다. 이 점에서는 켈젠이 명백히 옳다. 용어상의 정확성을 기하자면 그와 같은 규범적 법개념은 라드브루흐의 문화적 법개념과는 일치하지 않는, 법기술적 또는 효력이론적 법개념이라고 부를 수 있다. 1914년의 「법철학원론」에서는 라드브루흐 법개념이 갖는 이러한 이중성이 아직은 잠재적인 상태에 머물러 있었다. 왜냐하면 부정의한 법의 구속력에 대한 물음이 아직은 법의 개념과 관련해서 논의되지는 않았기 때문이다.45 존재의 영역으로부터 당위의 영역으로의 전환, 즉 문화현상으로서의 법으로부터 법학의 규범적 작업의 대상으로서의 법질서로의 전환은 사실적 의사표시로서의 명령으로부터 이 명령의 의미로서의 규범으로 이끌어주는 다리

참고.

44 Radbruch, *Grundzüge der Rechtsphilosophie*(각주 41), S. 54.

45 '치욕스러운 법률(Schandgesetz)'의 구속력에 관한 문제는 「법철학원론」(S. 157 이하)에서든 「법철학」(*GRGA* Bd. 2, S. 168 이하)에서든 모두 법의 효력에 관한 장에서 논의된다.

를 통해서만 확보되어야 한다.[46]

그러나 이 다리는 안정적인 토대가 되지 못한다. 왜냐하면 명령이라는 단순한 사실로부터 법학의 방법을 구성하는 당위에 도달할 수 있는 길이 없기 때문이다.[47] 즉 명령의 주관적 의미가 규범이라는 사실은 규범적으로 작업하는 법학의 유일한 토대가 될 수 있는 객관적 당위를 결코 정당화하지 못한다. 하지만 다리의 구성 자체에 하자가 있다는 점은 객관적 당위의 원천으로 승인되어서는 안 될 명령에 시야를 고정시켜 보면 비로소 명확하게 드러난다. '라드브루흐 공식 Radbruchsche Formel'에서 정점에 도달하게 되는 이러한 시각의 변화는 1920년대의 저작에서 서서히 시작된다.

▌ 완화된 방법이원주의

이념의 소재규정성

1923년에 발간된 논문인 '법이념과 법소재'[48]에서 이미 완화된 방법이원주의로서의 전환이 이루어진다. 이러한 전환은 존재와 당위 사이의 엄격한 대립을 해소하려고 시도한다는 특징을 갖고 있

---

46 Radbruch, *Grundzüge der Rechtsphilosophie*(각주 41), S. 61 이하, 161.

47 Hans Kelsen, "Rechtswissenschaft als Norm- oder Kulturwissenschaft (각주 40)", S. 1235 이하. 이에 대해 자세히는 Ulfrid Neumann, "Wissenschaftstheorie der Rechtswissenschaft bei Hans Kelsen und Gustav Radbruch. Zwei 'neukantische' Perspektiven(각주 1)", S. 306 [본서의 125면 이하] 참고.

48 Radbruch, "Rechtsidee und Rechtssoff(1923)", *GRGA* Bd. 2, S. 453.

다.⁴⁹ 소재를 통한 그리고 소재에 대한 이념의 규정성으로 이해되는 '이념의 소재규정성' 원칙은 라드브루흐에 따르면 선험적 논리학에 그 체계적 위치를 갖고 있지만, 법질서 및 법질서와 당시의 사회적 상태 사이의 관계에도 적용되어 하나의 경험적 – 인과적 원칙으로도 전개된다.⁵⁰ 그리하여 법형식이 '법소재'로서의 사회적 및 경제적 상황에 부합하는 정도는 서로 다르다고 한다. 예를 들어 당시의 사법 (私法)은 사실상으로 존재하는 경제적 불평등을 등한시하고, 이에 반해 사회복지정책과 경제민주주의는 "법형식이 법소재에 다시 접근하는 것"을 뜻한다고 한다.⁵¹

여기서는 특히 법이념과 법소재 사이의 거리가 멀거나 또는 가깝다는 진단이 가치평가와 결부되어서는 안 된다는 점에 주의해야 한다.⁵² 하지만 이를 말 그대로의 의미로 받아들일 수는 없다. 만일 라드브루흐가 '사물의 본성'과 동일시하고 있는 '이념의 소재규정성'이라는 사유형식이 규범적으로 전혀 중요하지 않다면, 이 사유형식이 도대체 왜 엄격한 방법이원주의 도그마를 '완화'하는 데 기여할 수 있는지를 이해할 수 없기 때문이다. 라드브루흐가 1930년에 발표한 논문 '개인주의적 법으로부터 사회적 법으로'에는 당시의 자본주

---

49 이에 관해서는 "Rezension zu Leonard Nelson, System der philosophischen Rechtslehre und Politk(1925)", *GRGA* Bd. 1, S. 537, 540에서 '이념의 소재규정성'을 통해 '엄격한 방법이원주의 도그마'를 '완화'할 수 있다는 지적을 참고.
50 Radbruch, "Rechtsidee und Rechtssoff(1923)", *GRGA* Bd. 2, S. 453, 455.
51 Ebd., S. 456.
52 Ebd., S. 456 각주 2. 또한 Radbruch, "Die Natur der Sache als juristische Denkform(1948)", *GRGA* Bd. 3, S. 229 이하, 221에서도 같은 의미로 말하고 있다.

의와 관련해서 법현실과 법형식 사이의 모순에 대한 확인은 명백히 부정적인 뉘앙스를 담고 있었다. 그리하여 법현실에 부합해야 하는 사회적 법은 '너무나도 확실한 역사적 필연성의 자기실현'으로 묘사된다. 즉 사회적 법의 목표는 "사용자와 노동자를 더 이상 주인과 노예로 여기는 것이 아니라, 모두를 노동시민으로 여기는 더욱 정의로운 사회구조"라고 한다.[53] 여기서 법형식이 법소재에 아주 가까이 근접하는 것에 대한 도덕적 가치평가가 이루어지고 있음을 분명하게 확인할 수 있다.

법학적 개념구성과 법학 이전의 개념구성

학문이론적으로 보면 법소재와 법이념의 관계는 법학적 개념구성과 법학 이전의(즉 '사회적') 개념구성의 관계에 반영된다. 이와 관련해서 라드브루흐는 '의미의 분화Bedeutungsdifferenzierung'에 관한 라스크의 이론[54]을 명시적으로 원용한다. 즉 법의 소재는 아무런 구조도 갖고 있지 않은 존재사실이 아니라, '사회적 개념을 통해 이미 형태를 갖추고 있는' 존재사실이라는 것이다.[55] 사회과학적 개념 이외에

---

53 Radbruch, "Vom individualistischen zum sozialen Recht(1930)", *GRGA* Bd. 2, S. 485 이하, 495.

54 Emil Lask, *Die Logik der Philosophie und die Kategorienlehre*, 1911, 1. Teil 4. Abschnitt. 라드브루흐에 의한 의미분화 이론의 수용에 관해서는 Friederike Walper, *Werte und das Recht*, 2008, S. 199 이하 참고.

55 Radbruch, "Rechtsidee und Rechtssoff(각주 50)", S. 458, 459. 마이호퍼가 적절히 지적하고 있듯이 이런 이유에서 라드브루흐가 법소재를 조각가의 소재와 비교하는 것은 전혀 문제가 없다고 볼 수 없다[Werner Maihofer, "Die Natur der Sache(1958)", in: Arthur Kaufmann(Hrsg.), *Die ontologische Begründung des Rechts*, 1965, S. 52 이하, 59].

사회과학의 영역에 해당하는 '학문 이전의' 개념도 이러한 사회적 개념에 속한다. 그리하여 법을 적용할 때에는 "사회적 개념을 통해 미리 형태를 갖추고 있는 존재사실이 이 개념에 따라 구성된 법적 구성요건개념에 포섭된다"고 한다.[56]

이와 같이 '학문 이전의' 개념들을 끌어들임으로써 신칸트주의의 학문이론적 접근방법의 근원적 특성에 해당하는, 가치평가와 가치평가의 대상 사이의 엄격한 분리는 포기된다. 왜냐하면 학문 이전의 개념들은 사회현실의 구조를 지칭하지, 결코 학문이 아무런 형태도 없는 사회적 대상을 구조화한다는 의미로 사용될 수는 없기 때문이다. 예를 들어보자. 가치관련적 학문은 약속이라는 제도를 정의 또는 법적 안정성이라는 가치에 비추어 가늠할 수 있지만, 이 제도가 포함하고 있는 규범적 의미는 학문적 재구성에 앞서 이미 존재하고 있다.

법개념과 법효력

앞에서 진단한 라드브루흐 법개념의 이중성과 불명확성은 '가치관련적' 법고찰 방법의 핵심인 법의 정의 관련성을 실정법규범의 법적 성질과 관련된 선별기준으로 끌어들이는 순간 곧바로 명백한 문제로 드러난다.[57] 법의 정의 관련성이 이러한 선별기준으로 도입된

---

56 Radbruch, "Die Problematik der Rechtsidee(1924)", *GRGA* Bd. 2. S. 459.

57 "법은 실제로 정의로운 법인지에 관계없이 마땅히 정의로워야 하는 것이다(*Grundzüge der Rechtsphilosophie, GRGA* Bd. 2, S. 54)"; "법은 부정의할 수 있다(극단적인 법은 극단적인 불법이다). 그러나 법은 오로지 그것이 정의롭다는 의미를 갖기 때문에 법이다(*Rechtsphilosophie, GRGA* Bd. 2, S. 227)."

것은 1924년의 논문 '법이념의 문제점'에서이다. 이 논문에서 라드
브루흐는 '이제는 마감한 시대'의 공리주의적 법철학과 실증주의적
법철학을 비판하면서 자신의 법철학 역시 정의사상을 등한시했다는
비판으로부터 결코 자유롭지 못하다고 말한다.[58]

이로써 결코 "최소한일지라도 정의에 봉사하는 것을 목적으로 삼
았다"[59]고 인정할 수 없는 하나의 구체적 법규범을 과연 효력을 갖는
법으로 인정할 수 있는가라는 물음이 제기된다. 이 물음에 대한 라드
브루흐의 대답은 매우 놀랍다. 즉 그러한 법규범은 효력을 갖지만,
법이 아니라고 한다. 이 대답을 통해 라드브루흐는 효력을 갖는 비법
Nicht-Recht이라는 얼핏 보아도 역설적인 모델을 승인한다.[60] 라드브루
흐의 말을 그대로 옮겨 보자. "예컨대 특정한 성질을 갖는 개인 또는
개인집단에게만 불이익을 부과하는 예외명령처럼 같은 것을 같게 그
리고 다른 것을 다르게 취급하려는 의지가 내재하지 않는 명령일지라
도 실정적으로 효력을 가질 수 있고, 합목적적일 수 있으며, 따라서
절대적으로 타당할 수 있다. 그러나 이 명령에 대해 법이라는 이름을
붙이는 것을 거부해야 마땅하다. 왜냐하면 최소한일지라도 정의에 봉
사하는 것을 목적으로 삼는 것만이 법이기 때문이다."[61]

---

58 Radbruch, "Die Problematik der Rechtsidee", *GRGA* Bd. 2, S. 460 이
하, 460.
59 Ebd., S. 462.
60 이에 관해서는 Ulfrid Neumann, "Ralf Dreiers Radbruch(2005)", in: ders.,
*Recht als Struktur und Argumentation.Beiträge zur Theorie des Rechts
und zur Wissenschaftstheorie der Rechtswissenschaft*, 2008, S. 203 이
하, 214[본서의 31면 이하] 참고.
61 Radbruch, "Die Problematik der Rechtsidee", *GRGA* Bd. 2, S. 462. 랄
프 드라이어(Ralf Dreier, 각주 8)는 이 문장에서 "'부정 테제'를 이미 밝히
고 있다"는 타당한 지적을 하고 있다. 또한 결정적 차이점(이 1924년의 텍

타
프

라
드
브
루
흐

구속력을 갖는 '비법'이라는 이론구성은 1929년에 라드브루흐가
뤼멜린Rümelin의 총장연설 '법률 앞의 평등'에 대해 쓴 서평에서도 명
시적으로 나타나 있다. 이 서평에서 라드브루흐는 더 이상 법이념에
지향되어 있지 않은 법률에 대해서는 복종을 거부할 수 있다는 뤼멜
린의 견해를 반박한다. 즉 뤼멜린은 "오로지 '법'이라는 개념에 부합
하는 것만이 국가의 과제일 뿐, 반드시 '불법'일 필요는 없는 '비법'
에 부합하는 것은 국가의 과제가 아니라는 주장에 대해 아무런 증거
도 제시하지 못하고 있다"고 한다.[62]

바로 이 지점에서 법개념의 이원주의가 드러난다. 즉 한편으로는
"최소한이나마 정의에 기여하는 것을 목적으로 삼는다"는 것을 통해
개념이 정의되는 문화적 법개념이, 다른 한편으로는 법률의 구속력을
법의 개념정의를 위한 기준과 완전히 분리하는 효력이론적, 국가이론
적 법개념이 등장한다. 여기서 라드브루흐는 이러한 기준을 충족하지
못하는 법률에 대해서는 '법'이라는 개념의 사용을 피한다. 그러한 법
률은 효력을 갖는 '비법'이라고 한다. 그러나 이러한 표현이 안고 있는
역설은 실질적으로는 두 가지 서로 다른 법개념이 등장하고 있다는
것을 알 수 있게 해준다. 라드브루흐는 1945년 이후에야 비로소 '부정
테제Verleugnungsthese'를 통해 국가이론적, 효력이론적 법개념을 국가가
제정한 법은 어떠한 경우에도 정의를 추구해야 한다는 전제조건에 구
속시킴으로써 두 가지 법개념을 다시 결합한다.[63]

스트에 따르면 명령이 '실정적 효력'을 가질 수 있고, '절대적으로 타당할
수 있다'는 사실) 또한 지적한다(S. 38). 이에 관해서는 Stanley L. Paulson
(각주 4), S. 83 이하, 90도 참고.
62 Radbruch, "Die Gleichheit vor dem Gesetz(1928)", *GRGA* Bd. 1, S. 547.
63 Gustav Radbruch, "Gesetzliches Unrecht und übergesetzliches Recht",
GRGA Bd. 3, S. 83 이하, 89.

▌'사물의 본성'에 기초한 사고

방법이원주의의 완화로서의 '사물의 본성'

'법이념과 법소재'에 관한 논문에 뒤이은 저작들에서 라드브루흐는 자주 이념의 소재규정성이라는 사고로 돌아가, 이제는 법의 소재규정성을 법의 '이념'이 법의 '실재'에 의존한다(이는 오이겐 후버Eugen Huber의 주장이다)는 의미로 이해하게 된다.[64] 이렇게 해서 '사물의 본성'이라는 개념은 방법론적 맥락에 국한된 원래의 의미(법발견에서 일어나는 '직관의 행운'[65])로부터 완전히 벗어나 점차 방법이원주의의 '완화'에 기여하고, 이를 통해 법의 구조이론에서도 의미를 갖게 된다. 그리하여 라드브루흐는 벨첼Hans Welzel의 「형법에서의 자연주의와 가치철학」에 대한 1936년의 서평에서 '가치의 존재적 연원'에 관한 벨첼의 형이상학적 사고를 명백히 비판하긴 하지만, '가치를 현실에 더 가깝게 구체화해야 한다'는 요청을 신봉하는 발언을 한다. 이 맥락에서 라드브루흐는 다음과 같이 쓰고 있다. "모든 가치에는 현실의 특정한 부분을 향한 '효력'이 이미 내재해 있다. 가치는 현실에 대해 효력을 가진다. 다시 말해 가치는 현실에 지향되어 있고, 현실에 의해 함께 규정된다."[66]

"가치가 가치의 기반Substrat인 대상을 통해 함께 규정되어 있다"는 이러한 이론은 곧 사물의 본성이라는 개념에 부합한다고 한다.

---

64 Radbruch, *Rechtsphilosophie*(각주 7), S. 382.
65 Radbruch, *Rechtsphilosophie*(각주 7), S. 232.
66 Radbruch, "Rezension zu Hans Welzel, Naturalismus und Wertphilosophie im Strafrecht", *GRGA* Bd. 3, S. 29 이하, 31.

그리고 이 개념에 대한 철학적 구성을 위해 다시 라스크의 '의미분화'[67]이론을 끌어들인다. '법사상에서 집합개념과 등급개념'이라는 논문에서는 사물의 본성에 기초한 사고가 '개별사례를 유형화하고 유형으로부터 개별사례를 판단하는 사고방식'으로서의 사물의 본성을 카알 슈미트Carl Schmitt의 구체적 질서사상konkretes Ordnungsdenken과 동일시한다.[68] 그러나 이러한 서술이 단순히 시대정신에 대한 굴복이 아니라는 점은 라드브루흐가 1948년에 라운Laun의 기념논문집에 기고한 논문에서도 슈미트의 '구체적 질서사상'을 '사물의 본성'에 따른 사고로 규정하고 있다는 사정을 통해 입증된다.[69]

그럼에도 불구하고 라드브루흐는 사물의 본성이라는 사유형식을 인정할지라도 방법이원주의의 원칙이 결코 부정되지 않는다고 주장한다. 예를 들어 '사물의 본성'에 관한 초기 (즉 1937년에서 1939년 사이에 쓰인[70]) 텍스트에서는 다음과 같이 말한다. "사물의 본성은 법세계의 이념적 내용을 밝힘으로써 법세계의 존재를 뛰어넘고 있는지도 모른다. 하지만 사물의 본성은 존재와 당위의 거대한 이원주의적 대립에서 여전히 존재의 쪽에 서있으며, 이 존재의 가치에 대해서는 당위, 즉 이념이 결정한다."[71] 라드브루흐는 「법철학입문」에서도 같

---

67 Emil Lask, *Die Logik der Philosophie und die Kategorienlehre*(각주 54), Erster Teil 4. Abschnitt.

68 Gustav Radbruch, "Klassenbegriff und Ordnungsbegriff im Rechtsdenken", *GRGA* Bd. 3, S. 29 이하, 31.

69 Radbruch, "Die Natur der Sache als juristische Denkform(각주 52)", S. 229 이하, 230.

70 이에 관해서는 "Editionsbericht" von Kastner, *GRGA* Bd. 20, S. 64 참고.

71 Gustav Radbruch, "Die Natur der Sache als juristische Denkform (1937 /39)", *GRGA* Bd. 20, S. 10 이하, 21(각주 52에서 인용한 논문의 초고).

은 의미로 말한다. 즉 "'존재사실의 의미로서 존재의 쪽에서 움직이
는' 사물의 본성에 대해서도 법의 이념이 '최종적인 결정권을 갖고
있다"고 한다.[72]

대답되지 않은 물음들

a. 존재/당위의 관계에서 '사물의 본성'의 위치

'사물의 본성'이라는 사유형식을 방법이원주의의 구성에 이런 식
으로 편입시키더라도 이 이론구성의 구조에 손상이 가지는 않는 것
일까? 어떠한 경우든 일단 의심을 갖지 않을 수 없다. 왜냐하면 사물
의 본성을 '존재'에 귀속시키는 것은 두 가지 이유에서 문제가 있다
고 보이기 때문이다. 첫째, '사유형식'으로서의 사물의 본성의 체계
적 위치는 라드브루흐가 ─라스크의 이론을 받아들여─ '이념의 소
재규정성'과 관련해서 명시적으로 인정하고 있듯이 선험논리학이
다.[73] 이처럼 사물의 본성의 체계적 위치를 선험논리학으로 포착하
는 것은 사물의 본성을 존재의 영역에 귀속시키는 것과 아무런 문제
없이 합치할 수는 없다. 둘째, '사물의 본성'이 존재와 당위 사이의
엄격한 이원주의를 완화하거나 약화시키는 데 기여해야 한다. 하지
만 이러한 기능이 어떻게 존재의 측면에 위치해야 하는 요소들에
의해 수행될 수 있는지는 분명하게 밝혀져 있지 않다.

---

[72] Gustav Radbruch, *Vorschule der Rechtsphilosophie*(1947/49), *GRGA*
Bd. 3, S. 121 이하, 141.
[73] 이에 관해서는 앞의 각주 50 참고.

b. '사물의 본성' 모델에서 이루어지는 '당위'로의 전환

사물의 본성이라는 사유형식을 이해하기 위해 결정적 의미를 갖는 물음은 "어느 지점에서 사물의 본성이 규범적 요소, 즉 '당위'라는 요소가 작용하도록 만드는가?"이다. 이러한 관점에서 라드브루흐가 '사물의 본성'이라는 구상을 가장 섬세하게 밝히고 있는, 1948년의 루돌프 라운Rudolf Laun 기념논문집에 기고한 논문에서 펼친 논증을 재구성해보기로 하자.74

aa. '사물'

이 논문에서 라드브루흐는 '사물의 본성'을 구성하는 개별 요소로부터 이 이론적 구성을 체계적으로 전개하고자 시도한다. 즉 '사물'은 '법이 형성해야 할 토대가 되는 대상, 재료, 소재'로 규정된다. 이 점에서 법의 소재는 '사회 내의 모든 생활관계와 생활질서의 총체'라고 한다(S. 232). 이와 관련해서 라드브루흐는 a) 자연적 사실, b) 법적 관계의 사전형태, c) 법적으로 규율된 생활관계를 구별한다. 따라서 '사물'의 개념을 규정하는 이 단계에서 이미 규범적 요소가 작용하고 있다. 이 점은 세 번째 범주인 '법적으로 규율된 생활관계'에서 분명히 드러나며, 두 번째 범주인 '법적 관계의 사전형태' 역시 규범적 요소를 갖고 있으며, 심지어 첫 번째 범주인 '자연적 사실'에도 해당된다. 왜냐하면 '자연적 사실' 역시 '순수한 자연적 원재료'로서가 아니라, 예컨대 단혼 또는 중혼이라는 제도와 같이 하나의 사회적 구성물로서 법적 규율의 대상이 되기 때문이다(S. 233).

---

74 Radbruch, "Die Natur der Sache als juristische Denkform(각주 52)", S. 229 이하,

그렇다면 규범적 요소들은 다시 사회적 – 규범적 요소와 법적 – 규범적 요소로 구별해야 할 것이다. 그렇게 하면 '자연적 사실'이라는 범주는 어떠한 경우든 (단지) 사회적 – 규범적 요소에 속하게 될 것이다. 그러나 이러한 결론이 라드브루흐의 의도에 부합할지 의문이다. 왜냐하면 1943년에 라드브루흐가 쓴 한 편지에 따르면 '생활관계' 전체, 즉 자연적 사실에 기초한 모든 사회적 관계는 '실정화가 이루어지기 이전의 법적 사고'를 통해 일정한 구조를 갖게 되기 때문이다. 이 편지에서 라드브루흐는 혼인과 소유권의 법적 본성이 실정법의 규정과는 전혀 관계가 없다고 명시적으로 밝히고 있다. "혼인 또는 소유권의 법적 본성으로부터 –특정한 실정법에 대한 해석에 의존하지 않고– 결론을 도출하는 것, 그것이야말로 사물의 본성에 따른 논증이다."[75]

bb) 사물의 '본성'

법에 집중된 이러한 관점은 '사물의 본성'이라는 사유형식에서 '본성(자연)'이라는 요소의 개념을 규정할 때에도 유지된다. 일단 본성(자연)에 대한 개념정의는 생활관계라는 사회적 구조의 영역에 머무르게 된다. 즉 '사물의 본성'은 '생활관계의 속성 자체로부터 도출해내야 하는 객관적 의미(S. 234/235)'라고 한다. 하지만 논증의 바로 다음 단계에서 이미 법적 – 규범적 영역으로 넘어가게 된다. 왜냐하면 생활관계의 의미에 대한 물음은 '생활관계 속에서 실현되는 법적 의미와 법이념'에 대한 물음으로 이해되기 때문이다(S. 235). 생활관계를 하나

75 Gustav Radbruch, "Brief an Walter Spiess v. 4. April 1943", *GRGA* Bd. 18, S. 211.

의 법제도로 전환해야 할 과제를 담당하는 '법적 구성'은 이미 법적으로 일정한 구조를 갖고 있는 사안에 연결된다. 따라서 법적 구성은 해당하는 생활관계가 실정법적 규율 이전에 이미 갖고 있는 법적 구조에 대한 섬세한 분석에 기초한다. 그 때문에 라드브루흐는 '사물의 본성'을 이제 '엄격하게 합리적인 방법의 결과'라고 부른다(S. 235). 이는 사물의 본성을 단지 '직관의 행운'76일 뿐이라고 여겼던, 그 자신이 예전에 했던 평가와는 완전히 동떨어진 평가이다.

따라서 라드브루흐의 '사물의 본성'론의 어떠한 지점에서 규범적 요소가 작용하고 있는가라는 물음에 대해서는 '가장 기초적인 단계에서!'라고 대답할 수 있다. 즉 사회적 구성물의 '자연적 핵심'이 '자연적 원재료'를 형성한다는 전제하에 이러한 사회적 구성물에서 이미 규범적 요소가 작용하고 있다. 그렇기 때문에 사회적 구성물은 그것의 '본성'을 규정할 때 이미 법이념과 관계를 맺게 된다. 라드브루흐가 생활관계 —즉 법의 소재— 를 세 가지 범주로 분류할 때, 각 범주들을 엄격하게 분리하지 않는다는 것 역시 이러한 사정에 부합한다. 즉 첫 번째 범주인 자연적 사실은 이미 '법적 관계의 사전형태'를 지시하고 있으며, 법적 관계의 사전형태도 뚜렷한 경계가 없는 상태에서 세 번째 범주(법적으로 규율되는 생활관계)로 전환된다고 한다(S. 233/234). 따라서 사물의 본성에서 확인할 수 있는 규범적 요소들은 모두 명백히 법적—규범적 성격을 갖고 있다.

하지만 사회적 구조에 내재하는 규범성을 모두 법적 규범성으로 해석할 수 있는가라는 물음이 남는다. 오늘날의 용어로 표현하자면, 만일 제도적 사실institutionelle Tatsache로부터 당위를 도출할 수 있다면,

---

76 Radbruch, *Rechtsphilosophie*(각주 7), S. 232.

그러한 제도적 사실은 법 이전의 규범성이다. 왜냐하면 그것은 ―법적 제도가 아니라― 사회적 제도이기 때문이다. 더 나아가 '사물의 본성'을 통해 존재와 당위 사이의 이원주의를 '완화'하는 것이 과연 이러한 이원주의를 유지하는 가운데 가능할 수 있는가라는 물음도 제기하게 된다. 조금은 첨예하게 표현하자면, '사물의 본성'론에 따라 존재(또는 존재자) 그 자체가 규범적 의미를 가질 수 있다면, 방법이원주의는 이미 포기한 것이 아닌가라는 의문을 제기하게 된다. 규범적 의미를 존재가 아니라, 존재에 속하는 당위에 귀속시킨다면, 존재와 당위 사이의 이원주의가 도대체 어떻게 '사물의 본성'이라는 이념을 통해 완화될 수 있다는 것인지를 파악할 수 없다.

▌ 법의 문화철학의 범위 내에서 방법이원주의가 갖는 의미

이러한 생각을 통해 다시 출발점이었던 물음, 즉 문화현상으로서의 법을 법학적 고찰의 대상으로 삼는 이론에서 방법이원주의 원칙이 어떠한 결론을 통해 실제로 수행될 수 있는가라는 물음으로 되돌아가게 된다. 앞에서 언급했듯이 게르하르트 슈프랭어는 볼프강 케어스팅을 원용하면서 문화철학적 계열의 신칸트주의를 가치와 현실을 통합하고 양자를 화해시키는 입장으로 파악한다.[77] 자신의 법철학의 전개과정 속에서 이루어진 방법이원주의에 대한 라드브루흐의 입장변경은 엄격한 방법이원주의와 법에 대한 문화철학적 고찰이 결코 합치할 수 없다는 점을 분명하게 보여주고 있는 것 같다. 즉 가치관련적 사고를 가치

---

77 앞의 각주 3 참고.

평가적 사고와 엄격히 분리할 수 있다는 방법론적 낙관주의는 유지될 수 없다. 더 나아가 사회현실에 대한 가치평가는 학문적 사고의 산물이 아니라, 이러한 사회현실 자체에 내재하고 법적으로도 직접적 의미를 갖는 구성부분이라는 점도 밝혔다. 라드브루흐가 사물의 본성을 최후의 순간까지 '사유형식'으로 지칭한 것은 문제 자체보다는 신칸트주의적 전통에 기인한 것이라고 보아야 한다.

법철학에서 방법이원주의는 아마도 법의 사회적, 즉 '문화적' 현실을 완전히 도외시한다는 대가를 치를 때에만 일관되게 관철할 수 있을 것이다. 그렇게 하면 우리는 아마 다시 켈젠과 규범과학으로서의 법학이라는 모델에 도달하게 될 것이다. 하지만 그것은 너무나도 혹독한 대가이다. 그보다는 방법이원주의 원칙의 정당한 지배영역과 이 원칙이 찬탈자로 등장하는 영역 사이에 경계를 설정하는 것이 바람직하다. 왜냐하면 당위가 미래에 의존한다는 것은 당연히 옳고, 제도적 사실에 대해 내재적 규범성을 부정하는 것은 당연히 틀리기 때문이다. 법의 규범성은 필연적으로 이러한 법 이전의 규범성에 연결된다. 이 점을 설득력 있게 밝힌 것은 '사회적 개념' 및 이 개념이 법질서의 구조에 대해 갖는 의미에 관해 라스크와 라드브루흐가 발전시킨 이론의 공적으로 남아 있다.

GUSTAV
RADBRUCH

정치와 법

GUSTAV RADBRUCH
구스타프 라드브루흐

GUSTAV

RADBRUCH

1900년에서 1945년 사이의
자연법과 정치
: 구스타프 라드브루흐에서
자연법, 법실증주의 그리고 정치

▌ 서 론

'1900년에서 1945년 사이의 자연법과 정치'라는 주제는 글쓴이
로 하여금 이 시기에 서로 관련을 맺은 법철학적 경향과 정치적 경향
을 마치 지도를 그리듯이 서술하거나 아니면 이 주제를 구체화가
필요한 상위주제로 해석해서 자연법과 법실증주의 사이에 위치하는
단계에 비추어 특정한 법철학적 입장이 갖고 있는 정치적 내용을
분석하는 데 한정할 것인지를 선택하도록 만든다. 나는 이 글에서
두 번째 길을 선택했고, 그리하여 구스타프 라드브루흐가 자신의 첫
번째 '순수한' 법철학적 저작[1]을 출간했던 해인 1905년에서 2차 세
계대전이 종식했던 시점 사이에 출간한 법철학 저작들에 비추어 이

---

1 "Rechtswissenschaft als Rechtsschöpfung(1906)", in: *Gustav Radbruch
Gesamtausgabe (GRGA)*, hrsg. von Arthur Kaufmann, Bd. 1
(Rechtsphilosophie I), S. 409 이하.

주제를 논의하도록 하겠다. 두 번째 길을 선택하는 데 결정적 요인이 된 것은 이 글을 준비하는 과정에서 이 시기에 나타난 법철학적 경향과 정치적 경향의 상관성을 낱낱이 묘사하는 일은 극히 개괄적인 기준에 따라서만 가능하다는 확신이 갈수록 더 강해졌다는 사정이다. 그 때문에 나는 먼저 논의의 복잡성을 분명하게 보여주고 동시에 어떠한 시대사적 및 이념사적 맥락에서 라드브루흐의 법철학을 파악해야 하는지를 밝혀주는 몇 가지 측면을 간략하게 서술하겠다.

가장 단순한 대립관계로부터 출발한다면 바이마르 공화국 시절에는 어쨌든 (온건한) '좌파적인' 실증주의적 입장과 '우파적인' 자연법적 입장이 서로 대립했음을 알 수 있다. 이러한 대립을 구체적 개인을 중심으로 설명한다면 예컨대 좌파 한스 켈젠Hans Kelsen과 우파 에리히 카우프만Erich Kaufmann의 서로 다른 입장이라는 식으로 말할 수 있다. 즉 한편에는 실증주의의 주창자와 사회민주주의의 지지자들이, 다른 한편에는 자연법에 지향된 독일민족주의자들이 서 있었다.[2]

켈젠은 법철학적 입장과 정치적 지향 사이의 결합이 결코 우연이 아니라고 보았다는 점에 대해서는 의문이 있을 수 없다. 즉 그에게 '자연법과 형이상학으로 회귀'하는 경향을 보인 당시의 법이론은 명백히 '정치적 의미'를 갖고 있었다.[3] 그러나 이러한 귀속방식이 절대적으로 옳은 것은 아니라는 점은 예컨대 헤르만 헬러Hermann Heller의 경우에는 켈젠의 정치적 지향을 공유하긴 했지만, 켈젠의 법철학적 관점까지 공유하지 않았다는 겉으로 드러난 사실[4]만을 보더라도 알

---

2 이에 관해서는 Sontheimer, *Antidemokratisches Denken in der Weimarer Republik*, 1968, S. 72 참고.

3 Kelsen, *VVDStL* 1927, S. 20(Sontheimer, S. 71에서 재인용).

4 이에 관해서는 Sontheimer, S. 72 참고.

수 있다. 하지만 이보다 더 중요한 점은 법철학적 입장과 정치적 입
장의 일치가 —적어도 그것이 단순히 한 학자의 생애에서 발생한
우연의 표현이 아니라, 상당히 중요한 의미를 갖는다는 전제하에—
개개의 국가기관이 갖고 있던 정치적 색깔과의 연관성 속에서 파악
해야 한다는 사실이다. 즉 자연법과 법실증주의의 대립은 비록 정치
적으로 무관한 것은 아니었지만, 여러 가지 의미를 갖고 있었다는
것을 분석을 통해 확인하게 된다.[5] 이러한 다의성은 예컨대 법관의
법률심사권을 둘러싸고 1919년 이전 시기에 이루어진 논의와 바이
마르 공화국 동안 이루어진 논의에서 잘 드러나 있다. 즉 보수주의자
들과 '우파'는 판결에서 중요한 의미가 있는 법률의 합헌성을 심사하
는 사법부의 권리를 처음에는 비난하다가 1919년 이후에는 대부분
인정한다.[6] 다시 말해 황제제국의 입법자에 대해서는 저주이던 것이
공화국의 의회에 대해서는 선택 수단이 된 것이다.

　20세기 전반기에 법철학적 입장과 정치적 입장의 관계는 '법실증
주의 또는 자연법'이라는 대안이 이 시기의 법철학적 지형을 제한적
으로만 반영한다는 사정을 통해 더욱 다의적이 된다. 왜냐하면 가톨
릭 자연법론[7] 이외에는 섬세하게 구성된 자연법적 체계 자체를 찾아
볼 수 없기 때문이다. 물론 법실증주의를 반대하는 학자들은 국가질
서와 법질서의 정당화에 관한 실질적 기준들을 표현해야 할 필요성
을 고집했다. 그러나 이러한 정당화는 초실정적으로 여겨지는 특정
한 규범과의 일치가 아니라, 오히려 신비주의와 형이상학과의 막연

---

5 Kriele, *JuS* 1969, S. 149 이하.

6 Rosenbaum, *Naturrecht und positives Recht*, 1972, S. 36 이하; Sontheimer, S. 75 이하.

7 Cathrein, *Naturrecht und positives Recht*, 2. Aufl. 1909.

한 결합에서 찾고자 했다. 예를 들어 에리히 카우프만의「신칸트주의 법철학 비판」은 "독일 정신의 지칠 줄 모르는 형이상학적 및 신비적 힘"에 대한 굳은 신념을 고백하면서 끝이 난다.[8] 국민정신과 국민의지의 독자적인 존재론[9]에 대한 카우프만의 이론은 전혀 섬세하게 구성되지 않은 상태로 남았을 뿐이다.[10] 또한 나치 이데올로기에 자연법적 요소가 내재한다고 말할 수 있다면, 그것은 '구체적 질서'의 특수성을 규범화하는 방법을 통해 초실정적인 법적 규칙이 존재한다는 전제를 특징으로 하는 전통적 자연법에는 정면으로 배치되는 구상일 뿐이라고 보아야 한다.[11]

이 몇 가지 표제어만으로도 상위주제의 구조를 설정하고, 구체적 예시를 통해 이 주제를 다룰 수밖에 없게 만드는 동기를 묘사하기에 충분할 것이다. 우리의 구체적 예에 해당하는 라드브루흐의 저작에 집중하는 데에는 여러 가지 이유가 있다.

구스타프 라드브루흐의 저작은 법철학적 지향과 정치적 당파성 사이의 연관성을 이중적 의미에서 표현하고 있다. 첫째, 법철학적 성찰과 정치적 참여는 라드브루흐의 인생[12] 자체에서 밀접하게 결합되어 있다. 그는 제국의회 의원(1920~1924)이자 제국 법무부장관

---

8 Erich Kaufmann, *Zur Kritik der neukantianischen Rechtsphilosophie*, 1921, S. 101.

9 Erich Kaufmann, "Zur Problematik des Volkswillens(1931)", in: ders., *Rechtsidee und Recht,* 1960, S. 272 이하.

10 이에 관해서는 von Oerten, *Die speziale Funktion des staatsrechtlichen Positivismus*, 1974, S. 15 참고.

11 이에 관해서는 카알 슈미트(Carl Schmitt)를 원용하는 Dietze, *Naturrecht in der Gegenwart*, 1936, S. 266 이하 참고.

12 라드브루흐의 생애와 저작 사이의 연관성에 대해서는 Arthur Kaufmann, "Gustav Radbruch—Leben und Werk", in: *GRGA* Bd. 1, S. 7 이하 참고.

(1921~22년 비르트 정권, 1923년 스트레제만 정권)으로 정치적 사건에 대해 논거의 힘을 통해서 뿐만 아니라, 제도적으로 가능한 직접적인 개입을 통해서도 영향을 미칠 수 있는 가능성을 갖고 있었다. 둘째, 라드브루흐 스스로 자신의 학문적 저작에서 법철학과 정치의 상호관련성을 강조하고 있다. 즉 철학이 삶에 대한 해석인 것과 마찬가지로 특히 법철학은 일상의 정치에 대한 해석이자 이에 대한 의미이해이고, 거꾸로 정당들의 투쟁은 거대한 법철학적 논의라고 한다.[13] 이 맥락에서 라드브루흐는 "정치는 법철학이 일상적으로 사용하는 동전과 같은 것"이고 거꾸로 법철학은 "거대하기 그지없는 정치이다"는 베롤츠하이머Berolzheimer의 말을 인용하기도 한다.[14] 그러나 1945년 이후에는 정치와 법철학 사이의 대칭적이고 상호보충적인 관계 대신에 제3제국이 지배하던 시기에 자행된 법의 타락에 대해 학문이 공동책임을 진다는 지적이 부각된다. 즉 잘 알려져 있듯이 라드브루흐는 법실증주의가 "자의적이고 범죄적인 내용을 지닌 법률에 대해 아무런 저항도 할 수 없는 무기력한 존재로 만들었다"고 단정한다.[15] 이러한 단정적 견해가 등장했던 역사적 맥락이었던, 1945년 이후의 자연법 르네상스는 나의 주제가 아니다. 따라서 이에 대해서는 간략

---

13 Radbruch, "Die Problematik de Rechtsidee", in: *Die Dioskuren* Bd. 3(1924), S. 43 이하, 43.

14 Radbruch, "Literaturbericht Rechtsphilosophie(1908)", *GRGA* Bd. 1, S. 510 이하, 510.

15 "Gesetzliches Unrecht und übergesetzliches Recht(1946)", *GRGA* Bd. 3, S. 83 이하, 88; ders., "Fünf Minuten Rechtsphilosophie(1945)", *GRGA* Bd. 3, S. 78; ders., "Gesetz und Recht(1947)", *GRGA* Bd. 3, S. 96 이하; ders., "Die Erneuerung des Rechts(1947)", *GRGA* Bd. 3, S. 107 이하, 108.

하게만 언급하겠다. 라드브루흐의 책임귀속은 처음에는 이에 동의하는 방향으로 수용되었다. 이는 오로지 시대사적 관점에서만 이해할 수 있고 또한 별다른 방법적 성찰도 없이 실증주의에게 책임을 전가했던 −전쟁 직후의 문헌과 특히 판례에서 등장한− 자연법 르네상스가 표방한 특수한 경향성에 부합하는 것이기도 했다. 라드브루흐의 단정을 말 그대로 받아들이게 되면, 제3제국의 법현실에 대한 이념사적 또는 사회심리학적 인과분석으로서는 완전한 오류일 뿐이다. 왜냐하면 실증주의는 나치 법사상의 기본형태가 아니었을 뿐만 아니라, 법현실이 최악의 상태로 변질되고 타락한 시기에는 문명화된 국가들에서 승인되는 법원칙뿐만 아니라, 전통적인 법실증주의의 기준인 실정법마저도 위반했기 때문이다. 거꾸로 자연법이 제3제국에서 트로이의 목마와 같은 역할을 했다는 확인 역시 일반적 언명으로서는 타당성이 없다.16 물론 나치의 공식 법이데올로기가 내용의 측면에서는 자연법의 전통과 완전히 대립되지만 적어도 방법적 측면에서는 실증주의적 견해보다는 자연법적 입장에 더 가까웠다는 것은 사실이다.

　라드브루흐의 생애 그리고 법철학과 정치의 결합에 관한 그 자신의 평가라는 두 가지 형식적인 이유와는 별도로 '1900년에서 1945년 사이의 자연법과 정치'라는 문제를 라드브루흐의 저작에 비추어 주제로 삼아야 할 세 번째 실질적인 이유가 있다. 즉 정치적 형성의 원칙을 과연 자연법과 법실증주의 사이의 법철학적 입장에 귀속시킬 수 있는지 그리고 만일 귀속이 가능하다면 어느 정도로 엄밀하게

---

16 이 점을 타당하게 지적하고 있는 Langner, *Der Gedanke des Naturrechts seit Weimar und in der Rechtsprechung der Bundesrepublik*, 1959, S. 82 참고.

가능할 수 있는지는 양자 사이에 존재하는 다양한 법철학적 입장들
의 스펙트럼에서 극단에 해당하는 입장에게는 아주 간단한 물음일
뿐이다. 예를 들어 극히 밀도 높은 규율을 내용으로 하면서 직접적
구속력을 주장하는 자연법체계는 정치적 프로그램과 완전히 일치한
다. 이런 의미에서 가톨릭 자연법은 이 입장이 요구하는 내용이 어떠
한 정당을 대표하는가라는 물음과는 관계없이 그 자체가 정치적 프
로그램이기도 하다. 이처럼 정치적 요구를 이미 주어져 있는 질서에
따른 결론인 것처럼 보이게 만드는 자연법의 기능은 자연법적 사고
에 대한 켈젠의 이데올로기 비판적 분석의 핵심 대상이었다.[17] 다른
한편 절차에 따라 정확하게 제정된 법규범이 구속력을 갖는다는 주
장에 국한된 실증주의적 견해는 이러한 주장 자체로부터 도출되는
최소한의 정치적 내용을 제외하면 정치와는 무관하다.[18] 그렇기 때
문에 나로서는 라드브루흐의 입장이 이 양극단을 거부한다는 이유[19]
때문에 법철학과 정치의 관계에 대한 물음과 관련해서 상당히 흥미
롭게 여겨진다. 나는 아래에서 일단 라드브루흐 법철학의 몇 가지
핵심적 입장들을 서술하고, 그 다음에 이러한 입장들이 갖는 정치적
의미를 다루도록 하겠다. 여기서 법철학적 입장의 정치적 의미라고
말할 때에는 사회적 공동생활의 형성과 관련해서 법철학적 입장이
호소하고 있는 내용으로 이해할 뿐, 반드시 기본적인 사회적 구조와
관련해서 호소하고 있는 내용만을 염두에 두지는 않는다. 아무튼 아

---

17 Kelsen, "Die philosophischen Grundlagen der Naturrechtslehre und des
Rechtspositivismus(1928)", in: *Die Wiener rechtstheoretische Schule*,
Bd. 1, 1968, S. 281 이하 참고.
18 이에 관해서는 Kelsen, ebd., S. 345/346.
19 이에 관해서는 Arthur Kaufmann, "Gustav Radbruch, Leben und Werk",
in: *GRGA* Bd. 1, S. 7 이하, 72 참고.

래에서는 다음과 같은 네 가지 측면들을 다루도록 한다.

1. 시민 및 법관에 대한 '부정의한' 법률의 구속력
2. 입법과 사법 사이의 권한분배
3. 국가질서의 다원주의적 형성(법치국가, 자유주의, 민주주의)
4. 사회적 법과 사회주의적 경제질서 및 사회질서의 옹호

▌라드브루흐의 법철학적 입장의 개요

라드브루흐의 법철학적 입장의 개요에 관한 아래의 간략한 서술에서는 라드브루흐 사상의 강조점이 1945년 이후에 비로소 변화한 것이 아니라, 이미 1차 세계대전이 끝난 직후에 변화했다는 사실은 고려하지 않겠다. 이러한 강조점의 변화는 법철학과 정치의 관계에 대한 물음에서는 중요한 의미가 없기 때문이다.

자연법과 법실증주의 사이에 있는 라드브루흐의 입장

라드브루흐의 법철학을 자연법과 법실증주의 사이에 있는 입장으로 파악하는 것을 자연법과 법실증주의 모두에 대해 똑같이 거리를 두었다는 주장으로 오해해서는 안 된다. 라드브루흐가 적어도 1945년 이전에는 자연법에 대해 방법적 비판을 가했다는 사실은 의문의 여지가 없다. 라드브루흐에게 자연법은 칸트가 수행한 입증, 즉 이성은 "곧바로 적용할 수 있는 윤리적 … 규범의 저장고가 아니라" 단지 "그와 같은 … 규범에 도달할 수 있는 능력"일 뿐이라는 입증을

통해 이미 반박된 것이었다.[20] 카트라인Cathrein이 서술한 가톨릭 자연법(1911)을 조그만 구석에서 탄생한 저작이라고 표현하면서 다음과 같이 평가한다. "근대 과학의 대로에서 멀리 떨어진 한적한 구석에서나마 자연법은 오늘날에도 여전히 푸른빛을 발하고 있다."[21] 자연법사상에 대한 이러한 비판은 거대한 자연법체계의 내용에 대한 것이 아니라, 인식론적 전제에 대한 것이다. 그 때문에 라드브루흐는 자연법사상은 "착오였지만, 생각할 수 있는 가장 풍부한 착오였다"고 말한다.[22] 또한 1918년의 한 서평에서는 자연법을 가톨릭 철학의 '불멸의 훈장'으로 고찰하면서, "우리 시대의 법학에서 거의 모두가 권력을 숭배하고 있는 와중에 유일하게 자연법사상을 단단히 붙들고 있다"고 말한다.[23] 그러나 라드브루흐가 가톨릭 자연법에 대해 갖고 있던 존경심은 법윤리적 참여정신과 도덕적 신념에 관한 것이었지, 이 이론의 인식적 역량에 관한 것이 아니었다. 자연법적 입장을 학문적으로 정당화할 수 없다는 점은 라드브루흐 법철학의 근본 동기였다.

라드브루흐가 인식론적 동기에서 자연법적 입장을 비판했다는 사실은 곧 법의 구속력이 법적 규범이 담고 있는 특정한 규율내용이라는 조건에 연결될 수는 없다는 점에서 라드브루흐가 법을 실증주의적으로 이해했다는 것을 뜻한다. 하지만 이를 통해 제정법이 효력을

---

20 Radbruch, *Rechtsphilosophie*, 3. Aufl. 1932, S. 107.
21 "Rezension von Cathrein, Recht, Naturrecht und positives Recht, 2. Aufl(1908)", *GRGA* Bd. 1, S. 528.
22 Radbruch, *Einführung in die Rechtswissenschaft*, 1. Aufl.(1910), *GRGA* Bd. 1, S. 91 이하, 109.
23 Radbruch, "Rezension von Mausbach, Naturrecht und Völkerrecht (1918)", *GRGA* Bd. 1, S. 534.

갖기 위한 하나의 소극적 조건만을 제거한 것일 뿐, 제정법의 구속력을 적극적으로 정당화한 것은 아니다. 실증주의가 법의 구속력을 법의 제정이라는 단순한 사실로부터 도출하고자 하는 한, 라드브루흐는 그러한 실증주의는 배격한다. 방법이원주의에 따르고 있는 라드브루흐의 입장에서 볼 때, 법의 제정이라는 단순한 사실만으로는 당위가 도출되지 않기 때문에, 실정법의 효력을 정당화하기 위해서는 다시 규범적 전제가 필요하다. 이러한 전제를 법체계의 효력을 위한 선험논리적 조건(켈젠)으로 표현할 수도 있고, 법질서의 기능과 가치에 대한 고찰로부터 획득할 수도 있다. 법의 효력조건에 대한 라드브루흐의 재구성은 두 번째 방법을 따른다. 그의 출발점은 자연법의 불가능성이라는 테제이다. 즉 어느 누구도 무엇이 정의인지를 **확인**할 수 없다면 누군가가 무엇이 옳은 것이어야 하는지를 **확정**해야 한다고 말한다.[24] 이러한 추론은 사회적 규범질서의 존재 자체가 가치가 있다면 정당화된다. 다시 말해 사실상으로 준수되는 규범질서가 오로지 그것이 존재한다는 사실만으로 방향설정의 확실성, 즉 법적 안정성을 보장하기 때문에 규범질서는 정당화된다. 따라서 법적 안정성이라는 관점은 존재가 당위로 전환하는 것을 가능하게 만드는 촉매제의 역할을 한다. "법을 관철할 수 있는 자는 이것만으로 이미 법을 제정할 사명을 갖고 있다는 것을 입증한다."[25] 이러한 추론이 존재로부터 당위를 도출해서는 안 된다는 방법이원주의에 반하지는 않는다. 왜냐하면 법적 안정성이라는 관점은 사회적 삶을 위한 사실상의 전제조건으로가 아니라, 법이념의 한 측면으로, 다시 말해 하나

---

24 Radbruch, *Rechtsphilosopie*, S. 179.
25 Ebd.

의 가치로 파악되기 때문이다. "법이 실정법으로서 권력의 뒷받침을 받고 이런 의미에서 효력을 갖는 법이어야 한다는 것은 법의 이념에 속한다."[26]

실정법의 관련지점으로서의 법이념

실정법의 구속력을 이와 같이 법이념으로부터 정당화하는 것은 이미 그 자체에 실증주의적 법이해를 파괴하는 맹아를 싹틔우고 있다는 뜻이다. 왜냐하면 ─가치관련적 고찰방식이라는 신칸트주의적 이해방식이라는 의미에서─ 법의 필연적 관련지점으로서의 법이념[27]에 대해 법을 정당화하는 근거의 지위를 인정하는 즉시, 법이념이 다른 요소인 합목적성과 정의 역시 규범력을 가질 수밖에 없기 때문이다. 이로써 법이념 내부의 긴장, 특히 정의와 법적 안정성 사이의 갈등이 재생산되고, 이는 법의 실질적 효력기준과 형식적 효력기준의 관계를 둘러싼 다툼, 다시 말해 자연법과 법실증주의 사이의 다툼으로 전개된다. 이 점에 관해서는 라드브루흐 법철학의 정치적 결론에 대해 논의하면서 다시 다루도록 하겠다.

법적 안정성, 정의 그리고 합목적성을 모두 포괄하는 법이념의 복잡성은 두 가지 이유에서 규범적인 특성만을 갖는 법질서를 구성하는 것이 불가능하게 되는 근거가 된다. 첫째, 합목적성이라는 관점은 내용적 충족을 필요로 하지만, 그러한 내용적 충족이 보편적 구속력을 갖는 방식으로 이루어질 수는 없다. 단지 상이한 목적들을 유형

---

26 Radbruch, "Die Problematik der Rechtsidee", S. 47.
27 Radbruch, *Rechtsphilosopie*, S. 95.

화하는 것만이 가능할 뿐이다. 이런 의미에서 라드브루흐는 개인주
의적, 초개인주의적 및 '작품가치'에 지향된 초인격주의적 법사상과
국가사상을 구별한다.28 이 상이한 법사상과 국가사상에 따라 각각
자유주의 정당, 보수주의 정당 그리고 사회주의 정당에 속한다고 본
다('법철학적 정당이론'29). 둘째, 법이념의 요소들 사이에 구속력 있는
우선순위를 확정할 수 없다.30

상대주의

법의 목적지향의 내용적 충족 그리고 법이념의 요소들 사이의 우
선순위라는 두 가지 측면에서 가치판단은 단지 (선택한) 최상위의 가
치판단과의 관련 속에서만 가능할 뿐, 최상위의 가치판단 '그 자체'
가 보편적 타당성을 갖는다고 주장하는 것은 불가능하다. 바로 이
점이 라드브루흐 법철학이 표방하는 상대주의의 핵심이다. 여기서
상대주의는 가치평가를 포기한다는 뜻이 아니다. 법실증주의의 여러
경향들 가운데 방법적으로 가치고찰 자체로부터 완전히 벗어나 일반
법학Allgemeine Rechtslehre이라는 분석적 분과에만 한정된 형태의 법실증
주의는 ―라드브루흐에 따르면― 법철학의 안락사를 의미한다.31 이
에 반해 슈타믈러Stammler의 법철학은 법에서 가치고찰이 차지할 자리

---

28 Radbruch, *Rechtsphilosopie*, S. 146 이하.
29 Radbruch, *Rechtsphilosopie*, S. 156 이하.
30 이 두 가지 관점 및 그것이 라드브루흐의 '법철학적 정당이론'에서 갖는 의미
에 관해서는 W. Goldschmidt, "Erkenntnis und Bekenntnis", in: Arthur
Kaufmann(Hrsg.), *Gedächtnisschrift für Gustav Radbruch*, 1968, S. 93
이하 참고.
31 Radbruch, *Rechtsphilosopie*, S. 114.

를 다시 쟁취했다는 이유로 '진정한' 법철학의 르네상스로 여겨진
다.32 상대주의는 또한 최종적이고 최상위의 가치평가에 대한 결정
을 포기하라는 뜻도 아니다. 하지만 상대주의는 그러한 결정이 신념
의 문제이지, 결코 상호주관성을 갖는 인식의 문제가 아니라고 주장
한다.33 다시 말해 상대주의는 근원적인 법적 평가를 수행할 수 있는
보편적 주체의 존재를 부정한다. 학문적 인식은 가치평가들 사이에
조건/결과의 관계를 수립할 수 있다. 즉 학문적 인식은 한 개인이
특정한 가치평가를 신봉한다면 이 가치평가와 논리적으로 결합되는
다른 가치평가들에도 구속된다는 점을 밝힐 수 있다. 그러나 학문적
인식이 이러한 가치평가의 전제들까지 제공할 수는 없다. 학문을 통
해 접근할 수 있는 존재사실은 존재로부터 당위를 도출해서는 안
된다는 금지(방법이원주의) 때문에 규범적 명제의 전제로 고려될 수
없다.

사물의 본성

이렇게 방법이원주의 원칙에 고정된다는 것은 역사주의 및 사적
유물론의 진화적 윤리학을 거부한다는 뜻이기도 하다.34 과거에 존
재했던 것이든 앞으로 존재하게 될 것이든 이로부터 당위를 도출할
수는 없기 때문이다. 존재와 당위의 대립은 법이념의 소재규정성

---

32 Radbruch, "Rezension von Stammler, Wirtschaft und Recht, 1924 (1925)",
GRGA Bd. 1, S. 541.
33 "법에서 모든 정치적, 문화적, 종교적 절대성 주장을 거부해야 한다"는 분리요
청의 기능에 관해서는 Erik Wolf, "Umbruch oder Entwicklung in Gustav
Radbruchs Rechtsphilosophie", *ARSP* 45(1956), S. 481 이하, 497 참고.
34 Radbruch, *Rechtsphilosopie*, S. 97.

Stoffbestimmtheit, 즉 사물의 본성Natur der Sache이 법의 형성에 대해 갖는 의미를 통해 완화되긴 하지만, 대립 자체가 폐기되지는 않는다. 이 경우 법의 소재, 즉 사회적 현실이 법의 형성에 미치는 결정적 영향은 인과적 연관성이 아니라, 상당성의 관계로 이해되어야 한다. 즉 법적 규율이 사회현실의 구조에 부합하는 정도가 높을 수도 있고 낮을 수도 있다. 이러한 상당성의 관계로부터 어떠한 규범적 결론을 도출할 수 있는지는 사회의 법질서에 대한 법철학적 정당화 가능성을 논의하면서 심사할 문제이다.

▌라드브루흐의 법철학적 입장의 정치적 결론

법의 구속력의 문제

실정법의 관련지점으로서의 법이념을 논의하면서 실정법의 구속력을 법이념으로부터 정당화하게 되면 법의 구속력을 단순히 법적 안정성의 측면뿐만 아니라, 정의의 측면에서도 판단해야 하기 때문에 자기 파괴적 경향을 갖는다는 점을 확인했다. 즉 실정법이 구속력을 갖는 이유가 제정법에 대한 복종이 법이념의 한 요소인 법적 안정성에 기여하기 때문이라면, 부정의한 법으로서의 제정법이 법적 안정성과 똑같이 법이념의 한 요소인 정의에 반하는 경우에는 구속력을 부정하는 것이 논리적으로 일관된 결론이 아닐까? 다시 말해 법적 안정성에 원칙적인 우위를 인정한다고 할지라도 현저하게 부정의한 법률에 대해서는 구속력을 박탈해야 하지 않을까?

라드브루흐는 1945년 이후에 이 물음에 긍정적으로 대답했고, 이 대답을 통해 연방법원과 연방헌법재판소의 판결에도 커다란 영향을 미쳤다. 여기서 우리의 관심사항은 이와는 다른 길을 걸었던, 라드브루흐가 예전에 제시한 해결방안이다.

라드브루흐는 법이념의 복잡성 때문에 법의 효력을 오로지 법의 제정에 따른 법적 안정성만으로 정당화할 수 없다는 점을 인정했다. "실정법을 형식과 내용의 측면에서 뿐만 아니라, 효력의 측면에서도 자연법이 의미하는 초실정적 관점에서 평가하는 일은 법철학의 본질과 떼려야 뗄 수 없을 정도로 밀접한 관련이 있으며, 이 점에서 가톨릭 자연법이 법실증주의의 시대에도 그러한 초실정적 평가에 대한 의식을 계속 생생하게 유지하고 있는 것은 가톨릭 자연법의 공헌에 속한다."[35] 법의 효력주장에 대한 이러한 상대화는 정치적으로도 직접적 의미를 갖는다. 왜냐하면 법철학의 관점과 실정법 가운데 부정의한 규범에 대해서는 복종을 거부할 수 있는가라는 물음을 제기하는 시민의 관점이 서로 일치하게 되기 때문이다. 이 물음에 대한 라드브루흐의 대답은 일관된다. 즉 정의에 봉사한다는 의미를 갖는 것이 아니라, 정치적 투쟁의 도구로 투입된 법률은 —비스마르크가 주도한 사회주의자 법률과 문화투쟁Kulturkampf 와중에 이루어진 입법 활동을 명시적으로 언급하면서— 개인에게 구속력이 없다고 한다.[36]

법이념의 실질적 요소인 정의에 대한 이러한 적극적 인정이 반드시 법적 안정성이 완전히 의미를 상실한다는 대가를 치르지 않기 위해서는 다시 실정법질서의 붕괴를 저지할 수 있는 보장책을 마련해야 한다. 이러한 보장책은 시민의 관점과 법률가 및 법률가가 관리하는 법질서의 관점을 구별함으로써 확보된다. 즉 "법률가들은 법을

---

35 Radbruch, "Die Problematik der Rechtsidee", S. 49.
36 Ebd.

해석하고 다루어야 할 의무를 부담하는 것과 마찬가지로" 법은 특정한 법규범이 효력이 없다는 확신을 결코 고려해서는 안 된다고 한다.37 따라서 법관이 법률의 실질적 내용을 전혀 고려하지 않은 채 법률의 효력의지가 관철되도록 하는 것은 법관의 직업의무라고 한다. 이러한 구별을 통해 처음에는 실정법의 효력에 관련된 문제로 표현된 내용이 은연중에 법의 구속력 및 법의 정당성에 대한 확신에 관련된 문제로 전환된다. 법관은 자신의 확신에 의하면 부정당한 법률일지라도 이를 적용할 의무가 있다. 이 점을 라드브루흐는 다음과 같은 유명한 문장으로 표현한다.

> "우리는 자신의 확신에 반하여 설교하는 목사는 경멸하지만,
> 자신의 반대되는 법감정으로 인해 법률에 충실한 태도에 결코
> 혼란을 겪지 않는 법관은 존경한다."38

이 표현에 비추어 볼 때, 법률에 충실해야 하는 법관의 의무는 곧 윤리적 의무로 이해되어야 한다는 점에 대해서는 의문이 있을 수 없다. 이 점에서 라드브루흐는 부정당한 내용을 가진 법의 구속력이라는 문제에 대한 해결을 오늘날의 실증주의 진영에 속하는 학자들과는 달리 한 규범의 법적 구속력과 도덕적 구속력의 구별에서 찾으려고 하지 않는다. 라드브루흐로서는 이 구별에서 해결책을 찾을 수 없다. 왜냐하면 그는 법복종 의무 자체를 오로지 자율적 주체의 도덕적 의무로만 생각하기 때문이다. 그렇기 때문에 법적 의무와

---

37 Ebd.
38 Radbruch, *Rechtsphilosophie*, S. 182.

도덕적 의무를 구별하는 대신 시민에 대한 구속력과 법적용자에 대
한 구속력을 구별한다. 즉 어떤 법규범이 부정당하다거나 구속력이
없다고 확신하는 시민에게 이 법규범은 당위Sollen의 근거가 되는 것
이 아니라, 단지 필연Müssen의 근거가 될 뿐이다. 그 결과 라드브루흐
는 확신범을 존중하라고 요구하며, 실제로 그가 제출한 형법개정안
에서는 확신범의 명예를 손상하지 않는 특별 취급을 제안하게 된다.
따라서 '부정의한' 법의 구속력이라는 문제는 주체의 확신에 맡기게
되고, 이를 통해 문제가 갖는 폭발력이 제거된다. 그렇기 때문에 법
과 정의의 필연적 관련성 -법이란 최소한일지라도 정의에 봉사하
는 것을 목적으로 삼는 것이다[39]- 때문에 라드브루흐가 이러한 관
련성을 갖고 있지 않은 실정법규범을 곧바로 구속력이 없다고 선언
하지는 않는다.[40]

입법과 사법의 관계

바이마르 공화국 시기에 벌어진 정부와 의회의 권한에 대한 경
계설정 그리고 정부와 사법부의 권한에 대한 경계설정을 둘러싼
다툼 -특히 후자의 경우는 인플레이션으로 인해 가치가 폭락한
금전채권에 대한 평가절상을 둘러싸고 제국정부와 제국법원 사이
의 논쟁[41]에서 매우 중요한 의미를 지녔다- 은 제도적-헌법적

---

39 Radbruch, "Die Problematik der Rechtsidee", S. 43.
40 이 점에서 부정의한 법률로부터 곧바로 구속력을 박탈하는 결론에 도달하
는 뤼멜린(Rümelin)에 대해 반론을 제기하는 Radbruch, "Die Gleichheit
vor dem Gesetz(1928)", *GRGA* Bd. 1, S. 547 참고.
41 이에 관한 서술은 Rosenbaum, *Naturrecht und positives Recht*, 1972, S.
80 및 제시된 문헌 참고.

관점뿐만 아니라, 법이론적 관점에서도 진행되었다. 헌법적 측면에
서는 법률의 합헌성 여부에 대한 법관의 심사권이라는 문제42와 ―
이와 연관된― 바이마르 헌법 제109조의 평등원칙이 법적용자만을
구속하는지 아니면 입법자까지 구속하는지의 문제43가 논의의 중
심을 차지했다. 법이론적 측면에서는 법률구속의 가능성과 범위 및
―이와 보충적 관계에 있는― 법관의 법형성 권한 및 자유로운 법
발견 권한이라는 문제가 중심에 있었다. 이 두 가지 측면은 명시적
으로 정당정치적 맥락에 편입되어 있었다. 즉 라드브루흐는 법관의
심사권에 대한 요청이 우파 정당의 정치적 프로그램에 속한다고
보았고,44 예컨대 골트슈미트Goldschmidt는 자유법을 민주적 절대주의
가 만들어낸 불필요한 입법에 대항하는 무기라고 불렀다.45

골트슈미트의 이 표현은 전통적으로 실정법에 대항하는 역할을
했던 자연법이 이제는 법학방법론의 스펙트럼보다는 가치론적 방향
을 지닌 법철학적 '학파'에 속하는 경향에 의해 수용되고 있음을 보
여준다. 어쨌든 바이마르 공화국을 실증주의가 완벽히 지배하던 시
기로 평가하는 것46은 자유법론이라는 암묵적 자연법론47까지 함께

---

42 이에 관해서는 예컨대 E. Kaufmann, *Die Geichheit vor dem Gesetz im
Sinne des Art. 109 der Reichsverfassung*, 1927 참고.

43 아래의 각주 49 참고.

44 Radbruch, "Rezension von Rümelin, Die Gleichheit vor dem Gesetz
(1928)", *GRGA* Bd. 1, S. 547. 또한 Radbruch, "Richterliches Prüfungsrecht",
in: *Die Justiz* I(1925/26), S. 12 이하도 참고.

45 Manigk, *Wie stehen wir heute zum Naturrecht?*, 1926, S. 8에서 재인
용.

46 예컨대 Welzel, "Naturrecht und Rechtspositivismus", in: *Niedermeyer
―Festschrift* 1953, S. 290 이하 참고.

47 자유법론을 '자연법론의 부활'로 평가(또는 자평)하는 입장으로는 Gnaeus

고려한다면 매우 의심스럽다.48 물론 자유법론은 실질적 의미의 자
연법론이 아니라, 단지 방법적 의미의 자연법론일 뿐이다. 즉 선험적
법원칙이나 계시된 법적 진리 대신에 역사적으로 변화할 수 있고
개인마다 다른 법감정을 중시한다. 라드브루흐는 법률의 무흠결성이
라는 '실증주의적' 도그마와 논쟁하면서49 법관이 법관 자신의 가치
평가에 지향되어야 할 필요성을 옹호한다. 라드브루흐가 '법학방법
론 논쟁에 대한 논의'라는 부제를 달고 있는 논문에서 표명하고 있듯
이 법률 이외에 법의식도 법원(法源)으로 인정한다.50 이러한 법의식
이 도저히 극복할 수 없는 주관적 성격을 갖고, 따라서 법의식에 대
한 평가는 결코 입증 가능한 보편타당성의 대상이 아니기 때문에51
법관의 판결은 법에 대한 학문적 판단과 마찬가지로 인격 전체를
바치라고 요구하는 창조적 활동이다.52 이러한 방법론의 정치적 의
도는 입법과 사법의 비중을 변경하기 보다는 법을 대중화하는 것을
목표로 삼았다. 다시 말해 법관의 법창조를 정직하게 고백하는 것만
이 비밀로 가득 찬 사고과정의 도움으로 마치 법률로부터 개개의
결정을 도출할 수 있는 것처럼 가장하는 사법부 때문에 발생한, 법과

Flavius(H. Kantorowicz), *Der Kampf um die Rechtswissenschaft*, 1906,
S. 10 참고.

48 이러한 평가에 대해 회의적인 입장으로는 Langner, D*er Gedanke des
Naturrechts seit Weimar und in der Rechtsprechung der Bundesrepublik*,
1959, S. 10 이하 참고.

49 Radbruch, *GRGA* Bd. 1, S. 484[안쉬츠(Anschütz)와의 논쟁].

50 Radbruch, "Rechtswissenschaft als Rechtsschöpfung. Ein Beitrag zum
juristischen Methodenstreit(1906)", *GRGA* Bd. 1, S. 409 이하, 419.

51 Radbruch, "Rezension von Hoche, Das Rechtsgefühl in Justiz und
Politik", 1932, *GRGA* Bd. 1, S. 556 이하, 557/558.

52 Radbruch, "Rechtswissenschaft als Rechtsschöpfung", S. 418.

국민 사이의 괴리를 제거할 수 있다고 한다.[53] 따라서 라드브루흐가
주장하는 바는 법관의 형성재량의 범위를 확대하자는 것이 아니라,
법관이 재량을 갖고 있다는 사실 자체를 명백히 밝히라는 것이었다.
이 점에서 법관 권력의 확대에 대한 라드브루흐의 불신감은 단지
바이마르 공화국 당시의 법관들 대부분이 보수우파의 이데올로기적
성향을 갖고 있었다는 사실에만 기인한 것이 아니다. 법관의 법률구
속을 완화하자는 요청은 역사적으로 우연적인 것이 아니라, 원칙적
으로 '우파'의 정치적 프로그램에 속한다. 왜냐하면 법형식 자체는
사회적 약자에게 봉사하기 때문이다. 라드브루흐가 프랭켈Fraenkel을
원용하면서 말하고 있듯이, 법형식주의만이 억압받는 계급을 자의
적 행위로부터 보호할 수 있다.[54] 그렇게 법에 정치적 색깔을 입히
는 것은 법의 내용 때문이 아니라, 법의 형식 때문에 나타나는 결과
이다. 그 이유는 오늘날의 용어로 말하자면 내재적 보편화가능성
Universalisierbarkeit이라고 지칭할 수 있는, 법의 특수한 성격 때문이다.
한 집단의 이익이 더 이상 이익이 아니라, 법적 요구로 주장된다면,
법적 요구는 해당하는 집단에 국한되지 않고 다른 집단과 다른 사람
들에게까지 확장된다. 법형식이 갖는 이러한 고유 법칙성은 법규범
이나 법적 청구권으로 전환되는 이익을 일반화Generalisierung하도록
강제한다.[55]

---

53 Ebd., S. 422.

54 Radbruch, "Klassenrecht und Rechtsidee(1929)", in: ders., *Der Mensch im Recht*, 1957, S. 23 – 34.

55 이에 관해서는 Cattaneo, "Gustav Radbruch als Theoretiker und Verteidiger des Rechtsstaates", in: Arthur Kaufmann(Hrsg.), *Gedächtnisschrift für Gustav Radbruch*, 1968, S. 182 이하, 186 참고.

법철학적 상대주의의 정치적 결론

인식론적 근거에서 자연법을 부정하는 입장은 특정한 법규범의 내용적 정당성이 오로지 특정한 규범적 및 경험적 전제와 관련을 맺을 때만 타당성을 주장할 수 있다는 확신과 부합한다. 법규범은 정의라는 단 하나의 절대적 기준에 따라 판단할 수는 없지만, 정의에 해당하는 다수의 기준들에 따라 판단할 수는 있다. 이러한 기준들 가운데 어느 것을 선택할 것인지는 신념에 따른 행위로서 학문적 인식의 영역에서 벗어난다. 정치적 질서의 올바른 형성이라는 문제와 관련하여 이러한 상대주의는 결정불가non liquet의 상황에 도달하는 것처럼 보인다. 그렇기 때문에 법과 사회에 관한 다양한 구조모델 가운데 어느 하나를 선택하는 결정은 개인적 신념의 문제로 선언할 것이라고 기대하게 된다. 그러나 이러한 기대와는 정반대로 라드브루흐는 상대주의라는 출발점으로부터 정치생활의 형성과 관련해서 아주 상세한 결론들을 도출하기 때문이다. 라드브루흐에 따르면 자연법의 전통적 요구에 해당하는 자유, 민주주의, 법치국가에 대한 요구뿐만 아니라, 사회주의적 사회질서와 확신범을 위한 특별형법의 실현에 대한 요구까지도 상대주의로부터 도출된다고 한다.[56] 라드브루흐 자신도 상대주의로부터 이러한 요구들이 도출되는 전환을 '논리적 기적'이라고 부른다.[57] 그러나 기적을 믿지 않는 사람 ─ 어쨌든 논리적 기적을 믿지 않는 사람─ 은 라드브루흐가 여기서 논증과 관련해서 무언가 요술을 부리고 있다고 추측하고 싶을 것이다. 그럼

---

56 Radbruch, "Der Relativismus in der Rechtsphilosophie(1934)", *GRGA* Bd. 3, S. 17 이하.

57 Ebd., S. 21.

에도 불구하고 라드브루흐의 논증은 비록 모든 결론이 설득력을 갖고 있지는 않을지라도 전반적인 흐름에서는 정확하다고 볼 수 있다. 왜냐하면 상대주의가 요구하는 정치구조는 경쟁관계에 있는 다수의 정치적 견해들 가운데 어느 하나에 기초하는 것이 아니라, 이러한 경쟁 자체가 가능하기 위한 조건 －또는 경쟁의 승자를 결정할 수 없다는 사정에 따른 결론－ 이기 때문이다. 이념들 사이의 경쟁은 의사표현의 자유, 종교의 자유, 언론의 자유를 전제한다. 이렇게 해서 상대주의는 자유주의 쪽으로 흘러가게 된다. 더 나아가 합리적인 논쟁으로서의 이념 경쟁은 강자의 논거가 아니라, 강한 논거가 관철될 것을 전제한다. 이념 자체가 갖는 힘이 관철되려면 경쟁의 왜곡이 제거되어야 한다. 이렇게 해서 상대주의는 사회주의 쪽으로 흘러가게 된다.

이러한 논증에서는 두 가지 서로 다른 정치적 구조원칙을 구별할 수 있다고 전제한다. 즉 한편에는 상호주관적으로 구속력을 가질 수 있는 결정의 대상이 될 수 없는 원칙들이 있고, 다른 한편에는 상이한 입장들 사이의 합리적 논쟁이 가능하기 위해서는 반드시 존중되어야 할 기본적인 －상당부분 절차적 성격을 갖는[58]－ 규칙들이 있다. 이러한 구별은 이상형Idealtypus을 통해 얼마든지 가능하며, 오늘날의 논의에서도 익숙한 구별에 해당한다. 문제는 명시적으로 표명되지 않는 경험적 전제 이외에 상대적 원칙들과 기본적 원칙들 사이에 어떻게 경계를 설정할 것인가이다. 라드브루흐의 구상에서는 그 자신이 다른 맥락에서 정치적 결정의 영역이고, 따라서 신념의 영역에

---

[58] 이러한 기본적인 원칙들이 모두 절차적 성격을 갖는 것은 아니라는 뤼커트 (Rückert)의 비판을 나는 수용한다.

속한다고 보았던 지점을 기준으로 경계가 설정된다. 그리하여 사회
주의를 선택하는 것은 어떠한 정치적 견해도 결코 증명할 수 없고
동시에 결코 반박할 수도 없다는 라드브루흐의 단정[59]에 속하는 문
제이고, 상대주의는 입장을 포기하라고 요구하는 것이 아니라, 최종
적인 입장에 대한 학문적 정당화를 포기하라고 요구하는 것이라는
라드브루흐의 확인[60]에 속하는 문제이다.

개인주의적 법으로부터 사회적 법으로: '사물의 본성'에 따른 결론

또 다른 문제영역은 라드브루흐가 여러 측면에서 분석하고 있는,
개인주의적으로 지향된 법질서로부터 사회적 법질서로의 발전이 특
정한 의미에서 규범적으로 미리 지시되어 있는가라는 물음이다. 이
물음은 라드브루흐가 여러 번에 걸쳐 이러한 과정을 사물의 본성
또는 '법의 소재'에 상응하는 발전이라고 규정하고 있고,[61] 또한 라
드브루흐 법철학에서 사물의 본성이라는 논거는 자연법적 사고를 담
고 있는 저장고라는 식으로 해석하는 학자들[62]이 있기 때문이다. 만

---

59 Radbruch, *Kulturlehre des Sozialismus*, 4. Aufl. 1970, S. 51.

60 Radbruch, *Rechtsphilosophie*, S. 103/104.

61 Radbruch, "Die Natur der Sache als juristische Denkform(1948)", *GRGA*
Bd. 3, S. 229 이하, 250 이하; ders., "Rechtsidee und Rechtsstoff", *ARWP*
17(1923/24), S. 343 이하. 이밖에도 ders., "Vom individualistischen zum
sozialen Recht(1923)", in: *Der Mensch im Recht*, 1957, S. 35 이하도
참고.

62 Baratta, "Relativismus und Naturrecht im Denken Gustav Radbruchs
(1959)", in: ders., *Philosophie und Strafrecht*, 1984, S. 1 이하, 22 각주
77; H.P. Schneider, "Gustav Radbruch(1878~1949). Rechtsphilosophie
zwischen Wissenschaft und Politik", in: *Streitbare Juristen*, 1988, S.

일 이러한 해석이 옳다면, 법정책의 핵심영역이 자연법적 토대를 갖고 있다고 생각해야 한다. 즉 입법자가 법을 형성할 때, 사물의 본성, 즉 법소재의 구조를 고려하는 것이 바람직하다고 말하는 단계를 넘어 법적으로 이미 그렇게 해야 할 의무가 있다고 말해야 한다.

사물의 본성을 원용하는 논증의 경험적 기초는 구체적 개인을 단순한 권리주체, 즉 추상적 법인격으로 축소시키는 것은 사회현실에 부합하지 않게 된다는 사실이다. 예를 들어 사용자와 노동자 사이의 법적 관계를 단순히 두 법인격 사이의 계약관계로 형성하게 되면, 당사자들이 처한 구체적 상황과 사회현실을 전혀 고려하지 못하는 결과를 낳는다.[63] 형법의 경우도 마찬가지이다. 즉 응보사상을 지향하는 형법에 따라 범죄자를 단지 행위의 주체로만 파악하면, 특정한 성격과 특정한 사회학적 속성을 가진 구체적 개인으로서의 범죄자는 법의 시야에 포착되지 않게 된다.[64] 이러한 구체적 속성과 상황을 점차 더 많이 고려하는 것이 곧 사회적 법으로의 발전이 갖는 특성이다. 그 때문에 이러한 발전을 법의 형식과 소재 사이의 긴장을 완화하는 과정이라고 말한다.[65] 당시의 현안이었던 사회정책적 문제와 관련시켜 구체적으로 표현하자면, 사회복지정책과 경제민주주의는 곧 법형식이 법소재에 다시 근접해 가는 것을 뜻한다고 한다.[66]

---

295 이하, S. 302/303.

63 이 점을 잘 보여주고 있는 W. Paul, "Gustav Radbruch und die marxistische Rechtstheorie", in: Arthur Kaufmann(Hrsg.), *Gedächtnisschrift für Gustav Radbruch*, 1968, S. 107 이하, 109 이하 참고.

64 Radbruch, "Vom individualistischen zum sozialen Recht", S. 42 이하.

65 Radbruch, "Rechtsidee und Rechtsstoff", *ARWP* 17(1923/24), S. 343 이하, 346.

66 Ebd.

우리의 전체 주제의 관점에서 결정적인 의미를 갖는 물음은 과연 법형식의 법소재에 대한 이러한 재접근이 중요한 의미를 갖는가이다. '사물의 본성'을 "존재와 당위, 현실과 가치 사이의 엄격한 이원주의를 완화"[67]하기 위한 노력의 기치로 여기고 있다는 점은 이 물음에 대해 긍정적으로 대답해야 할 이유로 볼 수 있다. 방법이원주의는 존재로부터 당위를 도출하는 것에 대한 금지를 근본 원칙으로 삼기 때문에, 이 이원주의를 완화하는 것은 사실의 규범력에 대한 승인으로 해석될 수도 있다. 그러나 라드브루흐는 법소재와 법의 형성 사이의 규범적 연관성을 명시적으로 부정한다. "법형식과 법소재 사이의 거리가 멀거나 가깝다는 구별은 … 가치판단과 전혀 관계가 없다."[68] 라드브루흐는 1945년 이후에도 이 견해를 견지했다. 1948년에 출간된 논문 '법학적 사고형식으로서의 사물의 본성'[69]에서도 이 견해를 반복하면서 사물의 본성의 법원(法源)으로서의 성격을 명시적으로 부정한다.[70] 이러한 소극적 태도는 비판에 부딪히고 논리적 일관성이 없다는 비난도 받는다.[71] 이러한 비판은 사물의 본성에 따른 사고를 자연법적 사고에 대립시키면서 역사주의와 사적 유물론

---

[67] Radbruch, "Die Natur der Sache als juristische Denkform", S. 229.

[68] Radbruch, "Rechtsidee und Rechtsstoff", S. 346. 이에 관해서는 또한 Engisch, "Gustav Radbruch als Rechtsphilosoph", in: Arthur Kaufmann (Hrsg.), *Gedächtnisschrift für Gustav Radbruch*, 1968, S. 65 이하 및 여기에 인용된 라드브루흐의 말을 참고. 더 나아가 Zong Uk Tjong(정종욱), *Der Weg des rechtsphilosophischen Relativismus bei Gustav Radbruch*, 1967, S. 83 이하도 참고.

[69] Radbruch, "Die Natur der Sache als juristische Denkform", S. 236.

[70] Ebd., S. 251.

[71] 예컨대 Maihofer, "'Die Natur der Sache'", *ARSP* 64(1958), S. 145 이하, 150 참고.

에 귀속시키는 이론적 구상의 맥락에서는 충분히 수긍할 수 있다. 라드브루흐는 모든 시대 모든 민족에게 똑같이 구속력을 갖는 불변의 법에 관한 구상만을 자연법론으로 이해하기 때문에, 법사상이 역사적 및 사회적 맥락에서 서로 다른 사회현실을 지향하는 것은 자연법과는 대립되는 사고방식으로 여긴다.[72] 즉 자연법론은 법소재의 법이념에 대한 저항을 부정한다. 거꾸로 역사주의와 사적 유물론은 법소재의 의미를 절대화하면서 법이념의 의미를 부정한다.[73] 역사적으로 가변적인 내용을 지닌 자연법에게 어떠한 공간도 인정하지 않는 자연법론에서 사물의 본성이 갖는 규범력을 승인한다는 것은 곧 이 이론이 거부하는 역사주의와 사적 유물론의 입장을 인정하는 것으로 여겨질 수밖에 없다.

---

72 Radbruch, "Die Natur der Sache als juristische Denkform", S. 230.
73 Radbruch, "Rechtsidee und Rechtsstoff", S. 344/345.

구스타프 라드브루흐
– 법철학자와 정치가 *

▌해 석

'구스타프 라드브루흐 – 법철학자와 정치가.' 여기서 '와und'는 무슨 뜻일까? 만일 라드브루흐라는 한 개인과 그의 저작을 제대로 이해하고자 한다면, '와'를 단지 순차적으로 이해할 것이 아니라, '(법철학자)이자 동시에 (정치가)'라는 의미로 이해해야 할 것이다. 그렇다면 라드브루흐의 법철학과 그의 정치적 활동 사이에 내적 연관성이 존재하는 것일까? 라드브루흐의 법철학은 정치에 대한 철학적 성찰인 것일까? 아니면 라드브루흐는 법과 정의에 관한 자신의 사고를 정치적 실천으로 전환하고자 시도한 것일까? 이러한 시도는 플라톤

---

* 이 글은 '구스타프 라드브루흐 – 법철학자와 정치가'라는 전시회 개관을 기념하여 하이델베르크 대학 대강당에서 행한 강연을 가다듬은 것이다. 강연에 참석했던 빌프리드 퀴퍼(Wilfried Küper)에게 이 글을 헌정한다.

에서 등장하는 시라큐스의 모험가 이래로 잘 알려져 있듯이 노예시
장으로 끌려가는 운명으로 마감하게 되는 위험한 시도가 아니었을
까? 아니면 학자 구스타프 라드브루흐가 정치에 발을 들여놓았다가
다시 학문으로 복귀한 것은 그저 한 사람의 일생에서 일어난 우연일
뿐이었을까?

▌생 애

라드브르후의 생애에 대해 잠깐 상기해보자.[1] 라드브루흐는 1904
년부터 1914년까지 하이델베르크 대학의 사강사와 교수였고,[2] 1914
년에 쾨니히스베르크 대학으로부터, 다시 1919년에는 키일 대학으
로부터 초빙을 받아 자리를 옮겼다. 키일 시절 그의 정치적 외부활동

---

[1] 라드브루흐의 생애에 관해 더 자세히는 특히 Arthur Kaufmann, *Gustav Radbruch. Rechtsdenker, Philosoph, Sozialdemokrat*, 1987; Spendel, *Gustav Radbruch. Lebensbild eines Juristen*, 1967; ders., *Jurist in einer Zeitwende. Gustav Radbruch zum 100. Geburtstag*, 1979 참고. 또한 Kastner, *Goethe in Leben und Werk Gustav Radbruchs*, 1999, S. 6 이하; Jan Schröder, "Gustav Radbruch", in: Kleinheyer/Schröder, *Deutsche und europäische Juristen aus neun Jahrhunderten*, 3. Aufl. 1989, S. 228–232; Stanley L. Paulson, "On the Background and Significance of Gustav Radbruch's Post–War Papers", in: *Oxford Journal of Legal Studies* 26(2006), S. 17 이하(20–26); Erik Wolf, "Gustav Radbruch", in: ders., *Große Rechtsdenker*, 4. Aufl. 1963, S. 713–756도 참고.

[2] 이 시기에 관해서는 Küper, "Gustav Radbruch als Heidelberger Rechtslehrer. Biographisches und Antobiographisches", in: ders.(Hrsg.), *Heidelberger Strafrechtslehrer im 19. und 20. Jahrhundert*, 1986, S. 225 이하(225–232) 참고.

은 절정에 도달했다.[3] 1920년부터 1924년까지 제국의회 의원이었고, 1921~22년에는 비르트Wirth 정부에서 그리고 1923년에는 스트레제만Stresemann 정부에서 법무부장관을 역임했다. 3년 후에 라드브루흐는 하이델베르크 대학의 초빙을 받아들여 복귀한다.[4] 라드브루흐는 이 순간을 '자신의 정신적 고향으로의 귀환'으로 느꼈다.[5] 1928년에 재차 법무부장관을 맡아달라는 요청을 라드브루흐는 거부한다. 1933년 5월에 라드브루흐는 그의 인격과 지금까지의 활동에 비추어 볼 때 민족국가를 위해 헌신하리라고 기대할 수 없다는 이유로 교수직에서 해임된다. 나치 독재가 종식된 이후 라드브루흐는 다시 교수직에 복귀하여 법과대학 학장이 된다. 71번째 생일 며칠 뒤인 1949년 11월 23일에 라드브루흐는 하이델베르크에서 사망했고, 이곳의 유명한 공동묘지에 묻혔다.

▌법철학적 상대주의

인식과 신념

법과 국가에 대한 라드브루흐의 사유가 그로 하여금 정치에 발을 들여 놓게 만든 것이었을까? 인식한 진리가 사회현실 속에서 실현되도록 만들고자 했던 플라톤의 시도와 같은 것이었을까? 그러나 이

---

3 이에 관해서는 Holger Otte, *Gustav Radbruchs Kieler Jahre 1919~1926*, Frankfurt a. M. 1982 참고.

4 라드브루흐 생애의 두 번째 '하이델베르크 시절'에 관해서는 Küper, "Gustav Radbruch(각주 2)", S. 232‒241 참고.

5 Küper, "Gustav Radbruch(각주 2)", S. 232.

물음을 제기한다는 것 자체가 이미 이 물음에 대해 부정적으로 대답하는 것이 된다. 왜냐하면 라드브루흐의 법철학적 입장은 회의적이고 수세적이며, 존재론의 낙관주의보다는 인식비판에 집중하기 때문이다. 라드브루흐의 정신적 고향은 신칸트주의이다.6 이는 특히 존재와 당위의 엄격한 분리를 뜻하고, 따라서 정치현실을 있는 그대로 확인하기 위한 것이든 아니면 정치현실을 수정하기 위한 것이든 기존상태로부터 정당한 행위를 위한 기준을 도출해내는 것이 불가능하다는 뜻이다. 그 때문에 라드브루흐는 앞으로 다가 올 것을 마땅히 그렇게 되어야 할 '당위'와 동일시하고 규범적 문제를 적절한 예측의 문제로 축소시켰던, 자신의 스승 프란츠 폰 리스트Franz von Liszt의 견해7에 명백히 반대한다. 당위에 대한 언명은 궁극적으로 인식을 통해 포착할 수 없다는 것이다.8 이 점이 바로 라드브루흐가 막스 베버, 게오르크 엘리네크, 한스 켈젠과 공유하고 있는 상대주의의 핵심이다. 상대주의는 무관심과 무차별이 아니다. 가치평가는 불가피하고, 특정한 지점까지는 일반적인 가치평가를 원용하며 정당화할 수

---

6 이에 관해서는 특히 Marc André Wiegand, *Unrichtiges Recht. Gustav Radbruchs rechtsphilosophische Parteienlehre*, 2004 참고. 더 나아가 Ralf Dreier, "Gustav Radbruch, Hans Kelsen, Carl Schmitt", *FS Günther Winkler*, 1997, S. 193 이하; Ulfrid Neumann, "Wissenschaftstheorie der Rechtswissenschaft bei Hans Kelsen und Gustav Radbruch. Zwei 'neukantische' Perspektiven", in: Paulson/Stolleis(Hrsg.), *Hans Kelsen. Staatsrechtslehrer und Rechtstheoretiker des 20. Jahrhunderts*, 2005, S. 35 이하[본서의 109면 이하]도 참고.

7 v. Liszt, "Das 'richtige' Recht in der Strafgesetzgebung", *ZStW* 26 (1906), S. 556 이하, *ZStW* 27(1907), S. 95 이하.

8 Radbruch, "Über die Methode der Rechtsvergleichung(1905~1906)", in: *Gustav Radbruch Gesamtausgabe(GRGA)*, Bd. 15, S. 152 이하, 154.

있다. 법철학은 상이한 기본입장들 가운데 어느 하나를 선택해야 하는 개인의 결정권을 대체할 수 없다. 상이한 기본입장들은 인식의 문제가 아니라, 신념의 문제일 뿐이다.9 따라서 신념의 문제는 정치적 당파성의 문제이고, 특히 국가와 법에 관한 개인주의적 이해와 집단주의적 이해 가운데 어느 것을 취할 것인가라는 근원적 결정에 해당하는 문제이다.10

이러한 의미에서 라드브루흐의 정치적 참여가 단순히 신념에 기인한 것이고, 법철학과의 관련성은 없다고 생각해도 좋은 것일까? 하지만 그렇게 생각해도 좋을 정도로 문제 상황이 단순하지 않다. 물론 라드브루흐가 명확하게 신념을 표방하는 경우도 있다. 즉 인권에 대한 옹호,11 국제적 정신에 대한 옹호,12 망명자들에 대한 인간적 처우의 옹호,13 세계시민주의,14 세계법원의 옹호15 등은 특수한 법철학적 이론의 결과라기보다는 강한 인간주의적 참여정신의 표현에 가깝다. 그렇지만 라드브루흐의 사상과 생애에서 정치와 철학은 존재와 당위를 엄격하게 분리하는 신칸트주의의 접근방법으로 인해 추측할 수 있는 것보다 훨씬 더 밀접한 관련이 있다. 이 점은 라드브루흐

---

9 이에 관해서는 *Rechtsphilosophie* § 2, *GRGA* Bd. 2, S. 206 이하, 230 이하 참고.
10 이에 관해서는 *Rechtsphilosophie* § 8, *GRGA* Bd. 2, S. 206 이하, 290 이하 참고.
11 대표적으로는 *Vorschule der Rechtsphilosophie*, *GRGA* Bd. 3, S. 121 이하, 146 이하.
12 "Die Internationale des Geistes", *GRGA* Bd. 15, S. 369 이하.
13 이에 관해서는 1922년 2월 23일 제국의회에서의 라드브루흐 연설(*GRGA* Bd. 19, S. 94 이하) 참고.
14 "Die Internationale des Geistes", *GRGA* Bd. 15, S. 369 이하, 371.
15 "Die Internationale des Geistes", *GRGA* Bd. 15, S. 369 이하, 371.

의 법철학적 분석의 차원, 즉 정치와 법철학이 사실상으로 맺고 있는 관련성에 해당될 뿐만 아니라, -약간은 놀랍게 들리겠지만- 법철학적 (신념이 아니라) 인식으로부터 국가와 법의 형성과 관련해서 어떠한 실천적 결론이 도출될 수 있고 또한 도출되어야 하는가라는 규범적 물음에도 해당된다.

법철학과 정치

라드브루흐가 법철학과 정치 사이에 존재한다고 여긴 사실상의 관련성은 그의 법철학에서 가장 독창적인 부분 가운데 하나인 '법철학적 정당이론Rechtsphilosophische Parteienlehre'에서 뚜렷하게 표현되고 있다. 여기서 라드브루흐는 철학이 인간의 삶에 대한 해석인 것과 마찬가지로 법철학은 일상의 정치에 대한 해석이고, 거꾸로 정당들의 투쟁은 거대한 법철학적 논의라고 말한다. 이 맥락에서 라드브루흐는 "정치는 법철학이 일상적으로 사용하는 동전과 같은 것"이고 거꾸로 "법철학은 거대하기 그지없는 정치이다"는 베롤츠하이머Berolzheimer 의 말을 인용하기도 한다.16 물론 라드브루흐가 개개의 정당을 다양한 법철학적 입장 가운데 어느 하나에 귀속시킨 작업은 시대적 제약이라는 한계를 안고 있고, 이러한 한계 때문에도 때로는 수긍하기 어려운 측면도 있다.17 그렇지만 라드브루흐의 분류에서 핵심적인

---

16 Radbruch, "Literaturbericht Rechtsphilosophie(1908)", *GRGA* Bd. 1, S. 510.

17 이에 대해 자세히는 Ralf Dreier, "Gustav Radbruchs rechtsphilosophische Parteienlehre", *ARSP* 85(1999), S. 497 이하 참고. 드라이어의 라드브루흐 해석에 대해서는 Ulfrid Neumann, "Ralf Dreiers Radbruch", in: Robert Alexy(Hrsg.), *Integratives Verstehen. Zur Rechtsphilosophie Ralf Dreiers*,

역할을 하는 체계, 즉 개인주의적 견해와 초개인주의적 견해, 계약 모델과 유기체 사상이라는 대안은 충분한 설득력을 갖고 있고, 오늘날에도 여전히 지침으로 삼을 수 있다.[18]

법철학과 정치 사이의 사실적 관련성은 나치 불법정권에 대해 법실증주의도 공동책임이 있다는 라드브루흐의 태도에서도 드러난다. 잘 알려져 있듯이 라드브루흐는 법실증주의가 "자의적이고 범죄적인 내용을 지닌 법률에 대해 아무런 저항도 할 수 없는 무기력한 존재로 만들었다"고 단정한다.[19] 이러한 책임귀속은 처음에는 이에 동의하는 방향으로 수용되었다.[20] 이는 시대사적 관점에서만 이해할 수 있고 또한 별다른 방법적 성찰이 없었던, 전쟁 직후의 자연법 르네상스가 표방했던 특수한 경향성에 부합하는 것이기도 했다.[21] 과연 이러한 책임귀속이 타당한지에 대해서는 여기서 논의할 수 없다. 다만 다음과 같은 점만을 지적하겠다. 즉 이념사적 맥락을 재구성한

2005, S. 141 이하, 153 이하[본서의 37면 이하]도 참고. 더 상세히는 Wiegand, *Unrichtiges Recht*(각주 6) 참고.

18 라드브루흐의 정당이론을 이러한 의미로 이해하는 Ralf Dreier, *ARSP* 85 (1999), S. 497 이하 참고.

19 "Gesetzliches Unrecht und übergesetzliches Recht(1946)", *GRGA* Bd. 3, S. 83 이하, 88; ders., "Fünf Minuten Rechtsphilosophie(1945)", *GRGA* Bd. 3, S. 78; ders., "Gesetz und Recht(1947)", *GRGA* Bd. 3, S. 96 이하; ders., "Die Erneuerung des Rechts(1947)", *GRGA* Bd. 3, S. 107 이하, 108.

20 예컨대 Schorn, *Der Richter im dritten Reich, 1963; Weinkauff, Die deutsche Justiz und der Nationalsozialismus*, 1968.

21 이에 관해 더 자세히는 Ulfrid Neumann, "Rechtsphilosophie in Deutschland seit 1945", in: Dieter Simon(Hrsg.), *Rechtswissenschaft in der Bonner Republik. Studien zur Wissenschaftsgeschichte der Jurisprudenz*, 1994, S. 173 이하, 178 이하 참고.

'무기력 테제'의 타당성에 대해서는 오늘날 거의 대부분의 학자들이 상당히 회의적으로 바라본다.[22] 이는 당연한 일이다. 왜냐하면 실증주의는 나치 법사상의 기본형태가 아니었을 뿐만 아니라, 법현실이 최악의 상태로 변질되고 타락한 경우에는 실정법의 규범까지도 위반했기 때문이다. 그렇긴 하지만 법실증주의가 법윤리적 문제를 법학의 체계에서 추방함으로써 법률가들로 하여금 법윤리적 문제의식을 도외시하도록 조장했다는 사실만은 타당하다고 할 수 있다.[23]

법철학과 정치 사이에 존재하는 이러한 사실상의 관련성에 대해서는 얼마든지 구체적인 측면에서 논쟁을 벌일 수 있을 것이다. 하지만 나는 두 가지 측면, 즉 법철학적 정당이론과 ─앞에서 설명한 제한적 전제조건하에서─ '무기력 테제'와 관련해서는 라드브루흐의 분석이 충분한 설득력을 갖고 있다고 생각한다. 이에 반해 라드브루흐가 법철학 ─그의 법철학─ 으로부터 정치적 질서의 올바른 형성과 관련해서 도출하고 있는 규범적 결론은 커다란 난관을 낳는다. 왜냐하면 라드브루흐처럼 상대주의와 존재/당위의 엄격한 분리에서

---

22 예컨대 Horst Dreier, "Die Radbruchsche Formel─Erkenntnis oder Bekenntnis?", in: *Festschrift für Robert Walter*, 1991, S. 120 이하; Hasso Hofmann, *Einführung in die Rechts─ und Staatsphilosophie*, 3. Aufl. 2006, S. 115; Rottleuthner, "Rechtspositivismus und Nationalsozialismus", in: *Demokratie und Recht*, 1987, S. 374 이하, 383 이하; M. Walther, "Hat der juristische Positivismus die deutschen Juristen wehrlos gemacht?", *KJ* 1988, S. 263 이하 참고.

23 Ralf Dreier, "Recht und Moral(1980)", in: ders., *Recht─Moral─Ideologie. Studien zur Rechtstheorie*, 1981, S. 180 이하, 192. 조금 더 세분화된 관점에서 이에 동의하는 Alexy, "A Defence of Radbruch's Formula", in: D. Dyzenhaus(Ed.), *Recrafting the Rule of Law: The Limits of Legal Order*, Oxford─Portland Oregon, 1999, S. 15 이하, 16[알렉시는 여기서 폴슨(Paulson)의 견해를 원용한다]도 참고.

출발한다면, 국가와 사회에 관한 여러 가지 모델들 사이에서 어느 하나를 선택하는 결정 역시 개인적 신념의 문제로 설명하는 견해를 제시하리라고 기대할 것이기 때문이다.

▌법철학적 상대주의의 규범적 결론

잘 알려져 있듯이 이러한 기대는 충족되지 않는다. 왜냐하면 라드브루흐는 상대주의라는 출발점으로부터 정치생활의 형성과 관련해서 아주 상세한 결론들을 도출하기 때문이다. 라드브루흐에 따르면 자연법의 전통적 요구24에 해당하는 자유, 민주주의, 법치국가에 대한 요구뿐만 아니라, 사회주의적 사회질서와 확신범을 위한 특별형법의 실현에 대한 요구까지도 상대주의로부터 도출된다고 한다. 라드브루흐 자신도 상대주의로부터 이러한 요구들이 도출되는 전환을 '논리적 기적'이라고 부른다.25 그러나 기적을 믿지 않는 사람 —어쨌든 논리적 기적을 믿지 않는 사람— 은 라드브루흐가 여기서 논증과 관련해서 무언가 요술을 부리고 있다고 추측하고 싶을 것이다.

그러나 라드브루흐가 옳다. 왜냐하면 상대주의가 요구하는 정치구조는 경쟁관계에 있는 다수의 정치적 견해들 가운데 어느 하나에 기초하는 것이 아니라, 이러한 경쟁 자체가 가능하기 위한 조건이기 때문이다. 이념들 사이의 경쟁은 의사표현의 자유, 종교의 자유, 언

---

24 Radbruch, "Relativismus in der Rechtsphilosophie(1934)", *GRGA* Bd. 3, S. 17 이하.
25 Radbruch, "Relativismus in der Rechtsphilosophie(1934)", *GRGA* Bd. 3, S. 21.

론의 자유를 전제한다. 이렇게 해서 상대주의는 자유주의 쪽으로 흘러가게 된다. 더 나아가 합리적인 논쟁으로서의 이념 경쟁은 강자의 논거가 아니라, 강한 논거가 관철될 것을 전제한다. 이념 자체가 갖는 힘이 관철되려면 경쟁의 왜곡이 제거되어야 한다. 이 점에서 상대주의는 ―오늘날의 용어로 표현하자면― 합리적 논의를 제도화하는 사회질서에 대한 요구로 귀결된다. 결과적으로 볼 때 라드브루흐의 상대주의 자체가 상대화된다. 왜냐하면 라드브루흐의 상대주의는 상이한 정치진영들 사이의 논쟁과 대립에 대해 결정을 내릴 수 없다는 사실로부터 절차주의적인 정치적 구조원칙의 정당성을 도출해내기 때문이다.[26]

▌ '라드브루흐 공식'의 실천적 의미

마지막으로 라드브루흐 법철학의 그 어느 부분보다 지속적으로 실천적 의미를 갖고 있는 측면을 다루도록 하겠다. 즉 부정의한 법률의 구속력, 다시 말해 '법률적 불법'에 대한 평가라는 측면이다. 최고법원의 판례가 법철학적 저작을 원용하는 경우는 상당히 드물다. 그러나 라드브루흐가 1946년에 '법률적 불법과 초법률적 법'[27]이라는 제목으로 발표한 논문은 연방법원이 법적 및 정치적으로 극

---

26 이에 관해서는 Poscher, "Vom Wertrelativismus zu einer pluralistischen Demokratietheorie ― Gustav Radbruchs rechtsphilosophisch begründete Parteienstaatslehre", in: Christoph Gusy(Hrsg.), *Demokratisches Denken in der Weimarer Republik*, 2000, S. 191 이하 참고.

27 Radbruch, Gesetzliches Unrecht und übergesetzliches Recht, GRGA Bd. 3, S. 83 이하.

도로 까다로운 시기에 선고한 판결에 강력한 영향력을 행사했다. 즉 독일연방공화국의 초반기에 나치체제에서 자행된 합법적인 권리 침해에 대한 형법적 처리[28]와 구동독에서 체제와 법에 합치한 상태 에서 행해진 권리침해를 1989년의 독일 통일 이후에 법적으로 평가 하는 문제, 특히 이른바 '장벽수비대 소송Mauerschützen-Prozess'과 관련 해서 중요한 의미를 가졌다.

연방법원은 총격 행위가 구동독 당시의 법률에 따라 정당화되었 던 경우인데도 '국경침해자'에 대한 살인의 가벌성을 인정했고, 그 핵심 근거로 구스타프 라드브루흐를 원용했다.[29] 실제로 라드브루흐 는 1946년의 논문에서 나치 범죄자들의 행위가 행위 당시의 법률에

---

28 라드브루흐 공식을 원용하고 있는 판결로는 예컨대 BGHSt 2, 173(177); BGHSt 3, 357(362 이하); BVerfGE 23, 98 참고.
29 BGHSt 39, 1(15 이하); BGHSt 41, 101(105 이하). 역시 라드브루흐 공식 을 원용하는 헌법재판소는 라드브루흐의 논증을 헌법상의 소급효금지 원 칙과 결부시킨다(BVerfGE 95, 96). 법철학 문헌 가운데는 예컨대 Horst Dreier, "Gustav Radbruch und Mauerschützen", *JZ* 1997, S. 421 이 하; Forschner, *Die Radbruchsche Formel in den höchstrichterlichen 'Mauerschützenurteilen'*, Diss. Tübingen 2003; Frommel, "Die Mauerschützenprozesse – eine unerwartete Aktualität der Radbruch's chen Formel", in: *FS – Arthur Kaufmann*, 1993, S. 81 이하; Felix Herzog, "Zur strafrechtlichen Verantwortlichkeit von Todesschützen an der innerdeutschen Grenze", *NJ* 1993, S. 13 이하; Arthur Kaufmann, "Die Radbruchsche Formel vom gesetzlichen Unrecht und vom übergesetzlichen Recht in der Diskussion um das im Namen der DDR begangene Unrecht", NJW 1995, S. 91 이하; Rosenau, *Tödliche Schüsse im staatlichen Auftrag. Die strafrechtliche Verantwortung von Grenzsoldaten für den Schußwaffengebrauch an der deutsch – deutschen Grenze*, 2. Aufl. 1998; Seidel, *Rechtsphilosophische Aspekte der "Mauerschützen" – Prozesse*, 1999; Sieckmann, "Die 'Radbruchsche Formel' und die Mauerschützen", *ARSP* 87(2001), S. 496 이하 참고.

부합하는 경우일지라도 이를 처벌하는 것을 정당화한다. 왜냐하면 법률이 정의에 현저하게 위반되는 경우 그러한 법률은 결코 구속력을 갖지 않으며, 법률상의 정당화사유 역시 정당화하는 힘을 갖지 않기 때문이라고 한다. 과연 라드브루흐가 이 논문에서 서술한 기준들이 '장벽수비대'에 대한 유죄판결의 근거가 될 수 있는지는 논란의 대상이 되고 있는 문제이긴 하지만, 여기서 상세히 다룰 수는 없다.[30] 여기서 관심의 대상이 되는 물음은 라드브루흐가 법에 대한 실증주의적 견해 ─ 즉 절차에 따라 정확하게 제정된 모든 법률은 구속력을 갖는다는 견해 ─ 로 귀착하지 않을 수 없는 상대주의적 출발점으로부터 어떻게 현저하게 부정의한 법률은 구속력을 갖지 않는다는 전제에 도달할 수 있는가이다. 우리가 또다시 '논리적 기적'을 겪는 것일까 아니면 그 이전에는 도저히 상상할 수 없었던 나치체제의 '법률적 불법'을 겪은 라드브루흐가 1945년 이후에 자신의 실증주의적 견해를 수정한 것일까?[31]

---

30 유죄판결의 근거가 될 수 있다고 보는 입장으로는 예컨대 Saliger, *Radbruchsche Formel und Rechtsstaat*, 1995, S. 33 이하; 근거가 될 수 없다고 보는 입장으로는 Ralf Dreier, "Gesetzliches Unrecht im SED ─ Staat? Am Beispiel des DDR ─ Grenzgesetzes", in: *FS ─ Arthur Kaufmann*, 1993, S. 57 이하, 66 참고.

31 이에 관해서는 법실증주의와 법도덕주의 사이의 논쟁에서 라드브루흐의 입장의 연속성과 불연속성에 대한 수많은 문헌들 가운데 예컨대 Horst Dreier, "Radbruchsche Formel(각주 22)", S, 128 이하; Ralf Dreier/Stanley Paulson, "Einführung in die Rechtsphilosophie Radbruchs", in: Gustav Radbruch, *Rechtsphilosophie*(Studienausgabe), hrsg. von Ralf Dreier und Stanley Paulson, 2. Aufl. 2003, S. 237 이하, 242 이하; Arthur Kaufmann, "Gustav Radbruch ─ Leben und Werk", in: *GRGA* Bd. 1, S. 45 이하, 81 이하; Saliger, *Radbruchsche Formel*(각주 30), S. 13; Erik Wolf, "Umbruch oder Entwicklung in Gustav Radbruchs Rechtsphilosophie?", *ARSP*

이는 결코 순수한 학문적 물음이 아니고, 세미나나 기념논문집 투고논문 또는 법학 박사학위 논문에서만 다룰 문제가 아니다. 왜냐하면 이 문제는 명백히 바람직한 실천적 결과에 대한 법철학적 입장의 안정성에 관련된 문제이기 때문이다. 즉 철학은 −플라톤의 운명을 은유적으로 변용해도 좋다면− 실천적 결과와 관련해서는 그저 정치의 노예가 되는 것일까? 더 구체적으로 묻자면, 라드브루흐는 충분히 납득할 수는 있지만, 이론적으로는 결코 확실하게 입증할 수 없는 처벌욕구 때문에 자신이 지금까지 견지하던 법철학적 입장을 명시적으로 수정하지 않은 채 은근슬쩍 폐기한 것일까?

나는 그렇지 않다고 생각한다. 왜냐하면 라드브루흐는 그 어느 시점에서도 법적 안정성을 무조건 정의에 우선시키는 극단적 실증주의자가 아니었기 때문이다.[32] 법적 안정성, 정의, 법의 합목적성은 모두 처음부터 모든 실정법이 관련을 맺는[33] 법이념의 구성 요소들이다.[34] 단지 이 요소들 상호간의 관계에서 그때그때마다 강조점을 다르게 잡았을 뿐이다.[35] 즉 1932년의 법철학에서는 법적 안정성이

45(1959), S. 481 이하 참고.

[32] 오늘날의 다수의 학자들 역시 이렇게 생각한다(각주 31에 인용된 학자들 참고). 다른 견해로는 예컨대 Fritz von Hippel, *Gustav Radbruch als rechtsphilosophischer Denker*, 1951은 라드브루흐 법철학이 급격한 변화를 겪었다는 전제('다마스커스의 체험')에서 출발한다. 히펠과 같은 입장에 있는 Fritz Bauer, "Das 'gesetzliche Unrecht' des Nationalsozialismus und die deutsche Strafrechtspflege", in: *Gedächtnisschrift für Gustav Radbruch*, 1968, S. 302 이하에서는 라드브루흐의 법철학이 '공중회전(salto vitale)'을 했다고 말하기도 한다.

[33] *Rechtsphilosophie*, GRGA Bd. 2, S. 227.

[34] *Rechtsphilosophie*, GRGA Bd. 2, S. 278 이하.

[35] Arthur Kaufmann, *Gustav Radbruch*(각주 1), S. 152 이하.

분명 전면에 부각되었다면, 1945년 이후에는 정의가 더 높은 비중을
갖게 된다. 또한 라드브루흐는 후기에도 내용적으로 부정당한 법률
에 대해 정의에 비해 우선권을 인정하며, 따라서 법적 안정성의 우위
를 인정하기도 한다.³⁶ 다만 '참을 수 없을 정도로' 부정의한 법률인
경우에는 예외이다. 거꾸로 라드브루흐는 초기에도 부정의한 법률의
효력을 결코 절대시하지 않았다. 물론 1932년의 「법철학」에서는 실
제로 상당히 놀라운 문장이 등장한다.

"우리는 자신의 확신에 반하여 설교하는 목사는 경멸하지만,
자신의 반대되는 법감정으로 인해 법률에 충실한 태도에 결코
혼란을 겪지 않는 법관은 존경한다."³⁷

하지만 같은 곳에서 시민은 '치욕스러운 법률Schandgesetz'을 준수
할 의무로부터 면제하고 있다.³⁸ 따라서 법관의 엄격한 법률구속은
무제한적인 실증주의적 견해라기보다는 법관의 역할에 따른 특수한
의무이자 동시에 바이마르 공화국 시기에 특별히 중요한 의미를 가
졌던 의무로 보인다.

---

36 즉 1945년 이후에도 라드브루흐는 원칙적으로 "제정과 권력을 통해 보장되
는 실정법은 그 내용이 부정의하고 합목적성에 반할지라도 우선권을 갖는다"
고 여겼다("Gesetzliches Unrecht und übergesetzliches Recht", *GRGA*
Bd. 3, S. 89).
37 Radbruch, *Rechtsphilosophie*(1932), *GRGA* Bd. 2, S. 206 이하, 316.
38 Radbruch, *Rechtsphilosophie*(1932), *GRGA* Bd. 2, S. 315.

▌ 정치에 대한 '참여적 관찰자'로서의 법철학자?

'구스타프 라드브루흐 – 법철학자와 정치가.' 법철학자로서의 라드
브루흐와 정치가로서의 라드브루흐 사이의 관계에 대한 이상의 서술
이 보여주는 모습은 라드브루흐의 생애와 저작이 떼려야 뗄 수 없는
통일성을 형성하고 있다는 아르투어 카우프만의 확인[39]과 일치한다.
라드브루흐는 특히 형법의 영역에서 수많은 개혁을 시도했는데, 이는
라드브루흐 개인의 윤리적 신념뿐만 아니라, 법철학자 라드브루흐의
통찰에도 부합하는 것이었다.[40] 물론 정치가 라드브루흐는 법철학자
라드브루흐의 확신에 폭력을 가하는 타협을 하지 않을 수 없었다는
사실을 간과해서는 안 된다. '공화국보호법Republikschutzgesetz'[41]에 사
형을 도입하는 데 찬성한 것은 확고한 사형반대론자였던 라드브루
흐[42]에게는 가장 고통스러운 일이었다. 이런 의미에서 정치를 함께
형성하고자 했던 법철학자 라드브루흐는 이상적인 공화국을 건설하
기 위해 아테네를 떠나 시라큐스로 향했던 고대 철학자 플라톤과
비슷한 운명에 처했다고 말할 수 있다. 라드브루흐는 권력을 위해
이성을 포기한 것 (또는 덕성을 포기한 것) 때문에 계속해서 비판을 받았

---

39 Arthur Kaufmann, *Gustav Radbruch*(각주 1), S. 15.

40 이에 관해서는 Ulfrid Neumann, "Gustav Radbruchs Beitrag zur
Strafrechtsreform", *KJ* 2004, S. 431 이하[본서의 227면 이하] 참고.

41 1922년 7월 21일에 공포된 '공화국 보호를 위한 법률(RGBl S. 585)'은 법
무부장관 라드브루흐 소관의 법률이었다.

42 이에 관해서는 Radbruch, "Zur Todesstrafe(1928)", *GRGA* Bd. 9, S. 302;
ders., "Abschaffung der Todesstrafe als Symbol der Strafrechtsreform
(1931)", *GRGA* Bd. 9, S. 321 이하 참고.

지만,43 이를 충분히 이해하는 입장도 있다.44 그의 자서전적 서술인 「내면의 길Der innere Weg」45에서 라드브루흐는 자신이 정치활동에서도 형성기능보다는 인식기능을 앞세우는 학자임을 고백한다. 하이델베르크로 복귀한 심경을 서술(1926)하는 가운데 라드브루흐는 이렇게 쓰고 있다. "나는 한동안 정치를 주요활동으로 삼다가 다시 학문을 나의 핵심직업으로 삼고자 한다는 것을 뚜렷하게 의식하고 있다. 나 자신이 활동적이기보다는 사변적인 성격을 갖고 있음을 깨달았고, 그 때문에 내게는 활동적인 영역으로 외유를 나간 것도 결국에는 사변적 의미만을 갖는다는 사실을 알게 되었다. 아마도 한 동안 직접 활동을 했던 자만이 활동하는 자의 세계를 온전히 이해할 수 있을 것이다."46 이러한 관점에서 보면 정치에서 활동했던 학자 라드브루흐의 역할은 아마도 '참여적 관찰자'의 역할이었을 것이다.

---

43 예컨대 Spendel, *Jurist in einer Zeitwende*(각주 1), S. 18 이하 참고.

44 예컨대 Hans—Jochen Vogel, "Gustav Radbruch — ein Rechtsdenker und Rechtspolitiker der deutschen Sozialdemokratie", in: Küper(Hrsg.), *Heidelberger Strafrechtslehrer*(각주 2), S. 243 이하, 259 참고.

45 *GRGA* Bd. 16, S. 167 이하.

46 *GRGA* Bd. 16, S. 279.

GUSTAV
RADBRUCH

형법개혁

GUSTAV RADBRUCH

구스타프 라드브루흐

GUSTAV

RADBRUCH

형법개혁에 대한
구스타프 라드브루흐의 공헌*

▌서 론

형법개혁에 대한 구스타프 라드브루흐의 공헌 — 이는 처음에는
실패를 겪다가 나중에야 성공한 역사이자 수많은 좌절과 새로운 시
작으로 점철된 역사이다. 라드브루흐가 주도한 새로운 시작들은 거
의 대부분 그의 사망(1949) 이후에 안정성을 찾은 독일연방공화국의
형법개혁에서 비로소 목표에 도달했다.[1] 즉 금고형의 폐지, 간통과

* 이 글은 프리드리히 에버트 재단(Friedrich–Ebert–Stiftung)이 주최한 베를
  린 학회 '제국 법무부장관(1921~1923)으로서 구스타프 라드브루흐'에서 행
  한 강연을 가다듬은 것이다. 강연문 형식은 그대로 유지했다. 강연을 준비하
  는 단계에서 소중한 도움을 준 싸샤 치만(Sascha Ziemann)에게 감사한다.
1 아래의 서술과 관련해서는 특히 Hermann Krämer, *Strafe und Strafrecht im
  Denken des Kriminalpolitkers Gustav Radbruch*, 1956; Hans de With,
  *Gustav Radbruch: Reichsminister der Justiz. Gedanekn und Dokumente
  zur Rechtspolitik Gustav Radbruchs aus Anlaß der hundersten Wiederkehr*

225

단순 동성애의 비범죄화, 낙태형법의 인간화 등은 라드브루흐가 일찍부터 제기했고 그가 1922년에 제출한 형법개정 초안[2]에도 명확하게 제시한 요구였지만 그로부터 50년이 지난 후에야 입법을 통해 현실이 되었다. 그렇지만 최소한 기본법을 통한 사형 폐지만은 라드브루흐가 직접 체험했고, 이를 열렬히 환영했다.[3]

　매우 넓은 범위에 걸쳐 있는 라드브루흐의 형사정책적 요구들은 오늘날의 관점에서 보더라도 현대적이다. 이러한 요구들이 정치적으로 관철될 수 있었던 시점이었던 바이마르 공화국 초반기에 실현되지 못한 것은 형법정책가이자 형법개혁가로서의 라드브루흐가 겪은 비극이었다. 왜냐하면 권위적인 황제제국 및 이를 지지했던 보수 세력이 정치적으로 패배한 상황에서 형법의 영역에서 자유주의적이고 사회적인 개혁을 관철할 수 있는 여지가 상당히 넓었기 때문이다. 1920년대 후반에 권위적이고 보수적인 경향이 다시 강화되면서 상황은 급격하게 변화한다. '라드브루흐 초안'인 1922년의 형법초안에서 1925년의 형법초안을 거쳐 1927년의 형법초안으로 넘어가는 일련의 과정[4]은 이러한 정치적 전개과정을 그대로 반영한다. 즉 1925년 초안은 이미 사형제도와 금고형의 재도입을 규정함으로써 라드브루흐 초안의 두 가지 핵심적 요소를 제거해버렸고, 1927년 초안은 원래의 개혁구상으로부터 너무나도 멀어진 나머지 라드브루흐가 이

---

seines Geburtstages, 1978; Rudolf Wassermann, "Einleitung" zu Band 9 ('Strafrechtsreform') der Gustav Radbruch Gesamtausgabe(GRGA) 참고.

2 Radbruch, Entwurf eines Allgemeinen Deutschen Strafgesetzbuches (1922), GRGA Bd. 9, S. 47 – 160.

3 Radbruch, "Das Ende der Todesstrafe(1949)", GRGA Bd. 9, S. 339 이하.

4 이에 관한 개관은 Eberhard Schmidt, Einführung in die Geschichte der deutschen Strafrechtspflege, 3. Aufl. 1965, §§ 327 이하 참고.

초안이 1925년 초안의 지지자들에게 가져다주었던 '말할 수 없는 실망감'에 대해 언급할 정도였다.[5] 몇 년이 지난 후에는 진정한 의미의 형법개혁, 즉 자유라는 목표와 동시에 범죄자에 대한 합리적이고 인간적인 처우에 초점을 맞춘 진보적인 새로운 형법의 형성은 더 이상 가능할 수 없었다. 그저 "너는 아무것도 아니고, 민족이 전부이다"라는 기치를 내걸면서 국가찬양을 위한 주술적인 제도로 해석되는 사형 숭배를 실현하려는 새로운 형법사상의 유령에 대항해서 기존상태를 방어하기에 급급한 상황이 전개되었다. 1932년 11월 28일에 프랑크푸르트에서 개최된 공화국 법률가협회 주최의 학회에서 행한 라드브루흐의 강연 '형법개혁의 정신사적 상황'에서는 헬무트 니콜라이Helmut Nicolai, 그라프 글라이스파하Graf Gleispach 등 나치 형법사상의 주창자들에 대한 반박이 주조를 이룬다. 이 강연에서 라드브루흐가 거의 성급하게 보일 정도로 프란츠 폰 리스트Franz von Liszt에 따른 자유주의적이고 사회적인 형법개혁에서 우선적으로 중요한 것은 인간화 사상이 아니라, 합리화 사상이라는 점을 강조하면서[6] 그 증거로 리스트가 장형(杖刑)을 옹호했다는 점을 지적[7]한 것은 당시의 상황이 얼마나 절박했는지를 보여준다. 장형에 대해서는 더 이상 우려할 필요가 없었다. 형법개혁의 시대와 형법개혁에 대한 라드브루

---

5 Radbruch, "Abbau des Strafrechts. Bemerkungen über den Entwurf 1925 mit Anmerkungen über den Entwurf 1927(1927)", *GRGA* Bd. 9, S. 246 이하, 246 및 각주 1.

6 Radbruch, "Die geistesgeschichtliche Lage der Strafrechtsreform", *GRGA* Bd. 9, S. 323 이하, 325 이하. 라드브루흐의 이 강연에 관한 신문기사들은 하이델베르크 대학 도서관에 보관된 라드브루흐 소장품 번호 1245로 남아 있다(이에 관해서는 "Nachlassverzeichnis Gustav Radbruchs", bearbeitet von Manfred Stange, S. 172 참고).

7 Ebd., S. 326.

228

구
스
타
프
라
드
브
루
흐

흐의 실천적 및 학문적 공헌의 시대는 1933년 나치의 집권과 함께
마감했기 때문이다.[8]

형법개혁에 대한 라드브루흐의 공헌은 약 25년의 기간에 걸쳐 있
고, 그 서막은 1908년에 발표한 논문 '형법개혁에 관한 정치적 예측
Die politische Prognose der Strafrechtsreform'이었다. 이 기간 동안 라드브루흐
의 형법사상에서 강조점의 변화가 있었고 새로운 고찰방식도 추가되
었다는 점을 특별히 강조할 필요는 없을 것이다. 하지만 그의 형법정
책적 구상의 기본형태는 일관되게 유지되었다. 나는 서로 구별되지만
동시에 서로 밀접한 관련성을 맺고 있는 네 가지 측면에서 이 기본형
태를 재구성하고자 한다. 첫 번째 측면은 국가형벌의 목적과 정당화
에 관한 라드브루흐의 이해이고, 이러한 이해로부터 -두 번째 측면
으로서- 형사제재 체계를 새롭게 형성하기 위한 중요한 결론이 도출
된다. 형법의 사회적 과제에 대한 이러한 이해로부터 -세 번째 측면
으로서- 형법이 영향을 미칠 범위, 즉 어떠한 행위가 형사제재의
대상이 될 수 있고 또한 되어야만 하는가라는 물음과 관련해서도 본
질적인 변화가 일어난다. 네 번째 측면은 라드브루흐가 특히 중요하
게 여겼던, 개인에 대한 형법적 귀속의 정의Gerechtigkeit라는 문제이다.
이와 관련해서는 일단 라드브루흐가 평생에 걸쳐 확신범의 형법적
특권을 보장하기 위해 투쟁했다는 사실만을 지적하는 데 그치기로
하자. 나는 주로 네 가지 측면에 집중하고자 하기 때문에, 행형개혁에
대한 라드브루흐의 공헌[9]이나 라드브루흐가 제국 법무부장관 시절

---

8 이에 관해서는 특히 Klaus Marxen, *Der Kampg gegen das liberale
Strafrecht. Eine Studie zum Antiliberalismus in der Strafrechtswissenschaft
der zwanziger und dreißiger Jahre*, 1975 참고.

9 이에 관해서는 Müller-Dietz, "Einleitung" zu *GRGA* Bd. 10('Strafvollzug')

의회에 제출하긴 했지만, 그 자신이 직접 작성하지는 않았던, 1923년
의 청소년법원법(청소년형법)[10]에 대해서는 다루지 않겠다.

▌ '학파논쟁'에서 라드브루흐의 입장

국가형벌의 목적과 정당화를 둘러싼 논쟁에서 라드브루흐는 스승
프란츠 폰 리스트(1851~1919)와 사회학적 형법학파의 편에 서서 빈
딩Binding의 '고전'학파와 그 지지자들에 대항했다.[11] 이는 곧 목적형
을 위한 그리고 응보형에 대항하는 투쟁을 뜻한다. 하지만 이러한
학문사적 분류(목적형 대 응보형)만으로는 라드브루흐가 취한 입장의
겉모습만을 규정할 수 있을 뿐이다. 왜냐하면 학파논쟁에 참여했던
다수의 학자들과는 달리 라드브루흐는 학문적 논쟁이라는 외관의 배
후에 권위적이고 보수적인 입장과 사회적이고 자유주의적인 입장 사
이의 정치적 투쟁이 자리 잡고 있다는 사실을 간파하고 있었기 때문

참고.

10 이에 관해 자세히는 Fritz Hartung, *Jurist unter vier Reichen*, 1971, S.
43 이하 참고.

11 이에 관한 훌륭한 개관으로는 Monika Frommel, *Präventionsmodelle in der
deutschen Strafzweck-Diskussion. Beziehungen zwischen Rechtsphilosophie,
Dogmatik, Rechtspolitik und Erfahrungswissenschaften*, 1987 참고. 프
란츠 폰 리스트의 이론에 관해서는 Eberhard Schmidt, *Einführung in die
Geschichte der deutschen Strafrechtspflege*, 3. Aufl. 1965, §§ 307 이하와
Giannis A. Georgakis, G*eistesgeschichtliche Studien zur Kriminalpolitik
und Dogmatik Franz von Liszts*, 1940 참고. 최근의 문헌 가운데는
Wolfgang Naucke, "Die Kriminalpolitik der Marburger Programm 1882",
in: ders., *Über die Zerbrechlichkeit des rechtsstaatlichen Strafrechts*,
2000, S. 223 이하 참고.

이다. 그의 논문 '프란츠 폰 리스트-소질과 환경(1938)'에서 라드브
루흐는 이렇게 쓰고 있다. "형사정책 역시 정치라는 사실 앞에서 눈
을 감았고, 사이비 학문의 가명을 쓰고 형법이론과 형법개혁을 둘러
싸고 엄청난 정치적 투쟁을 벌였다."[12] 형법의 정치적 관련성은 이미
일찍부터(1909) 뚜렷하게 강조되었다. 응보형은 국가주의적 형법관
의 결론, 즉 국가가 초개인적 고유가치를 갖는다는 보수적 학설의
표현으로 여겨졌다. 이러한 관점에서 형사사법은 -라드브루흐의
표현에 따르면- 일종의 '국가적 성체Sakrament'[13]가 되고, '반항하는
자들에게 고통을 부과함으로써 국가의 신성함을 확인'[14]하는 장치가
된다. 형벌에 대한 이러한 국가 권위주의적 해석은 사형제도를 마치
애국가를 부르듯 찬양하는 알프레도 로코Alfred Rocco에게서 표현되고
있는 이탈리아 파시즘의 형벌론을 통해 절정에 도달한다.[15] 라드브
루흐가 명시적으로 나치 사상에 속한다고 규정하지는 않았지만, 어
쨌든 사형을 국가 권위주의적으로 정당화하는 다암Dahm과 샤프슈타
인Schaffstein의 이론 역시 마찬가지이다. 이들은 형벌을 통해 '국가의
상징적 존엄'이 계시되고, 사형은 "개인이 국가를 위해 희생되어도
좋다는 것을 명약관화하게 보여준다"고 말한다.[16]

---

[12] Radbruch, "Franz von Liszt-Anlage und Umwelt(1938)", *GRGA* Bd. 16('Biographische Schriften'), S. 27 이하, 30.

[13] Radbruch, "Die politische Prognose der Strafrechtsreform(1908/09)", *GRGA* Bd. 9, S. 161 이하, 162.

[14] Ebd. S. 161.

[15] Radbruch, "Strafrechtsreform und Nationalsozialismus(1933)", *GRGA* Bd. 9, S. 331 이하, 332.

[16] Dahm/Schaffstein, *Liberales oder autoritäres Strafrecht?*, 1933, S. 41. 이에 대항하는 Radbruch, "Autoritäres oder soziales Strafrecht?(1933)", *GRGA* Bd. 8('Strafrecht Ⅱ'), S. 226 이하, 236 참고. 사형의 상징적 의미에

그와 같은 천박한 국가 형이상학과 형벌 형이상학에 반대하면서 라드브루흐는 국가와 형벌에 대한 개인주의적 해석을 신봉한다. 그러면서 이러한 개인주의적 해석은 자유주의적 사고형태와 사회주의적 사고형태 모두 원용할 수 있다고 한다. 즉 자유주의이든 사회주의이든 윤리적으로 고찰해보면 모두 개인주의라고 한다.[17] 하지만 형벌을 보안형, 즉 예방적 처분으로 이해하는 것만이 개인주의에 지향된 국가철학에 부합한다고 한다.[18] 보수적-권위적 국가관과 자유주의적-사회적 국가관 사이의 대립구조에 의해 규정되는 이러한 분류체계를 라드브루흐는 훗날 사회적 형법관과 자유주의적 형법관의 관계에 비추어 약간 변경한다. 즉 바이마르 공화국의 민주적 '국민국가'에 의해 황제제국이라는 권위주의적 국가가 해체되면서 반국가주의적 전선을 결성했던 과거와는 달리 이제는 자유주의적 국가관 및 형벌관과 사회적 국가관 및 형벌관 사이의 차이가 전면에 등장하게 되었다. 이러한 차이는 자유주의의 추상적 법이해와 사회적 법이해의 구체적 관점 사이의 차이에 기인한다. 자유주의의 관점에서 개인은 오로지 특정한 행위의 주체라는 추상적 규정의 측면에서만 고려되는 ─사법Privatrecht에서 개인이 단지 소유권자, 채무자, 채권자 등의 역할을 통해서만 고려되는 것과 마찬가지로─ 반면, 사회적 법이해의 관점에서는 '심리학적

관해서는 Enzensberger, *Politik und Verbrechen*, 1964, S. 15; Neumann/Schrott, *Neuere Theorien von Kriminalität und Strafe*, 1980, S. 14 참고.

17 Radbruch, "Prognose(각주 13)", S. 166.

18 Radbruch, "Prognose(각주 13)", S. 165. 그 때문에 라드브루흐는 자유주의가 보안형 원칙에 따른 형법개혁도 '당연히 자신의 자식으로 고려해야' 한다는 결론에 도달한다[S. 166; 이 논문이 처음 출간된 *Monatsschrift für Kriminologie und Kriminalpsychologie* 5(1908/09), S. 1 이하를 그대로 따르고 있는 전집에는 '당연히 자신의 자식으로 고려하지 않아도 된다'로 되어 있는데, 이는 명백한 오류이다].

및 사회학적 속성'을 지닌 구체적인 인간 자체가 법의 시야에 포착된
다.19 이 점에서 개인의 구체적 성격은 한편으로는 범죄를 저지르기
이전의 삶에 기인하고, 다른 한편으로는 그의 장래의 사회적 행동에
영향을 미친다. 따라서 형사제재가 이러한 행동에 어떠한 영향을 미치
는지가 중요한 의미를 갖게 된다. 그렇기 때문에 사회적 형법에서 양
형은 행위자에 관련된 기준들에 지향되는 반면, 자유주의적 형법사상
은 형사제재를 단지 유책한 불법의 비중에 따라서만 규정하고, 이 점
에서 응보사상에 집착한다. 이런 이유 때문에 라드브루흐는 법치국가
적－자유주의적 응보이론 및 위하이론Abschreckungstheorie에 대비되는
보안개선형 이론을 사회적 형법의 이론으로 제시한다.20

　그러나 서로 다른 형법모델의 대비를 형법정책적 구상에서 둘 가
운데 어느 하나만을 선택해야 한다는 의미의 대안으로 오해해서는
안 된다. 형법질서를 실천적으로 형성할 때에는 자유주의적 형법사상
을 사회적 형법의 구조에 편입시켜야 한다. 이 점은 응보사상에도
해당된다. 즉 라드브루흐는 이제 권위적 관헌국가 시대에 발표한 저
작들에서와는 달리 응보사상의 기능을 훨씬 더 섬세하게 파악한다.
물론 응보를 통한 형벌의 정당화라는 사고는 여전히 권위적 국가사상
에 속한다고 본다. 하지만 라드브루흐는 형벌목적의 관점에서는 응보
사상이 갖고 있는 권위적 성격과는 별개로 법치국가적－자유주의적
측면도 갖고 있다고 인정한다. 다시 말해 응보형법은 한편으로는 범
죄자에 대항하고, 다른 한편으로는 "국가가 범죄에 대해 반작용할 때
책임과 형벌 사이의 균형이라는 의미의 형벌정의를 준수해야 한다는

---

19 Radbruch, *Rechtsphilosophie*(3. Aufl. 1932), *GRGA* Bd. 2('Rechtsphilosophie
Ⅱ'), S. 205 이하, 400.
20 Ebd.

한계를 설정함으로써 국가에 대항하기도 한다"[21]는 것이다. 자유주의적 형법사상이 갖고 있는 이러한 법치국가적 요소는 목적에 지향된 형법에서도 유지되어야 한다. 그 때문에 '자유주의적 – 권위적' 형법으로부터 '자유주의적 – 사회적 형법'으로의 발전이 라드브루흐의 프로그램이 된다.[22] 즉 자유주의적 – 사회적 형법이라는 개념은 자유주의적 요소와 사회적 요소를 똑같이 진지하게 고려해야 한다. 비록 라드브루흐가 형벌 제도는 오로지 그것이 갖는 보안기능을 통해서만 정당화되어야 한다고 계속 강조하고 있고 또한 자신에게는 프란츠 폰 리스트와 마찬가지로 형법의 합리화가 일차적으로 중요하고, 형법의 인간화는 단지 이차적으로만 중요할 뿐이라는 점을 의심의 여지없이 분명하게 밝히고 있긴 하지만, 형사정책의 물결은 결코 법치국가적 형법이라는 요새를 넘지 못한다. 법치국가적 형법은 사회에 대해 효율성을 높여야 할 의무를 부담하기도 하지만, 이와 동시에 범죄자에 대해 형법적 책임을 부과할 때 공정성을 보장할 의무도 부담한다.

▌형사제재 체계의 새로운 구성

효율적인 형법을 형성해야 한다는 요청을 자유주의적 – 법치국가

---

21 Radbruch, "Sozialismus und Strafrechtsreform(1927)", *GRGA* Bd. 9, S. 270 이하, 271. 유사한 입장으로는 ders., "Autoritäres oder soziales Strafrecht? (각주 16)", S. 228 이하 참고. 이에 관해서는 또한 Hans Jochen Vogel, "Gustav Radbruch – ein Rechtsdenker und Rechtspolitiker der deutschen Sozialdemokratie", in: Küper(Hrsg.), *Heidelberger Strafrechtslehrer im 19. und 20. Jahrhundert*, 1986, S. 243 이하, 256도 참고.
22 Radbruch, "Autoritäres oder soziales Strafrecht?(각주 16)", S. 229 이하.

적 원칙과 결합하려는 라드브루흐의 관심은 그가 작성한 1922년 형법초안의 형사제재 체계에서도 분명하게 드러나 있다. 라드브루흐는 이러한 결합이 완벽하게 실현될 수 없다는 것을 명백히 의식하고 있었다. 비록 그가 계획했던 형사제재 체계 개혁의 많은 측면에서 형사정책적 요청과 법치국가적이고 인간적인 형법의 요청이 서로 일치하긴 하지만, 원칙적으로 특별예방에 지향된 형법의 여러 지점에서 목적에 지향된 개입주의적 형법과 국가형벌을 제한하는 법치국가적 형법 사이에서 어느 하나를 결정하지 않을 수 없었다.

그러나 사형과 금고형의 폐지라는, 라드브루흐에게 핵심적인 내용이었던 개혁프로그램은 형사정책적 효율성과 소극적인 법치국가적 형법 사이에서 결정을 필요로 하는 문제가 아니었다. 라드브루흐에게 사형은 권위적 응보사법의 유산, 즉 전체 형사제재 체계를 '피냄새'로 뒤덮고 그 때문에 '형법개혁의 상징'으로서 당연히 폐지되어야 할 형벌이었을 뿐만 아니라,[23] 형사정책적으로도 전혀 쓸모가 없는 도구였다. 왜냐하면 중범죄의 경우에도 범죄는 결코 형벌을 받을 위험을 섬세하게 계산하는 저울질을 거쳐 결정을 내린 결과가 아니기 때문이다.[24] 이와 관련해서 라드브루흐는 나중에도 여러 측면에서 입증된 경험, 즉 사형을 폐지한 이후에도 중범죄가 눈에 띠게 증가하지 않는다는 사실을 지적한다.[25]

금고형과 다른 명예박탈 형벌의 폐지와 관련해서도 인간성이라는

---

23 Radbruch, "Abschaffung der Todesstrafe als Symbol der Strafrechtsreform (1931)", *GRGA* Bd. 9, S. 321 이하.

24 Radbruch, "Zur Todesstrafe(1928)", *GRGA* Bd. 9, S. 302.

25 이는 라드브루흐가 직접 작성한 형법개정 초안의 개정근거에 나와 있다 (*Entwurf 1922*, *GRGA* Bd. 9, S. 136 이하, 143).

관점뿐만 아니라, 형사정책적 이성이라는 관점도 중요한 근거로 작용한다. 왜냐하면 금고형이나 시민의 명예권을 상실시키는 형벌과 같은 명예형 −라드브루흐에 따르면 명예형은 사회의 '도덕적 린치 사법'을 조장한다고 한다[26]− 은 범죄자를 사회에 다시 편입시키는 데 극복할 수 없는 장애물이 되기 때문이다. 그리고 단기자유형의 제한[27]은 목적형의 주창자들이 내세운 고전적 요구를 실현한 것이다. 물론 라드브루흐가 단기자유형이 제한되는 최소형벌기간을 1주로 확정(초안 제31조)한 것이 과연 충분한 것이었는지에 대해서는 의문을 제기할 수 있다(현행 형법은 최소 형벌을 1개월로 규정하고 있다).

이에 반해 초안에 제시된 형사제재 체계의 다른 곳에서는 법치국가적−자유주의적 형법과 예방에 지향된 '사회적' 형법 사이의 긴장이 드러난다. 특히 보안감호의 도입과 법관의 재량에 맡긴 행위자 지향의 양형을 둘러싸고 이러한 긴장을 확인할 수 있다.

보안감호의 도입 −및 형사제재의 이원주의의 도입− 은 사회학적 학파의 핵심 요구사항에 부합한 것이다. 라드브루흐는 형법 전체를 순수한 보안처분법으로 대체하는 더욱 철저한 해결방법을 미래의 관점으로 확정하고 있긴 하지만, 이를 곧바로 현실로 전환하려는 시도는 역사적으로 너무 빠르다고 비판한다.[28] 순수한 보안처분법은

---

26 Ebd. S. 144. 또한 Radbruch, "Das System der Freiheitsstrafen im Vorentwurf(1910/1911)", *GRGA* Bd. 9, S. 181 이하, 183도 참고.

27 단기자유형의 제한은 라드브루흐가 법무부장관에 취임하기 이전에 작성되었고 임기 중에 법률로 제정된 벌금형법['벌금형 적용범위의 확대와 단기자유형이 제안을 위한 법률(1921년 12월 12일)' RGBl. 1, S. 1604] 초안에도 이미 제기되어 있었다.

28 Radbruch, "Fortschritt und Rückschritt in den kriminalpolitischen Bestimmungem des neuesten Strafgesetzentwurfs(1928)", *GRGA* Bd.

시기적으로 아직 성숙하지 않았다는 것이다. 그렇기 때문에 라드브루흐 초안은 형벌과 보안처분의 병존을 고수하지만, 형벌을 목적사상의 지배하에 놓는다. 물론 라드브루흐가 초기 저작에서 상당히 공감하고 있던 '형벌기간이 확정되지 않은 형사판결'의 도입은 포기하지만, 몇몇 구성요건과 관련해서는 -행위가 아니라- 행위자에 지향된 양형의 원칙에 따라 충족할 수 있도록 의도적으로 광범위한 형벌범위를 규정하고 있다. 라드브루흐는 초안의 제안 이유서에서 기회범, 상습범이 될 가능성이 높은 범죄자, 개선이 불가능한 상습범을 구별해서 형사판결이 지침으로 삼아야 한다는 프란츠 폰 리스트의 범죄자 유형론을 명시적으로 원용한다.[29] 보안감호의 경우에도 감호기간의 상한선을 포기함으로써 법관에게 폭넓은 판단재량을 인정하고 있다. 물론 이는 법치국가적으로 문제가 있다.

자본주의 사회의 형법이 갖고 있는 계급적 성격을 지속적으로 지적해왔고[30] 또한 압도적인 다수가 정치적으로 보수적이었던, 바이마르 공화국의 법관들에 대항하는 정치적 투쟁과 학문적 투쟁을 펼치면서 형법의 계급적 성격을 뚜렷하게 의식하고 있었던 라드브루흐가 사회민주주의의 대부분이 제기한 우려[31]에도 불구하고 보안감호의 도입에 대한 요구를 나중에까지 계속 고수했다는 사실은 의외이다.[32] 이는 아마도 라드브루흐가 자유법학파Freiheitsschule에 공감하고

9, S. 293 이하, 295(페리스 Ferris의 초안에 대한 서술).

29 *GRGA* Bd. 9, S. 147.

30 Radbruch, "Sozialismus und Strafrechtsreform(각주 21)", S. 274.

31 이에 관해서는 Martin Martiny, *Integration oder Konfrontation? Studien zur Geschichte sozialdemokratischer Rechts- und Verfassungspolitik*, 1976, S. 185 이하 참고.

32 이에 관해서는 Rudolf Wassermann, "Einleitung" zu GRGA Bd. 9, S. 39

있었다는 사실로 설명할 수 있을지도 모른다.[33] 라드브루흐의 초안
은 단순히 분쟁에 대한 결정에 국한되지 않는 형성적이고 창조적인
법관이라는 자유법학파의 법관상에 크게 의존하고 있기 때문이다.
이와 동시에 당시의 사법부가 처해 있던 곤궁한 상태에도 불구하고
여전히 법관의 중립성에 대한 신뢰를 표현한 것이기도 했다. 이런
의미에서 라드브루흐는 자신을 비판하는 자들에 대해 '앞으로 족히
한 세기를 지배하게 될' 형법을 사법부에 대한 신뢰의 위기라는 '일
상적인 문제'와 결부시켜서는 안 된다고 대답한다.[34] 그 당시의 라드
브루흐로서는 계속되는 정치적 발전에 비추어 자신이 기획한 형법이
실현되는 데 일시적인 장애가 될 뿐이라고 생각했던, 사법부에 대한
신뢰의 위기가 그의 예상보다 훨씬 더 오래 지속되었다는 사실을
알 수 없었다(이는 당시의 사회민주주의가 상당히 낙관적인 전망을 갖고 있었
다는 사실의 반영이기도 하다).

▌ 비범죄화와 신범죄화

이제 세 번째 측면을 다루겠다. 즉 형법을 사회를 보호하는 법으
로 해석하게 되면, 단순히 형사제재 체계의 전환과 확대라는 결과만

참고.

33 이에 관해서는 Vogel, "Gustav Radbruch(각주 21)", S. 258 참고. 라드브
루흐와 자유법학파의 관계 전반에 대해서는 Albert S. Foulkes, "Gustav
Radbruch in den ersten Jahrzehnten der Freirechtsbewegung", in:
Arthur Kaufmann(Hrsg.), *Gedächtnisschrift für Gustav Radbruch*, 1968,
S. 231 이하 참고.

34 Radbruch, "Sozialismus und Strafrechtsreform(각주 21)", S. 273.

을 낳는 것이 아니라, 형벌구성요건의 목록에도 직접적인 결과를 낳는다. 왜냐하면 이러한 해석은 행위의 사회적 유해성Sozialschädlichkeit을 당벌성의 유일한 기준으로 삼기 때문이다. 이는 특히 하나의 행위가 도덕위반이라는 논거로 그 행위를 범죄화하는 것은 허용되지 않는다는 사실을 뜻한다. 라드브루흐는 포이어바하Feuerbach의 전통에 따라 형사입법과 관련해서 법과 도덕을 명확히 분리한다. 급부상한 나치의 형법이데올로기가 이러한 분리를 폐기한 사실을 라드브루흐는 나치의 활동이 갖고 있는 전체주의적 성격의 증거로 파악한다.[35]

단순한 도덕위반을 형법으로부터 제거함으로써 간통, 수간(獸姦), 단순한 동성애, 이른바 약혼자 동침매개Verlobtenkuppelei 등의 구성요건은 사라진다. 라드브루흐의 제안이 얼마나 개혁적이었는지를 이해하기 위해 다음과 같은 사실에 주의를 환기시키고자 한다. 즉 2차 세계대전 이후 독일 연방공화국의 형법개혁 논의에서도 라드브루흐가 1920년대 초반에 거부했던 이러한 형벌구성요건들을 형법에서 제거하기 위해 끈질긴 저항에 부딪혀가면서 오랜 기간에 걸친 투쟁이 필요했다.[36]

형법을 ─단순히 도덕에 반하는 행위가 아니라─ 사회유해적 행위에만 국한시킨다는 이러한 질적 측면 이외에도 사회보호 기능에 한정된 형법에서는 양적 등급기준도 등장한다. 즉 범죄행위가 갖는 비중 때문에 사실상 형벌을 통한 반작용이 불가피한가라는 물음을 제기하게 된다. 이로써 형사제재는 이중의 의미에서 보충적이다. 첫

---

35 Radbruch, "Autoritäres oder soziales Strafrecht?(각주 16)", S. 234.

36 이에 관해서는 Arthur Kaufmann, "Der Alternativ─Entwurf eines Strafgesetzbuches und das Erbe Radbruchs", in: ders.(Hrsg.), *Gedächtnisschrift für Gustav Radbruch*, 1968, S. 324 이하 참고.

째, 형벌의 한계선보다 더 낮은 제재만으로 충분하다고 여겨지는 경우에는 형사제재는 권리를 상실한다. 이 의미에서 라드브루흐는 경미범죄는 형법으로부터 '경찰형법' 또는 질서위반법으로 이전시키자고 주장한다.[37] 벌금형만을 부과하고 별도의 독자적 총칙을 규정하며, 불법의 정도가 낮기 때문에 미수와 공범을 처벌하지 않도록 해야 한다는 이른바 경죄(輕罪)에 관한 1922년 초안의 규정들 역시 이러한 방향에 속하는 개혁이다.

둘째, 형법의 목표가 행정처분을 통해서도 달성할 수 있거나 더 원활하게 달성될 수 있을 때에는 형법은 뒤로 물러나야 한다. 예컨대 매춘의 범죄화는 보건과 관련된 행정처분으로 대체할 수 있기 때문에 포기되어야 한다. 라드브루흐의 표현에 따르면 성병퇴치법 초안은 '매춘에 대한 형법적 투쟁을 성병에 대한 행정적 투쟁으로 대체하려는 시도'라고 한다.[38] 이와 같이 보호사상은 형법의 핵심영역을 넘어선 영역에서는 광범위한 비범죄화에 도달하게 된다.

이러한 경향은 한쪽 측면에만 해당할 뿐, 다른 쪽 측면도 갖고 있다. 즉 법익에 대한 형법적 보호라는 사고를 진지하게 고려하면서 형법의 구성요건들을 검토해보면, 상당히 많은 흠결이 드러난다. 형법을 면밀히 고찰해보면, 형법이 커다란 문제를 안고 있다는 사실을 분명하게 확인할 수 있다는 것이다. 예를 들어 재산상의 이익은 거의 완벽할 정도로 포괄적인 보호를 누리는 반면, 노동력에 대한 형법적 보장은 극도로 주변적이고 부수적인 정도에 머물러 있다. 그 때문에 라드브루흐는 형법의 계급적 성격이 전형적으로 하층계급에 속하는

---

37 Radbruch, "Der Strafgesetzentwurf. Ein erster Bericht(1925)", *GRGA* Bd. 9, S. 204 이하, 205.

38 *GRGA* Bd. 9, S. 142.

사람들이 저지르거나 주로 이들에 대해서만 형사처벌이 이루어지는 특정한 행위들을 과도하게 범죄화하는 데에서만 드러나는 것이 아니라, 전적으로 또는 전형적으로 하층계급에 속하는 피해자들의 이익을 침해하는 행동에 대한 과소한 범죄화에서도 드러난다고 한다.

낙태죄 구성요건도 계급형법으로 작용한다. 왜냐하면 자신이 신뢰하는 의사로부터 낙태 시술을 받을 수 있는 부유층 부인은 "궁핍한 상황 때문에 경찰이 잘 알고 있는 돌팔이로부터 무면허 시술을 받는"[39] 무산자 계층의 부인에 비해 훨씬 더 쉽게 형사소추로부터 벗어날 수 있기 때문이다. 이밖에도 노동력에 대한 효율적인 형법적 보호를 포기하는 것도 계급형법이라고 한다.[40] 그렇기 때문에 형법이 계급적 평등을 실현하도록 만들려는 시도는 비범죄화라는 도구를 사용해야 할 뿐만 아니라, 새로운 구성요건을 창설하거나 기존의 구성요건을 확대하는 데 주저해서도 안 된다고 한다. 이 점에서 기존의 형법에 존재하는 가벌성의 흠결을 보충하는 것은 −라드브루흐가 명시적으로 확인하고 있듯이− 사회적 형법의 의무일 뿐만 아니라,

---

39 Radbruch, "Das Verbrechen gegen das keimende Leben(1920)", *GRGA* Bd. 9, S. 191 이하, 192. 이에 관해서는 Radbruch, "Die Abtreibung der Lebensfrucht vom Standpunkt des Strafrechts(1921)", *GRGA* Bd. 9, S. 194 이하도 참고. 라드브루흐의 개혁안이 오늘날의 상황에서 갖는 의미에 대해서는 Albin Eser, "Gustav Radbruchs Vorstellungen zum Schwangerschaftsabbruch: Ein noch heute 'moderner' Beitrag zur aktuellen Reformdiskussion", in: *Spendel−Festschrift*, 1992, S. 475 이하 참고.

40 Radbruch, "Der strafrechtliche Schutz der Arbeitskraft(1926/27)", *GRGA* Bd. 9, S. 253 이하. 이에 관해서는 또한 Radbruch, "Art. 157 Abs. 1. Arbeitskraft", in: Hans C. Nipperdey(Hrsg.), *Die Grundrechte und Grundpflichten der Reichsverfassung. Kommentar zum zweiten Teil der Reichsverfassung*, Bd. 3, Berlin 1930, *GRGA* Bd. 14, S. 54 이하도 참고.

정의의 요구이기도 하다.[41]

　형법과 형법실무는 사회의 계급적 구조에 기인한 부정적 현상과는 전혀 관계가 없는 영역에서도 사회적 약자의 이익을 소홀하게 취급하는 경향이 있다. 예컨대 라드브루흐는 자식을 학대하는 부모를 지나치게 가볍게 처벌한다고 비판한다.[42] 그 때문에 1922년 초안에서 라드브루흐는 '아동, 청소년, 항거능력이 없는 자'에 대한 학대라는 특별 구성요건을 창설하고 최소형량을 3개월의 징역으로 규정(제237조)해서 이러한 행위를 지나치게 가볍게 처벌하는 형사실무에 대해 한계를 설정하고자 했다. 또한 수련생에 대한 장인의 징벌도 형법적 금지를 통해 억제하고자 했다.[43]

　따라서 라드브루흐에게 형법개혁은 형법의 축소뿐만 아니라, 형법의 확장을 의미하기도 하며, 부분적으로 형법의 신축을 의미하기도 한다. 국가형벌이라는 제도에 대한 모든 회의 ─이에 대해서는 수많은 증거를 제시할 수 있다─ 에도 불구하고 라드브루흐는 정의로운 제재라는 기본원칙을 결코 포기할 수 없다고 본다. 즉 형벌이 부과되는 한 그리고 형벌이 '형법보다 더 훌륭하고, 형법보다 더 현명할 뿐만 아니라, 더 인간적인' 보안개선처분법으로 대체되지 않는 한,[44] 최소한 형법의 상대적 정의가 법률의 형성과 법적용에서 유지되어야 한다는 것이다.

---

41 Radbruch, "Schutz(각주 40)", S. 258. 이러한 요구에 부합하는 형벌구성요건을 규정할 가능성을 둘러싸고 사회민주당과 노동조합 내에서 진행된 논의에 관해서는 Martiny, *Integration oder Konfrontation?* S. 172 이하 참고.

42 Radbruch, "Die Kindermißhandlung im künftigen Strafrecht(1928)", *GRGA* Bd. 9, S. 288 이하.

43 Ebd., S. 288.

44 Radbruch, *Rechtsphilosophie*(각주 19), S. 403.

▌ 법치국가 형법의 원칙

이제 마지막으로 네 번째 측면에 대해 설명하겠다. 라드브루흐는 정의롭고 공정한 형법은 단순히 사회적 필요성뿐만 아니라, 귀속규칙의 투명성과 확실성을 통해서도 정당화될 수 있어야 한다고 본다. 이와 관련해서 라드브루흐는 1919년에 발표한 강령적인 논문 '형법의 개혁'에서 프란츠 폰 리스트를 명시적으로 원용하면서 다음과 같이 말한다. "정의로운 형법은 앞으로 오로지 목적에 부합하는 형법이다."⁴⁵ 그러나 이 명제를 뒤집어서 말하는 것은 허용되지 않는다. 즉 라드브루흐에게는 목적에 부합하는 형법이 모두 정의로운 형법이 되지는 않는다. 형법은 오로지 '정의로운' 성질을 가질 때에만 정의롭다는 수식어를 달 자격이 있다. 이를 위해서는 형법적 책임원칙을 일관되게 실현하는 것을 전제한다. 라드브루흐는 책임원칙의 실현을 명시적으로 개정초안의 준칙으로 삼는다. 이는 먼저 특히 이른바 결과적 가중범에서 우연적 요소를 제거함으로써 '결과책임의 잔재'를 청산한다는 것을 뜻한다.⁴⁶ 구체적으로 말하자면, 예컨대 고의의 상해치사

---

45 Radbruch, "Die Reform des Strafrechts(1919)", *GRGA* Bd. 9, S. 187 이하, 188. 라드브루흐는 형법이 응보에서 예방으로 방향을 전환하는 것이 평균적 정의에서 배분적 정의로 전환하는 것이고, 동시에 사법적 형벌관에서 공법적 형벌관으로 전환하는 것이라고 본다. 이에 관해서는 Radbruch, *Rechtsphilosophische Tagesfragen, Vorlesungsmanuskript Kiel. Sommersemester 1919*(hrsg. Hidehiko Adachi und Nils Teifke), 2004, S. 37 참고.

46 형법상의 결과책임에 대한 비판은 라드브루흐가 1908년에 이미 발표한 논문(Radbruch, "Erfolgshaftung", *GRGA* Bd. 15, S. 188 이하)에서 독일형법과 다른 나라의 형법을 비교하면서 이루어졌다[이 논문에서 라드브루흐

죄와 같은 중한 형벌구성요건에 따라 처벌하는 것은 앞으로는 피해자의 사망을 최소한 과실로 야기한 자에 대해서만 가능하도록 만들어야 한다고 한다. 이 역시 법치국가적으로 반드시 필요한 수정 내용이었고, 독일 연방공화국의 입법을 통해 나중에 비로소 실현되었다.

더 나아가 책임원칙의 포괄적 실현에 대한 요청은 다음과 같은 점을 의미하기도 한다. 즉 자신의 행위의 불법을 의식하지 못했고, 그로 인해 그 행위를 하지 않을 동기를 가질 수 없었던 행위자는 처벌할 수 없다는 점이다. 금지착오를 법률로 명문화하자는 이 제안은 라드브루흐 초안이 나온 지 거의 50년 후에야 초안과는 다른 형태로 형법에 명문화되었다.

라드브루흐가 그의 전 생애에 걸쳐 주장했던, 확신범에 대한 특별규정에 대한 요구 역시 같은 맥락에 속한다. 즉 라드브루흐는 차별과 교육적 의도에서 벗어나 오로지 자유형만을 부과하도록 보장하는 형식을 통해 확신범을 특별 취급해야 한다고 주장했다.[47] 물론 이 경우는 형법상의 책임개념이 의미하는 행위자 책임에 관련된 것이 아니다. 왜냐하면 확신범도 자신의 행위가 현행 법질서에 의해 부정된다는 사실을 알고 있기 때문이다. 따라서 좁은 의미의 책임원칙과는 직접적 관련성이 없다. 하지만 형법적 책임을 공정하고 정의롭게 부과하기 위한 규칙과는 명백히 관련성이 있다. 왜냐하면 확신범은 한 사회를 지배하고 있는 윤리적, 종교적 및 정치적 가치에 대항해서

는 결과책임의 거부는 '학파들 사이의 논쟁'을 넘어서는 문제라고 확인하고 있다(S. 204)].

47 이에 관해 자세히는 하이델베르크 대학 박사학위 논문인 Joachim Stoltzenburg, *Das Problem des Überzeugungsverbrechers bei Gustav Radbruch*, 1953 참고.

자신의 개인적 가치관을 관철하고자 하며, 그 때문에 형법적 교정수
단을 동원해 확신범에게 이 사회의 도덕적 및 법윤리적 원칙을 수용
하도록 강제한다면 결국은 그의 인격에 대해 폭력을 행사할 수밖에
없기 때문이다. 라드브루흐는 이러한 연관성을 일단은 형사정책적
관점에서 밝힌다. 즉 확신범이라는 특수한 '범죄학적 유형'에 초점을
맞추어 '개선'형의 투입이 아무런 의미도 없다는 점을 강조한다.48
이러한 형사정책적 관점보다 훨씬 더 중요한 것은 라드브루흐가 뒤
이어 밝히고 있는 윤리적 관점이다. 즉 국가는 확신범에 대해 심리학
적 결함이나 도덕적 결함을 입증할 수 없고, 따라서 이를 상쇄하기
위해 치료적 형벌이 도움이 된다는 식으로 말할 수 없기 때문에 국가
가 '개선'형을 투입할 권리 자체를 갖지 못한다고 한다.49

라드브루흐는 확신범을 '다른 생각을 가진 자'로 지칭하면서 국가
가 확신범에 대해 방어권을 갖고 있긴 하지만, 도덕적 우월성을 주장
할 수는 없다고 한다. 이렇게 함으로써 확신범과 관련해서는 국가와
사회가 자신들의 요구의 상당부분을 포기하고 단념해야 한다고 주장
한다. 라드브루흐가 확신범을 국가와 같은 높이에서 대비한다는 사
실은 여러 측면에서 언급되고 있듯이50 그의 가치상대주의적 기본입
장과 관련이 있다. 그러나 이러한 가치상대주의는 철학자의 외재적
관점에서는 높은 설득력을 가질 수 있을지 모르지만, 국가와 사회의
내재적 관점을 완벽하게 규정할 수는 없다. 즉 국가는 국가가 신봉하

---

48 Radbruch, "Über die Frage vom Überzeugungstäter(1926)", *GRGA* Bd.
8, S. 134.
49 Radbruch, "Der Überzeugungsverbrecher(1924)", *GRGA* Bd. 8, S. 126
이하, 129.
50 Vogel, "Gustav Radbruch(각주 21)", S. 256.

는 기초적인 가치들이 이와는 대립되는 가치들에 의해 대체될 수는 없다고 주장해야만 한다. 그로 인해 반드시 권위주의적인 국가뿐만 아니라, 굳은 신념을 표방하는 국가도 가치상대주의적인 이유에서 확신범을 특별 취급하는 것을 거부할 위험이 있다. 따라서 더 약한 방식의 정당화가 더 강한 방식의 정당화가 될지도 모른다. 즉 국가는 국가 자신의 관점에서는 '양심의 착오'에 기인한다고 보일지라도 시민의 진지한 확신이라면 이를 존중해야 한다는 식으로 확신범의 특별 취급을 정당화하는 것이 더 타당하다.[51]

나는 이제 결론에 도달했다. 사회적이고 동시에 자유주의적인 형법개혁에 대한 라드브루흐의 구상이 얼마나 시의적절한가라는 물음에 대해서는 곧바로 대답할 수 있다. 왜냐하면 이에 대한 다른 대안이 없기 때문이다. 라드브루흐의 수많은 구체적 요구사항들이 ─대개는 상당히 뒤늦게─ 실현되었다는 사실을 결코 간과해서는 안 된다. 왜냐하면 사회적─자유주의적 관점에서 출발하는 형법비판과 형법개혁이라는 과제가 각 사회마다 다른 방식으로 제기되는 것은 당연한 일이기 때문이다. 구체적인 예를 들어보자. 간통, 약혼자 동침매개, 단순한 동성애 등의 범죄는 오늘날에는 더 이상 자유주의 형법의 전면을 장식하지 않는다. 오히려 이른바 조직범죄나 장기이식법 등과 같이 부수형법의 영역에 속하는 구성요건들에 대한 비판적 검토가 절실한 상황이다. 특히 행정법의 우위라는 라드브루흐의 원칙은 계속해서 입법자의 주목을 끌고 있다.

마지막으로 사형제도에 대항하는 라드브루흐의 투쟁이 아니라, 사

---

51 이 점에 관해서는 Peter Noll, "Der Überzeugungstäter im Strafrecht. Zugleich eine Auseinandersetzung mit Gustav Radbruchs rechtsphilosophischem Relativismus", *ZStW* 78(1966), S. 638 이하 참고.

형제도를 반대하는 그의 논거는 현재 독일에서도 유감스러울 정도로 시의적절한 상황이다. 라드브루흐가 표현하는 것처럼 사형이 전체 형사사법을 '피 냄새'로 뒤덮는 것이라면,[52] 잠재적 범죄자를 예방하기 위해 살해하는 것 역시 마찬가지이다. 더욱이 형사사법뿐만 아니라, 국가와 사회 전체를 피 냄새로 뒤덮는 것이 된다. 인간에 대한 예방적 살인을 인정하는 국가는 더 이상 기본법에 규정된 국가가 아니다. 이 점은 국가의 고문을 재도입하자는 말로 형용하기 어려운 제안도 마찬가지이다. 단 하나의 상황에 국한되는 경우일지라도 한 사람을 고문할 권리가 있다고 주장하는 국가는 고문이 자행되는 지하실의 피 냄새에서 벗어날 수 없다. 라드브루흐 자신도 공화국보호법 입법[53]에서 사형에 대항하는 투쟁을 일관되게 관철하지 못했다는 사실은 결코 고문을 제한적으로 도입하는 데 찬성하는 논거가 될 수 없다. 왜냐하면 역사적 전개과정은 우리에게 한 가지 점에서는 국가보호라는 제단에 자신의 확신을 희생시키고자 했던 라드브루흐의 의도[54]가 결국은 수포로 돌아갔음을 보여주고 있기 때문이다. 즉 '공화국보호법'에 사형을 수용했음에도 공화국을 적들로부터 보호하지는 못했다. 역사는 라드브루흐보다는 라드브루흐의 확신이 옳았음을 입증하고 있다.

---

52 각주 15 참고.

53 이는 제국 법무부장관으로서의 라드브루흐가 발의했고 그가 서명한, 1922년 7월 21일의 '공화국 보호를 위한 법률(RGBl. I S. 585)과 그 이전에 공포된, 1922년 6월 26일의 행정명령과 1922년 6월 29일의 행정명령을 지칭한다.

54 라드브루흐가 공화국보호법에 사형을 도입하는 결정을 내렸을 때 겪었던 내면적 갈등은 부인 리디아 라드브루흐에게 보낸 1922년 6월 30일과 1922년 7월 12일의 편지에 드러나 있다(*GRGA* Bd. 18, S. 59와 S. 61, 62). 이에 관해서는 Günter Spendel, *Jurist in einer Zeitwende. Gustav Radbruch zum 100. Geburtstag*, 1979, S. 18 이하도 참고.

노동력의 형법적 보호
- 후고 진츠하이머와 구스타프 라드브루흐
사이의 한 논쟁

▌형법의 편파성?

"노동법의 역사는 곧 형법으로부터의 해방의 역사이다." 나의 동료이자 친구인 만프레드 바이스Manfred Weiss는 뤼더센Lüderssen 기념논문집에 기고한 논문을 바로 이 문장으로 시작한다.[1] 이 논문에서 바이스가 염두에 두고 있는 형법은 노동법의 손아귀에서 벗어나야 마땅했던 형법이다. 즉 형벌위협을 통해 노동조합의 결성을 금지함으로써 노동자들의 자치조직 형성을 가로막았던 관헌국가의 형법이다.[2] '노동법과 형법'이라는 주제를 이와 같이 노동자에 대한 형법적

---

1 Manfred Weiss, "Parastaatliches Strafrecht: Das Legitimationsdefizit der Betriebsjustiz", in: Cornelius Prittwitz u.a.(Hrsg.), *Festschrift für Klaus Lüderssen*, Baden-Baden 2002, S. 383.
2 Weiss, "Parastaatliches Strafrecht", S. 383(여기서 바이스는 1845년의 프로이센 영업령 제182조를 예로 지적하고 있다).

보호가 아니라, 단지 노동자들에 대한 훈육과 결부시키는 것은 형법
의 전통에 해당한다. 즉 법익보호를 자신의 특수한 사명으로 여기는
형법은 노동력의 보호와 관련해서는 눈에 확연하게 뜨일 정도로 소
극적이었다. 재산은 형법에서 수많은 구성요건을 통해 포괄적인 보
호와 보장의 대상이 되는 반면, '무산자의 유일한 재산'3인 노동력은
형법에서 명시적인 보호 대상이 아닌 상태로 남아 있다.

이러한 상황은 다양한 측면에서 —대부분은 비판적 의도를 갖고
— 확인되어 왔다.4 그 때문에 이러한 불평등과 비대칭의 배후에는
사실상 무산자를 유산자의 착취로부터 보호하는 것이 아니라, 유산
자를 무산자의 공격으로부터 보호하는 편향된 입법이 자리 잡고
있다고 추측하는 것은 당연한 일이다. 이런 의미에서 노동력의 형
법적 보호에 대한 요구를 사회적 정의에 대한 요구로 이해했고, 이
러한 정의를 실현하기 위한 의회 내의 투쟁을 계급투쟁으로 이해했
다.5

---

3 Gustav Radbruch, "Der strafrechtliche Schutz der Arbeitskraft(1926/
27)", in: Arthur Kaufmann(Hrsg.), *Gustav Radbruch Gesamtausgabe*
Bd. 9(Strafrechtsreform), Heidelberg 1992, S. 253.

4 기본적으로는 Gustav Radbruch, "Der strafrechtliche Schutz der Arbeitskraft",
S. 253 이하; 포괄적으로는 Rudolf Nevoigt, *Der strafrechtliche Schutz
der Arbeitskraft*, Heidelberg 1927 참고. 바이바르 공화국 당시의 상황에
관해 자세히는 Martin Martiny, *Integration oder Konfrontation? Studien
zur Geschichte sozialdemokratischer Rechts— und Verfassungspolitik*,
Bonn 1976, S. 161 참고. 최근의 문헌으로는 예컨대 Ernst Joachim Lampe,
"Der strafrechtliche Schutz der Arbeitskraft", in: Friedrich—Christian
Schroeder(Hrsg.), *Festschrift für Reinhart Maurach zum 70. Geburtstag*,
Karlsruhe 1972, S. 375 이하 참고. 또한 이 문제의 부분적 측면에 관
해서는 Bernd Heinrich, "Die Arbeitsleistung als betrugsrelevanter
Vermögensbestandteil", *GA* 1997, S. 24 이하도 참고.

5 Radbruch, "Der strafrechtliche Schutz der Arbeitskraft", S. 258.

그러나 그와 같은 형법적 보호의 수혜자들을 대표하는 노동조합
은 관련된 형벌구성요건에 대한 요구에 대해 상당히 유보적인 태도
를 보였고, 때로는 노골적으로 거부했다는 사실을 알게 된다.[6] 그렇
다면 형법이 노동력의 보호와 관련해서 소극적인 태도를 취하는 데
에는 법사회학적으로 분석할 수 있는 근거 이외에도 다른 타당한
근거가 있다고 생각하게 된다. 상당부분 무계획적이고 깊은 고려도
없이 형벌구성요건을 확대하고 강화하는 오늘날의 형법적 전개양상
을 감안해 볼 때,[7] 노동력의 형법적 보호라는 문제를 둘러싸고 역사
상 가장 상세하게 진행되었던 논쟁, 특히 구스타프 라드브루흐와 후
고 진츠하이머Hugo Sinzheimer가 바이마르 공화국 당시에 계획하던 형
법개정을 둘러싸고 벌인 논쟁에서 등장했던 찬성논거와 반대논거를
추적해보는 것은 흥미로운 일일 수 있다.

▌ 범죄화 제안

'노동력'이라는 법익

노동력의 형법적 보호라는 프로젝트에서 첫 번째로 등장하는 난

---

6 이에 관해서는 예컨대 Clemens Nörpel, "Strafgesetzentwurf und
Gewerkschaften", in: *Gewerkschaftszeitung* 38(1928), S. 529(531)
[Martin Martiny, *Integration oder Konfrontation?*, S. 174의 각주 113]
참고. 같은 입장에서 후고 진츠하이머가 제35차 독일법률가대회에 제출한
소견서에 대해서는 아래에서 자세히 다룬다.
7 이에 관해서는 Peter-Alexis Albrecht, *Die vergessene Freiheit*, Berlin
2003; Winfried Hassemer, *Freiheitliches Strafrecht*, Berlin 2001, S. 215
이하 참고.

점은 해당하는 법익의 윤곽을 정확하게 포착하기 어렵다는 사정이다. 헌법규범은 별다른 문제없이 노동력 자체에 대한 보호를 요청할 수 있다. 예컨대 바이마르 제국헌법 제157조는 "노동력은 제국의 특별한 보호를 받는다"고 규정하고 있었고, 형사입법자에게 노동력을 보호하는 구성요건을 창설하도록 요청할 때는 이 헌법규정을 원용했다.[8] 하지만 이를 형벌구성요건으로 형성할 때에는 어떠한 측면에서 노동력을 보호해야 하는지에 대한 명확성이 전제되어야 한다. 이와 관련해서는 세 가지 관점이 고려된다.

- 노동활동의 지속적 수행의 전제가 되는 노동력의 기반, 즉 신체적 및 정신적 상태의 보호
- 노동력의 경제적 가치에 대한 보호, 즉 노동력 착취의 억제
- 노동자의 종속성을 악용하여 강요행위를 통해 노동자의 자유를 침해하는 행위로부터의 보호[9]

---

8 Radbruch, "Der strafrechtliche Schutz der Arbeitskraft", S. 253. 바이마르 제국헌법 제157조에 대해 상세히는 Radbruch, "Art. 157 Absatz 1. Arbeitskraft", in: Hans C. Nipperdey(Hrsg.), *Die Grundrechte und Grundpflichten der Reichsverfassung. Kommentar zum zweiten Teil der Reichsverfassung*, Bd. 3, Berlin 1930[Arthur Kaufmann(Hrsg.), *Gustav Radbruch Gesamtausgabe* Bd. 14('Schriften aus Weimarer Zeit'), Heidelberg 1993, S. 54 이하에도 수록됨) 참고.

9 이에 관해서는 Radbruch, "Der strafrechtliche Schutz der Arbeitskraft", S. 253; ders., "Diskussionsbemerkung, in: Verhandlungen des 35. Deutschen Juristentages", Bd. 2, München/Berlin 1928, S. 922 참고.

현행법에 따른 범죄화 가능성

따라서 형법적 보호 대상으로서의 노동력은 이를 구성하는 개개
의 부분적 측면에 따라 신체적 완결성(이는 정신적 건강도 포함한다), 재
산, 자유라는 고전적 의미의 법익에 귀속시킬 수 있다. 그 때문에
곧바로 다음과 같은 물음을 제기하게 된다. 즉 '노동력 침해 범죄
또는 노동력 위태화 범죄'라는 구성요건의 도입을 통해 확보되는 노
동력의 형법적 보호가 상당부분 현행법에 대한 엄격한 해석10을 통
해 얼마든지 달성될 수 있는 것은 아닌가라는 물음을 제기하게 된다.
이 물음은 무엇보다 노동력의 침해 및 위태화가 반드시 건강의 침해
및 위태화를 야기하고, 이로써 상해죄의 적용범위에 해당하는가라는
관점에서 논의된다. 진츠하이머는 이를 긍정하는 반면,11 라드브루흐
는 멩어Menger12를 원용하면서 예컨대 과로, 분진흡입 등만으로도 침
해되거나 파괴될 수 있는 노동력을 충분히 보호하기 위해서는 상해
라는 결과발생과는 관계없이 건강 자체를 보호해야 한다고 주장한
다.13

---

10 이 맥락에서 라드브루흐는 1927년 바이에른 주의 '인간의 노동력에 대한 형
  법적 보호에 관한 공시(*Bayerische Staatszeitung* Nr. 233)'를 지적한다. 이
  공시에는 법실무에서 활용되지 않지만 현행법으로도 얼마든지 노동력의 형
  법적 보호가 가능하다는 사실을 밝히고 있다.
11 Hugo Sinzheimer, "Der strafrechtliche Schutz der Arbeitskraft, Gutachten
  zum 35. Deutschen Juristentag", in: *Verhandlungen des 35. DJT*, Bd.
  1, München 1928, S. 360(364).
12 Anton Menger, *Das bürgerliche Recht und die besitzlosen Volksklassen*,
  4. Aufl., Tübingen 1908(Nachdruck 1974), S. 201.
13 Radbruch, "Art. 157 Absatz 1. Arbeitskraft", S. 62. 또한 라드브루흐와
  같은 입장에 있는 Groh, *Verhandlungen des 35. DJT*, Bd. 2, S. 857 이하

입법론에 따른 형법적 보호

a. 노동력의 기반에 대한 보호

라드브루흐는 당시의 현행법과 1927년의 '일반 독일형법 초안 (1927년 초안)'에서 제기된 제안과는 달리 노동력의 기반에 대한 형법적 보호를 세 가지 관점에서 확대하자고 제안한다.

첫째, 중상해[구형법 제224조, 1927년 초안의 제260조(이는 신형법 제226조와 내용이 같다)]의 가중구성요건에 예컨대 현저한 지속적 기형 또는 사지절단 이외에도 노동력의 침해도 가중사유로 수용해야 한다고 한다.14 둘째, 사업장의 기술적 장치로 인한 위태화로부터 노동력을 보호하기 위한 형법규정이 충분히 마련되어 있지 않은 상황을 감안해서 모든 노동보호규정에 형벌조항을 추가해 노동력에 대한 형법적 보호를 강화해야 한다고 한다. 그 때문에 법기술적으로 구체적 위험범으로 구성되는 백지형법의 도입이 필요하다고 주장한다. 즉 노동보호규정을 고의로 위반한 경우 이로 인해 생명에 대한 구체적 위험 또는 중상해의 구체적 위험이 야기된 때에는 형벌을 부과하도록 해야 한다는 것이다.15 셋째, 1927년 초안에 규정된 생명위협 구성요건(제243조)을 노동자와 일반대중을 보호하기 위해 중상해의

참고. 같은 입장에 있는 최근의 문헌으로는 Lampe, *Maurach-FS*, S. 379 참고.

14 Radbruch, "Der strafrechtliche Schutz der Arbeitskraft", S. 256; ders., "Diskussionsbemerkung", in: *Verhandlungen des 35. Deutschen Juristentages*, Bd. 2, S. 922.

15 Radbruch, "Der strafrechtliche Schutz der Arbeitskraft", S. 257; ders., "Diskussionsbemerkung", in: *Verhandlungen des 35. Deutschen Juristentages*, Bd. 2, S. 922.

위험을 야기한 경우에까지 확대하고, 다만 주관적 구성요건에서 탐
욕에 따른 행위라는 표지를 통해 제한하자고 한다.[16]

b. 노동력의 경제적 가치에 대한 보호

노동력의 경제적 가치에 대한 보호라는 측면에서도 그 당시의 형
법이 갖고 있던 영향범위에 대해 논란이 벌어졌다. 물론 1894년 5월
25일의 제국법원 판결[17]을 통해 노동력 및 구체적 노동활동이라는
형태를 통한 노동력의 투입은 재산의 구성부분이고, 따라서 사기죄
구성요건(형법 제263조)의 보호이익으로 보아야 한다는 점에 대해서
는 더 이상 의문이 없었다.[18] 그렇지만 이른바 '기아임금Hungerlöhne'의
형태로 이루어지는 착취가 어느 정도로 폭리 구성요건에 포섭될 수
있는지에 대해서는 견해가 일치하지 않았다. 이와 관련해서는 당시
의 형법에 규정된 금전폭리(구형법 제302a조)와 물건폭리(구형법 제302
조e)의 구별이 핵심적인 역할을 했다. 왜냐하면 금융거래에 초점을
맞춘 금전폭리 구성요건과는 달리 ―다른 법적 거래까지 포함하는
― 물건폭리 구성요건은 영업적이고 상습적인 행위인 경우에만 적
용될 수 있었기 때문이다. 따라서 영업적이거나 상습적이지 않은 물
건폭리의 가벌성과 관련해서는 물건폭리가 금전폭리 구성요건(형법
제302a조)에 포섭될 수 있는지 여부가 결정적 의미를 가졌다.

---

16 Gustav Radbruch, "Reform des Strafrechts(1926)", in: Arthur Kaufmann
(Hrsg.), *Gustav Radbruch Gesamtausgbe* Bd. 9, S. 218(231)[여기에서
논의 대상은 1927년 초안의 제243조의 전신에 해당하는 '1924년의 일반 독
일형법 공식초안의 제231조'이다].

17 RGSt 25, 371.

18 이에 관해서는 예컨대 Sinzheimer, "Gutachten zum 35. Deutschen
Juristentag", S. 371 참고.

통설은 행위자의 행위가 '소비대차, 금전청구의 유예 또는 이와 동일한 경제적 목적에 기여하는 여타의 쌍방적 법률행위와 관련'될 것을 요구하는 형법 제302a조의 문언을 원용해 이러한 포섭 가능성을 부정했다. 이에 반해 라드브루흐는 임금폭리는 현행법상 금전폭리 구성요건(형법 제302a조)에 해당하고, 입법론상으로도 1927년 초안의 관련 규정(제340조)에 해당한다는 견해를 주장한다.[19] 흥미롭게도 현행법상으로도 이미 단순한 임금폭리가 가벌성이 있다고 주장하는 라드브루흐는 이를 명문화하는 규정을 요구하는 반면, 통설과 같이 임금폭리는 현행법상 영업적이고 상습적인 행위인 경우에만 가벌성이 있다고 보는 진츠하이머는 임금폭리 구성요건을 별도로 도입하는 것에 반대한다. 진츠하이머가 이러한 소극적 태도를 보인 이유는 나중에 다시 자세히 다루도록 하겠다.

c. 행위자유의 보호

근로관계를 통해 성립하는 종속성 또는 일자리에 대한 노동자의 걱정을 악용해 행사되는 강요로부터 노동자의 자유를 보호하기 위한 라드브루흐의 제안은 당시의 일반 강요죄 구성요건을 배경으로 이해해야 한다.

'민감한 해악'의 위협만으로 강요수단이 되기 충분하다고 보는 오늘날의 형법 제240조와는 달리 구형법 제240조(1927년 초안 제279조는

---

19 Radbruch, "Der strafrechtliche Schutz der Arbeitskraft", S. 255; ders., "Diskussionsbemerkung", in: *Verhandlungen des 35. Deutschen Juristentages*, Bd. 2, S. 923. 이에 대해 비판적인 견해로는 Groh, *Verhandlungen des 35. DJT*, Bd. 2, S. 866 이하; Sinzheimer, "Gutachten zum 35. Deutschen Juristentag", S. 371; Nevoigt, *Der strafrechtliche Schutz der Arbeitskraft*, S. 96 이하 참고.

이 조항을 그대로 수용했다)는 범죄 또는 경죄의 위협을 강요죄 성립의 전제조건으로 삼았다(1927년 초안의 제279조에는 '폭력의 위협'으로 되어 있다). 이러한 한계선에 미치지 못하는 강요는 1927년 초안에 따라 예외적으로만, 즉 종속관계에 있는 자에게 동침을 강요하거나(초안 제289조) 이른바 '명예강요(초안 제280조)'의 경우에만 가벌성이 있다고 보았다.

라드브루흐는 1927년 초안이 제289조("고용 또는 근로관계를 통해 성립한 종속성을 악용해 부녀에게 혼외 동침을 강요한 자는 징역에 처한다")의 구성요건을 이러한 종속성을 "노동자의 인간으로서의 존엄, 노동자의 확신 또는 노동자의 명예에 반하는 요구를 하는 데 악용한" 자에게까지 확대하는 방안을 고려했다.[20] 최소한 1927년 초안에 새롭게 규정된 명예강요 구성요건(초안 제280조 제1항: "범죄신고 또는 명예를 위협하기에 적합한 사실의 공개를 위협해 선량한 풍속에 반하는 요구에 순응하도록 강요하는 행위")을 '일자리 박탈'이라는 대안을 추가해서 확대해야 한다고 주장한다.[21]

근로관계에 있는 노동자에 대한 이러한 형법적 보호에서 더 나아가 구직자가 '블랙리스트'나 이와 유사한 것을 통해 차별을 받지 않도록 형법적으로 보호하는 방안도 강구해야 한다고 한다. 이와 관련해서 라드브루흐는 법기술적인 측면에서 1927년 초안 제107조에 규정된 구성요건인 '선거오명("타인이 선거 또는 투표하지 않았거나 특정한 의미로 선거 또는 투표하지 않았다는 이유로 경제적 또는 사회적 오명을 얻게 한 자는 징역에 처한다")'에 "또는 근로조건이나 경제적 조건의 유지와

20 Radbruch, "Der strafrechtliche Schutz der Arbeitskraft", S. 254.
21 Radbruch, "Der strafrechtliche Schutz der Arbeitskraft", S. 255.

촉진을 위해 결사의 자유를 행사했다는 이유로"라는 문구를 추가해
서 이 조항을 확대하자고 제안한다.22

d. 일관성과 정의에 대한 요구

라드브루흐의 이러한 제안들의 목표는 당연히 노동자에 대한 효
율적인 형법적 보호이다. 하지만 원칙적으로 형법적 형성의 확장보
다는 제한을 주장했던 라드브루흐23가 이 문제와 관련해서도 형법규
정의 가치평가적 일관성과 형벌의 정의라는 관점에서 논증을 하고
있다는 사실을 간과해서는 안 된다.

라드브루흐는 다음과 같은 점에서 형법체계의 일관성에 문제가
있다고 본다. 즉 '사람의 미관을 의도적으로 현저하게 손상한 행위'
는 중상해로서 2년 이상 10년 이하의 금고에 처하는(구형법 제225조)
반면, '사람의 노동력에 대한 의도적인 말살'은 단순상해(구형법 제
223조)로서 3년 이하의 벌금형 또는 자유형에 처하는 것은 일관성이
없다는 것이다. 신체적 완결성의 형법적 보호와 관련된 이러한 불균
형과 불평등은 라드브루흐가 인용하고 있는 뢰플러Löffler의 침착하
면서도 조롱 섞인 표현에 따르면 '특이하기 그지없는' 규율방식이
다.24 가치평가의 모순은 재산보호 규정과 비교할 때 비로소 등장하
는 것이 아니라, 상해죄 구성요건의 체계 자체 내에서 등장한다. 그
때문에 라드브루흐는 지배계급에 속하는 자가 저지른 사회유해적 행

---

22 Radbruch, "Der strafrechtliche Schutz der Arbeitskraft", S. 255.

23 이에 관해서는 Ulfrid Neumann, "Gustav Radbruchs Beitrag zur
Strafrechtsreform", *Kritische Justiz* 2004, S. 431 이하(438)[본서의 227
면 이하(240면 이하)] 참고.

24 Radbruch, "Art. 157 Absatz 1", S. 63.

위를 더 낮은 정도로 범죄화하는 것은 형벌정의에 반한다고 한다.
따라서 현실적으로 유산자보다는 무산자에게 훨씬 더 가혹하게 영향
을 미치는 낙태죄 구성요건만이 계급형법이 아니라, 노동력에 대한
효율적인 보호를 포기하는 형법도 계급형법이라고 한다.[25] "계급에
대한 형법적 보호와 인격에 대한 형법적 보호가 재산에 대한 보호와
균형관계를 갖도록 만들려는"[26] 노력은 사회적 형법의 의무일 뿐만
아니라, 정의의 요구이기도 하다는 것이다.[27]

▌비 판

라드브루흐와 그의 제자 네포이크트Nevoigt의 제안에 대해서는 제
35차 독일 법률가대회(1926년 잘츠부르크)의 경제법과 재정법 분과위
원회에서 '노동력의 형법적 보호'라는 주제 하에 상세한 토론이 이루
어졌다. 토론이 형법 분과에서 이루어지지 않았다는 사정은 미래를
예견한 주최 측의 혜안이었을 수도 있고, 단순한 우연이었을 수도
있다. 아무튼 형법 이외의 분과에서 토론이 이루어졌다는 사실은 토
론의 진행과정과 표결 결과의 전조였다. 즉 노동력의 보호를 강화하
고 확대하는 문제와 관련해서 형법이 갖는 의미는 미미할 뿐이라는

---

25 Radbruch, "Der strafrechtliche Schutz der Arbeitskraft", S. 253 이하;
   ders., "Art. 157 Absatz 1", S. 54 이하.

26 Radbruch, "Der strafrechtliche Schutz der Arbeitskraft", S. 257.

27 Radbruch, "Der strafrechtliche Schutz der Arbeitskraft", S. 258. 이러
   한 요구에 부합하는 형벌구성요건을 규정할 가능성을 둘러싸고 사회민주
   당과 노동조합 내에서 진행된 논의에 관해서는 Martiny, *Integration oder
   Konfrontation?* S. 172 이하 참고.

결론에 도달했고, 이를 위한 핵심역할은 노동법, 특히 사회보장법과
단체협약법이 담당해야 한다고 보았다.

분과위원회의 이러한 입장에 결정적인 영향을 미친 것은 진츠하이
머의 소견서였고, 하이델베르크 대학의 민법학자 그로와 라이프치히
노동법원장인 아우어발트Auerwald의 강연도 진츠하이머의 입장을 지지
했다. 라드브루흐의 제안에 대한 진츠하이머의 비판은 "노동자에게
는 위험하고, 사용자에 대해서는 효율성이 없다"는 형식으로 집약할
수 있다. 전체적으로 볼 때, 진츠하이머가 제35차 독일 법률가대회에
제출한 소견서와 그의 토론내용28의 핵심은 노동력의 보호를 발전시
키는 것은 노동법의 과제이지, 형법의 과제가 아니라는 것이다.

노동자가 처벌될 위험

노동자를 보호하기 위해 규정된 형벌구성요건이 사법부에 의해
노동자에 불리한 방향으로 바뀔 수도 있다는 우려는 바이마르 공화
국의 사회민주주의와 노동조합 계열에 속하는 논의에서 지속적으로
제기되던 우려에 속한다.29 파업노동자들을 공갈죄(형법 제253)로 처
벌할 수 있다는 1890년 제국법원 판결30은 사법부와 검찰이 더 이상
이 판결에 따르지 않던 시기에도 여전히 특정한 의미를 갖는 신호로
작용했다.31

---

28 Sinzheimer, "Diskussionsbemerkung", *Verhandlungen des 35. Deutschen
Juristentages*, Bd. 2, S. 908 이하(특히 915-920).
29 이에 관해서는 Martiny, *Integration oder Konfrontation?*, S. 161 참고.
30 1890년 10월 6일 제국법원 판결(RGSt 21, 114).
31 예컨대 Sinzheimer, "Diskussionsbemerkung", *Verhandlungen des 35.
Deutschen Juristentages*, Bd. 2, S. 920 참고.

제국법원의 판결이 부활할 가능성을 얼마나 심각하게 우려했는지는 1927년 초안이 제안한 폭리 구성요건들(초안 제340조, 제341조)의 개정내용에 대한 잘츠부르크 법률가 대회에서의 토론이 잘 보여주고 있다. 초안은 기존의 형법(제302a조, 제302e조)에서 사용되던 '곤궁상황'이라는 개념을 '강제상황'이라는 개념으로 대체하고자 했다. 이에 대해 다음과 같은 우려가 표명되었다. 즉 초안이 제안한 대로 개정을 하게 되면, 파업을 공갈죄로 처벌할 가능성을 인정한 제국법원의 판결이 그 사이 판례의 발전을 통해 극복된 시점에서 다시 파업을 폭리 구성요건을 통해 처벌할 수 있는 길이 열린다는 것이다.[32] 그 때문에 폭리죄 규정에 '곤궁상황'이라는 개념을 그대로 유지하자는 신청은 경제법과 금융법 분과에서 만장일치로 통과되었다.[33]

노동자를 보호하기 위해 구상된 형벌규정이 실무에서는 노동자에 반하는 쪽으로 적용될 수 있다는 논거는 임금폭리를 명시적으로 범죄화하자는 라드브루흐의 제안에 대해서도 제기되었다.[34] 실제로 노동자로 하여금 단체협약에 정한 것보다 더 낮은 임금을 약정하도록 강제하는 사용자의 행위가 폭리죄 구성요건을 충족한다면, 이와 마찬가지로 사용자에게 단체협약에 정한 것보다 더 많은 임금지불을

---

32 이에 관해서는 Sinzheimer, "Gutachten zum 35. Deutschen Juristentag", S. 392; ders., "Diskussionsbemerkung", S. 919 이하; Groh, "Diskussionsbemerkung", in: *Verhandlungen des 35. Deutschen Juristentages*, Bd. 2, S. 870 참고.

33 *Verhandlungen des 35. Deutschen Juristentages*, Bd. 2, S. 932.

34 Sinzheimer, "Gutachten zum 35. Deutschen Juristentag", S. 391 이하. 또한 라드브루흐에 반대하면서도 결과적으로는 임금폭리 형벌구성요건의 신설에 찬동하는 Groh, "Diskussionsbemerkung", in: *Verhandlungen des 35. Deutschen Juristentages*, Bd. 2, S. 870도 참고.

강제하는 노동자의 행위 역시 폭리죄로 처벌할 수 있다고 보아야
한다. 기술적 노동자보호를 무시하는 행위에 대해 형법을 확대하자
는 제안에 대한 비판 역시 같은 선상에서 이루어졌다.[35]

끝으로 진츠하이머는 명예강요 구성요건(1927년 초안 제280조)을
라드브루흐가 요구하는 방식대로 보충하자는 제안에 대해서도 노동
자를 범죄화할 위험이 있다는 근거로 비판한다.[36] 즉 사용자단체(카
르텔)와 노동자단체(노동조합)에 적용되는 법이 각각 따로 있을 수는
없기 때문에 한 쪽의 자유에 대한 침해는 동시에 다른 쪽의 행위범
위를 제한하는 결과를 낳는다고 한다. 노동조합의 입장을 지지하는
진츠하이머의 관점에서는 형사입법자를 동원할 경우 오히려 노동조
합에게 불리한 결과를 낳을 위험이 전반적으로 매우 높다고 여겨졌
다.

노동력의 형법적 보호의 비효율성

노동력을 보호하기 위해 제안된 규율들의 효율성에 대한 의문은
무엇보다 경제적 요소('기아임금'의 지불을 통한 착취로부터의 보호)에 관
련되어 있었다. 즉 임금폭리 구성요건을 적용하게 되면 현실에서는
도저히 극복할 수 없는 난관에 봉착한다는 것이 진츠하이머의 생각
이었다. 왜냐하면 어떠한 전제조건하에서 노동과 임금 사이에 '현저

---

35 이에 관해서는 Sinzheimer, "Gutachten zum 35. Deutschen Juristentag",
S. 381. 그로의 판단에 따르면 이러한 위험은 감수해야 한다고 본다(Groh,
"Diskussionsbemerkung", in: *Verhandlungen des 35. Deutschen
Juristentages*, Bd. 2, S. 864).

36 Sinzheimer, "Diskussionsbemerkung", S. 916(여기서는 아우어발트의 제
안에 대해 논의하고 있다).

한 불균형'이 존재하게 되는지를 충분히 명확하게 규정할 수 없기 때문이라고 한다. 이러한 난관은 당시의 형법상 영업적 또는 상습적으로 임금폭리를 범하는 행위가 가벌성이 있었음에도 그 때까지 임금폭리를 이유로 형사절차가 진행된 적이 없다는 사실에 기인한다고 한다.37

폭리죄 구성요건의 개정을 위한 라드브루흐의 제안을 완전히 현실화하게 되면, 이 문제는 당연히 일반적 구속력을 갖는 것으로 선언된 단체협약의 범위에 속하는 문제가 된다. 왜냐하면 라드브루흐에 따르면 적어도 일반적 구속력 선언이라는 전제하에서는 단체협약으로부터 벗어나 노동자에게 불리한 임금을 지급한 경우는 모두 폭리죄로 처벌해야 하기 때문이다.38 그러나 폭리 구성요건을 그와 같이 강화하는 것(즉 노동활동과 임금 사이의 현저한 불균형 대신 단체협약을 통해 확정된 임금으로부터 벗어나는 것만으로 폭리 구성요건이 충족된다는 방향으로 개정하는 것)은 결코 정당화할 수 없고, 분과위원회의 토론에서도 명백한 거부에 부딪혔다.39 그 이유는 무엇보다 단체협약에 따라 약정된 임금이라는 기준은 현실적으로 훨씬 더 중요한 의미를 갖는 경우인 단체협약에 속하지 않는 근로관계에 대해서는 아무런 의미도 없게 되기 때문이다.40

그렇기 때문에 임금폭리 구성요건의 도입은 '결코 진지하게 고려

---

37 Sinzheimer, "Gutachten zum 35. Deutschen Juristentag", S. 390; ders., "Diskussionsbemerkung", S. 917.

38 Radbruch, "Der strafrechtliche Schutz der Arbeitskraft", S. 255.

39 Groh, "Diskussionsbemerkung", in: *Verhandlungen des 35. Deutschen Juristentages*, Bd. 2, S. 869.

40 Groh, "Diskussionsbemerkung", in: *Verhandlungen des 35. Deutschen Juristentages*, Bd. 2, S. 869.

할 가치가 없는' '가정Als Ob을 전제로 하는 잘못된 법적 논리'일 뿐이라고 진츠하이머는 말한다.**41** 오늘날의 스타일로 말하자면, 상징형법symbolisches Strafrecht일 뿐이라는 것이다. 따라서 이 구성요건의 도입은 불필요할 뿐만 아니라, 심지어 해롭기까지 하다는 것이 진츠하이머의 결론이다. 왜냐하면 노동자를 보호하기 위한 효율적인 노동법 규범을 창설하려고 노력하는 대신 폭리 구성요건의 규율만으로 만족하게 될 것이기 때문이라고 한다.**42** 이밖에도 "형사법관이 우리 시대의 섬세하기 그지없는 법적 관계에 개입하는 것은 ⋯ 단지 손해만을 야기할 수 있을"뿐이라고 한다.**43** 집단적 노동법은 자율적인 법으로서 자신의 힘으로 스스로를 보호하기 원하고 또한 보호할 수 있다는 것이다.**44**

형법 대신 노동법

이로써 진츠하이머가 제시하고자 하는 대안의 핵심지점에 도달하게 된다. 즉 노동자에 대한 보호는 형법을 통해서가 아니라, 노동법을 통해, 특히 집단적 노동법을 통해 이루어져야 한다는 것이다. 다시 말해 국가와 형사소추기관을 통한 보호가 아니라, 노동조합과 노

---

41 Sinzheimer, "Diskussionsbemerkung", S. 917[여기서 진츠하이머는 바이힝어의 '가정의 법철학(Vaihinger, *Die Philosophie des Als Ob*, Berlin 1971)을 염두에 두고 있다].

42 Sinzheimer, "Diskussionsbemerkung", S. 917.

43 Sinzheimer, "Gutachten zum 35. Deutschen Juristentag", S. 390. 이 논증에 대한 비판적인 입장으로는 Groh, "Diskussionsbemerkung", in: *Verhandlungen des 35. Deutschen Juristentages*, Bd. 2, S. 869 참고.

44 Sinzheimer, "Gutachten zum 35. Deutschen Juristentag", S. 390.

동조합의 사회적 힘을 통해 보호가 이루어져야 한다는 것이다. 진츠
하이머가 여러 번에 걸쳐 타당하게 지적하고 있는 형법의 보충적
기능, 즉 최후수단적 기능[45]은 당연히 확고한 정치적 배경을 갖고
있다. 그 때문에 임금폭리는 노동조합이 해결할 사명이 있고 또한
해결할 능력이 있는 사회적 문제라는 점을 명확하게 표현한다. "우
리는 인간들이 그들의 존엄에 반하는 임금을 받는 곳에서 이러한
저임금을 철폐하는 것을 사명으로 삼아 사명을 완수할 수 있는 충분
한 힘을 갖고 있다."[46] 이는 노동자계급은 "검찰의 도움을 포기하고
스스로를 도울 수 있다는 믿음"[47]을 가져야만 하고 또한 가질 수
있다는 노동조합의 노선에도 합치하는 것이었다.

딱 한 가지 측면에서는 진츠하이머가 라드브루흐의 제안을 지지
한다. 즉 노동력의 침해는 중상해의 가중구성요건으로 수용되어야
한다(1927년 초안 제260조)는 라드브루흐의 제안을 받아들인다. 그렇
지만 이와 관련해서도 진츠하이머는 이 규정의 실효성을 과대평가해
서는 안 된다고 경고한다. 이 규정의 의미는 상당부분 '사회교육적
영역'에 있고, 이를 통해 노동력이 '특별하게 보호되는 법익의 가치
목록'에 수용될 것이라고 한다.[48] 제35차 독일 법률가대회의 경제법
과 금융법 분과위원회는 다른 모든 측면에서와 마찬가지로 이 측면
에 관해서도 진츠하이머의 입장에 따랐다. 분과위원회는 1927년 초
안의 제260조에 '노동력의 침해를 형벌가중사유'로 수용해야 한다고

---

45 Sinzheimer, "Gutachten zum 35. Deutschen Juristentag", S. 375; ders.,
   "Diskussionsbemerkung", S. 915.

46 Sinzheimer, Diskussionsbemerkung, S. 916.

47 Nörpel, *Strafgesetzentwurf und Gewerkschaften*, S. 531(Martiny, *Integration
   oder Konfrontation?*, S. 174에서 재인용).

48 Sinzheimer, "Diskussionsbemerkung", S. 919.

구
스
타
프

라
드
브
루
흐

제안했다.⁴⁹ 노동력에 대한 형법적 보호의 강화와 관련된 다른 결의
는 이루어지지 않았다.

▌결 론

진츠하이머가 제시한 논거들이 성공을 거두었다는 사실보다 더
중요한 사정은 그의 반론의 대상이었던, '형법친화적' 입장의 라드브
루흐 —물론 진츠하이머는 라드브루흐를 직접 인용하기 보다는, 그
의 제자 네포이크트를 인용한다— 가 진츠하이머의 논거에 대부분
승복했다는 사실이다. 법률가대회에서 이루어진 토론에서 라드브루
흐는 노동력의 처분에 관한 자유⁵⁰는 형법적 보호를 필요로 하지
않는다는 진츠하이머의 견해에 명시적으로 동의하며, 명예강요 구성
요건의 확대와 관련된 자신의 제안을 철회한다. 노동력보호규정을
고의로 위반하고 이로 인해 생명에 대한 위험 또는 중상해의 위험이
발생할 때는 이를 처벌하자는 제안은 금전폭리 구성요건(1927년 초안
제340조)에 임금폭리를 명시적으로(라드브루흐의 관점에서는 단지 선언적
인 의미만을 갖는) 포함시켜야 한다는 요구와 마찬가지로 계속 유지한
다.⁵¹ 하지만 전체적으로 볼 때, 라드브루흐는 이제 진츠하이머의 노
선과 마찬가지로 형법이 노동력의 보호와 관련해서 단지 보충적 기
능만을 갖는다는 점을 인정한다. 즉 노동력의 형법적 보호에 대한
요구는 "노동력의 노동법적 보호가 제대로 발전하지 못했을 때"만

---

49 *Verhandlungen des 35. Deutschen Juristentages*, Bd. 2, S. 933.
50 Radbruch, "Diskussionsbemerkung", S. 922 이하.
51 Radbruch, "Diskussionsbemerkung", S. 921(922).

타당성을 가졌다고 말한다.[52] 또한 나중에 노동력의 형법적 보호에 대한 자신의 입장을 표명한 글에서도 라드브루흐는 제35차 법률가 대회의 제한적 의결에 전적으로 동의한다.[53] 즉 노동력의 형법적 보호와 관련해서 법률가대회에서 이루어진 심의는 "타당한 근거 때문에 대부분 형법적 보호를 부정하는 결론에 도달했다"고 쓰고 있다.[54]

라드브루흐의 이러한 입장변화를 전략적 승인, 즉 노동력의 형법적 보호가 법률가대회에서 진츠하이머가 대변한 노동조합[55]의 의지에 반해 관철되는 것은 불가능하다는 통찰의 표현일 뿐이라고 평가할 수도 있다. 하지만 라드브루흐가 법률가대회 이후에 취하게 된 형법회의적 입장은 '자유주의적' 법과 '사회적' 법의 구별에서 표현되는 법의 사회적 기능에 대한 라드브루흐 자신의 이해에도 부합하는 결론이었다.[56] 자유주의적 법은 형식적 평등에 기초하고, 따라서 사실상의 불평등을 무시하는 반면, 사회적 법은 보상적 메커니즘을 통해 이러한 사실적 불평등을 감안한다.

그렇기 때문에 형식적 평등에 지향된 형법은 "약한 쪽을 염두에

---

52 Radbruch, "Diskussionsbemerkung", S. 921.
53 Gustav Radbruch, "Das Strafrecht auf dem Salzburger Juristentag(1928)", Arthur Kaufmann(Hrsg.), *Gustav Radbruch Gesamtausgabe* Bd. 9 ('Strafrechtsreform'), S. 307(309); ders., "Art. 157 Absatz 1", S. 54 (64).
54 Radbruch, "Art. 157 Absatz 1", S. 64.
55 이에 관해서는 Martiny, *Integration oder Konfrontation?*, S. 175 및 각주 118 참고.
56 이에 관해서는 특히 Radbruch, "Vom individualistischen zum sozialen Recht (1930)", in: Arthur Kaufmann(Hrsg.), *Gustav Radbruch Gesamtausgabe* Bd. 2('Rechtsphilosophie Ⅱ'), Heidelberg 1993, S. 485 이하 참고.

둔 보호가 결국에는 더욱 약한 쪽의 희생하에 강한 쪽이 이득을 얻을"[57] 위험에 봉착한다는 진츠하이머와 그로의 논증은 라드브루흐에게 높은 설득력을 가졌음에 틀림없다. 형법과는 반대로 노동법은 사회적 법으로서 "사회적 불평등, 즉 자본과 노동 사이의 권력의 차이에 지향된다."[58] 라드브루흐가 법률가대회에 대한 보고문 형태로 쓰고 있긴 하지만, 표현 스타일에 비추어 볼 때 라드브루흐 자신이 내린 결론으로 보이는 내용은 이렇다. "형법이 아니라, 노동법만이 헌법이 약속하고 있는, 노동력의 '특별한' 보호를 보장할 수 있다."[59]

역사적 발전은 진츠하이머(그리고 라드브루흐가 나중에 취하게 된 견해)가 옳다는 것을 보여준다. 오늘날 노동력의 보호는 때때로 형법의 지원을 받긴 하지만[60] 원칙적으로 노동법의 지배영역에 속한다. 어쨌든 핵심형법은 제35차 법률가대회의 토론이 이루어졌던 시대를 뛰어 넘어 그 이후에도 노동력의 침해를 명시적으로 범죄화할 필요성을 느끼지 않은 채, 노동법에 대해 아주 작은 기여만을 하고 있을 뿐이다. 예컨대 노동력에 대한 현저한 침해는 오늘날 주로 '중대한

---

57 라드브루흐는 그로의 논증을 이렇게 옮기고 있다[Radbruch, "Das Strafrecht auf dem Salzburger Juristentag(1928)", Arthur Kaufmann(Hrsg.), *Gustav Radbruch Gesamtausgabe* Bd. 9('Strafrechtsreform'), S. 307 (309)].

58 라드브루흐는 그로의 논증을 이렇게 옮기고 있다[Radbruch, "Das Strafrecht auf dem Salzburger Juristentag(1928)", Arthur Kaufmann(Hrsg.), *Gustav Radbruch Gesamtausgabe* Bd. 9('Strafrechtsreform'), S. 307(309)].

59 라드브루흐는 그로의 논증을 이렇게 옮기고 있다[Radbruch, "Das Strafrecht auf dem Salzburger Juristentag(1928)", Arthur Kaufmann(Hrsg.), *Gustav Radbruch Gesamtausgabe* Bd. 9('Strafrechtsreform'), S. 307(309)].

60 예컨대 청소년근로보호법 제58조 제5항, 근로시간법 제23조 제1항 1호, 모성보호법 제21조 제3항, 상점폐점시간법 제25조 등.

건강손상(예컨대 형법 제221조 '유기죄'의 구성요건표지)으로 평가된다.[61] 또한 '젊은 시절의 온전한 힘'을 갖고 있는 남성이 노동력을 상실한 것은 형법 제226조(중상해)가 의미하는 '숙환Siechtum'으로 보아야 한다.[62] 이러한 발전과정을 보더라도 노동력을 형법의 보호영역에 편입시키는 것을 강화한다고 해서 반드시 노동력의 침해와 위태화를 명시적으로 범죄화해야 할 필요는 없다는 것을 알 수 있다. 다만 한 가지 측면에서 판례는 라드브루흐가 원래 갖고 있던 견해를 부분적으로 따르는 경향을 보이고 있다. 즉 진츠하이머가 임금의 적절성(또는 부적절성)을 판단하기 어렵다고 강조했음에도 불구하고 연방법원은 오늘날 임금폭리를 (현행 형법에서는 하나의 구성요건으로 규정되어 있는) 폭리 구성요건에 포함시키고 있다.[63] 연방법원은 또한 노동활동과 임금 사이에 '현저한 불균형'이 존재하는지에 관한 판단과 관련해서도 단체협약을 기준으로 끌어들이고 있다. 다만 라드브루흐가 제안한 법률안처럼 가벌성의 한계설정이 아니라, 단지 판단의 지침으로 사용하고 있다는 점에서는 차이가 있다. 그렇지만 전반적으로 볼 때 노동력의 보호에 대한 관할권을 둘러싼 투쟁에서 '형법을 통한 해결'을 주장하는 자들은 노동법을 통한 해결을 주장하는 자들에게

---

61 이러한 해석에 관해서는 Ulfrid Neumann, *Nomos-Kommentar zum Strafgesetzbuch*, § 221 Rn. 33 참고. 다른 구성요건들에 관해서는 Wilfried Küper, *Strafrecht Besonderer Teil*, 5. Aufl. Heidelberg 2002, S. 160 참고.

62 이는 이미 제국법원의 입장이었다(RGSt 72, 345). 이 판결에 동의하면서 여성도 여기에 포함시켜야 한다는 입장으로는 Hans-Ulrich Paeffgen, in: *Nomos-Kommentar zum Strafgesetzbuch*, § 226 Rn. 30; Herbert Tröndle/Thomas Fischer, *Kommentar zum Strafgesetzbuch*, 52. Aufl., München 2004, § 226, Rn. 11 참고.

63 1997년 4월 22일 연방법원 판결[BGHSt 43, 53(59)].

분명 패배했다. 이 결과는 비만 예방약이 절실히 필요한 형법에게는 최상의 결과이자 노동력의 효율적 보호를 위해서도 최상의 결과이다.

1. Gustav Radbruch, in: Thomas Bedorf/Andreas Gelhard (Hrsg.), *Die deutsche Philosophie im 20. Jahrhundert*, 2013, S. 227 – 229

2. Ralf Dreiers Radbruch, in: Robert Alexy (Hrsg.), *Integratives Verstehen. Zur Rechtsphilosophie Ralf Dreiers*, 2005, S. 141-157

3. Naturrecht und Positivismus im Denken Gustav Radbruchs – Kontinuitäten und Diskontinuitäten, in: W.Härle/B.Vogel (Hrsg.), *"Vom Rechte, das mit uns geboren ist". Aktuelle Probleme des Naturrechts*, 2007, S. 11 – 32

4. Zum Verhältnis von Rechtsgeltung und Rechtsbegriff – Wandlungen in der Rechtsphilosophie Gustav Radbruchs, in: Martin Borowski /Stanley L. Paulson (Hrsg.), *Die Natur des Rechts bei Gustav Radbruch*, 2015, S 129 – 149

5. Wissenschaftstheorie der Rechtswissenschaft bei Hans Kelsen und Gustav Radbruch. Zwei "neukantianische" Perspektiven, in: Paulson/ Stolleis (Hrsg.), *Hans Kelsen. Staatsrechtslehrer und Rechtstheoretiker des 20. Jahrhunderts*, 2005, S. 35 – 55

6. "Methodendualismus" in der Rechtsphilosophie des Neukantianismus. Positionen zum Verhältnis von Sein und Sollen bei Gustav Radbruch, in: Anette Brockmöller/Stephan Kirste/Ulfrid Neumann (Hrsg.), *Wert und Wahrheit in der Rechtswissenschaft*, ARSP – Beiheft 145 (2015), S. 25 – 40

7. Positionen zu Naturrecht und Politik zwischen 1900 und 1945.

Naturrecht, Rechtspositivismus und Politik bei Gustav Radbruch, in: K. Graf Ballestrem(Hrsg.), *Naturrecht und Politik*, 1993, S. 69–85

8. Gustav Radbruch — Rechtsphilosoph und Politiker, in: *Festschrift für Wilfried Küper zum 70. Geburtstag*, 2007, S. 381–388

9. Gustav Radbruchs Beitrag zur Strafrechtsreform, *Kritische Justiz* 2004, S. 431-441

10. Der strafrechtliche Schutz der Arbeitskraft. Eine Kontroverse zwischen Hugo Sinzheimer und Gustav Radbruch, in: *Arbeitnehmermitwirkung in einer sich globalisierenden Arbeitswelt. Liber amicorum Manfred Weiss*, 2005, S. 611–620

편역자 후기

20세기 법철학은 세 명의 걸출한 학자를 기억한다. 구스타프 라드브루흐, 한스 켈젠, 허버트 라이오넬 아돌푸스 하트가 그들이다. 이 가운데 우리 학계에 가장 잘 알려져 있는 학자는 단연 라드브루흐이다. 명치유신 때부터 독일 법학을 수용했던 일본의 영향으로 식민지 하의 법학교육에서도 이미 라드브루흐 법철학은 한 자리를 차지했을 뿐만 아니라, 어쩌면 학문분과로서의 '법철학'의 시작을 함께 했다고 말할 수도 있다. 심지어 고등학교 교과서에도 '법이념의 세 요소'가 등장할 정도로 그의 법철학은 우리에게 강력한 영향력을 발휘하고 있다. 또한 독일 유학생이 극소수였던 1960년대에 법학박사 학위를 받은 한국인 세 사람(김지수, 권영백, 정종욱)이 모두 라드브루흐를 논문 주제로 삼았다는 사실은 단순히 우연의 일치라고 생각하기 어려울 정도로 라드브루흐와 우리나라 법철학의 친화성을 상징적으로 보여준다. 그 때문에 독일 법철학에서도 라드브루흐의 사상적 영향을 논할 때 곧잘 일본과 한국을 대표적인 사례로 언급한다. 라드브루흐 전집의 편집자인 아르투어 카우프만은 한국인 세 사람의 학위논문을 대상으로 '구스타프 라드브루흐와 한국의 법철학'이라는 논문을 쓰기도 했고, 라드브루흐의 생애와 사상을 간략하게 서술하고 있는 이 책의 첫 번째 글에도 한국이 등장한다.

이러한 역사적 배경을 감안하면 라드브루흐에 대한 우리 법철학의 논의가 오랜 기간에 걸쳐 축적되어 왔다거나, 라드브루흐가 법철학을 공부하려는 사람에게 고전 또는 필수적 사전지식의 지위를 확보하고 있다고 추론할지도 모른다. 결론부터 말하면, 현실은 결코 그렇지 않다. RISS로 검색해보면 라드브루흐에 관한 우리나라의 문헌은 의외로 많지 않다는 것을 확인할 수 있다. 몇 편의 학위논문, 연구서 한 권, 편역서 한 권, 오래된 번역서 몇 권 그리고 간접적으로 라드브루흐를 다루는 경우까지 모두 포함되어 있는 논문 40여 편이 전부이다. 라드브루흐가 우리나라 법철학에 강한 영향력을 미쳤다는 독일학계의 평가는 일종의 착시현상이거나 부분을 전체로 확대pars pro toto한 과장으로 보아도 무방할 정도이다. 물론 원조에 해당하는 독일의 경우에도 라드브루흐 연구는 지나치게 '라드브루흐 공식'에 집중되는 편향성을 보이기도 했고, '고전'이 야기하는 심리적 거부감 탓에 한동안 이론적 정체상태에 빠지기도 했다. 얼마 전 작고한 프랑크푸르트 대학의 형법학자 뤼더센 교수는 언젠가 복도에서 마주친 나에게 뜬금없이 "미스터 윤, 괴테와 라드브루흐의 공통점이 뭔지 압니까?"라고 물었다. 라드브루흐가 괴테에 대해 일가견이 있던 학자였고, 뤼더센 교수 역시 괴테에 관한 책을 썼다는 사실을 알고 있기에 무언가 복잡하고 그럴듯한 대답을 준비하느라 머뭇거리던 나에게 그는 이렇게 말했다. "누구나 이름을 알지만, 아무도 읽지 않는다는 거지요." 하지만 법철학이라는 분과가 차지하고 있는 비중이나 이 분과에 발을 걸치고 있는 학자의 수에 비추어 볼 때 독일의 상황을 우리의 그것과 같은 반열에 놓고 판단하기는 어려운 일이다. 더욱이 아르투어 카우프만의 주도로, 준비기간까지 합치면 약 20년의 시간을 투입해서 2003년에 라드브루흐 전집Gustav Radbruch Gesamtausgabe(총 20권)이 완간된 이후 독일의 라드브루흐 연구는 새로운 단계에 진입했고, 실제로 예전에는 충분히 조명하지 못했던 주제(예컨대 라드브루흐의 정당이론, 민주주의 이론)에 대한 단행 연구들도 발간되고 있다. 올해 들어 독일 법학을 대표하는 잡지인 Juristenzeitung에서 2차 세계대전 직후의 자연법 르네상스가 라드브루흐의 상대주의 법철학과 법실증주의를 의도적으로 왜곡했다는 주장을 담은 모니카 프롬멜의 논문이 촉발한 논쟁이 전개되고 있다는 사실은 라드브루흐 연구의 현재를 보여주는 상징적 사건이다.

 당연히 이러한 독일학계의 상황을 우리도 따라가야 한다는 허황된 주장을 하려는 의도는 조금도 없다. 내가 말하려는 것은 오히려 우리 법철학의 현주소를 확인할 때 느끼는 당혹감이다. 내가 재직하고 있는 학교의 일반대학원 법철학 전공 커리큘럼에는 '법이념론', '법효력론'과 같은 지극히 고전적인 과목들이 있다. 법철학을 강의하는 나로서는 이 과목들을 개설할 때 학생들이 법의 개념, 이념, 효력 따위에 대해 최소한의 지식을 갖고 있다고 전제한다. 하지만 단 한 번도 이 전제가 충족된 상태에서 강의가 이루어진 적은 없다. 때로는 너무나도 당연한 것이어서 따로 설명할 필요가 없다고 여긴 것이 완전히 무지의 베일에 가려져 있음을 확인하곤 한다. 왜 이렇게 되었을까? 법에 대해 철학적 사고의 궤적들을 추적하다보면 반드시 부딪칠 수밖에 없는 문제들이 학생들에게는 왜 '구닥다리'에 불과하거나 망각의 상태에 빠진 이론들이 된 것일까? 아직까지도 이 의문에 대한 그럴듯한 답을 찾지 못했다. 그 대신 썩 넓은 스펙트럼을 확보하지 못한 우리 법철학이 그 사이 파편화와 경계 넘기라는 더 큰 부담감에 시달리고 있다는 사실을 자주 확인하곤 한다. 학생들은 이제 하버마스, 데리다, 라캉을 들먹이지만 학문분과라는 제도적 의미의 법학적 법철학 또는 법철학자에게는 관심을 기울이지 않는다. 내게는 유감스럽게도 '기는 연습이 안 된 상태에서 날기를 꿈꾸는' 만용으로 보인다. 나도 이제 새로운 것을 거부하는 고루한 교수가 된 것일까?

내가 이 책을 엮고 우리말로 옮긴 이유 가운데 하나는 바로 이러한 배경과 관련이 있다. 즉 법철학적 고전은 단순히 고전이기 때문에 고전인 것이 아니라, 법에 대해 철학의 모범을 보여준다는 사실을 환기시키려는 의도를 갖고 있다. 더욱이 다양한 이론적 스펙트럼을 법철학에 수용하면서도 체계화의 늪에 빠지지 않고, 생동하는 현실에 이론을 투영시키는 동적 과정을 텍스트화한 라드브루흐 법철학에 대해 다시 새로운 텍스트를 생산하는 과정을 관찰할 수 있게 만드는 텍스트라면, (법)철학이 단순히 철학학Philosophiewissenschaft이 아니라, 철학하기Philosophieren가 되어야 한다는 칸트의 요청에 가장 가까이 다가갈 수 있는 길을 열어줄 것이라고 믿는다. 특히 같은 주제인 것처럼 보이지만 그것을 다루는 방식의 차이를 섬세하게 느낄 수 있게 만드는 '반복과 변이Redundancy and Variety'는 어떠한 학문이든 입문자에게는 가장 효과적이고 반드시 거쳐야 할 학습방법일 것이다. 물론 그것이 반드시 '라드브루흐'라는 매개체를 거쳐야 한다고 강변할 생각은 없다.

책을 출판하게 된 또 다른 ─개인적으로는 더 중요한─ 이유는 저자와 역자의 인간적 관계이다. 이미 같은 저자의 여러 책들을 우리말로 옮긴 탓에 어느 정도는 알려져 있지만, 저자 노이만 교수는 나의 독일 스승이다. 유학한 나라의 지도교수의 저작들을 모국의 독자들에게 알리는 작업을 이른바 유학파의 신성한 의무로 여기는 나는 그 사이 노이만 교수의 책 세 권을 번역 출간했다. 박사학위 논문과 교수자격 논문 이외에는 모두 번역한 셈이다. 스승은 내게 늘 격려와 칭찬을 아끼지 않지만, 정작 나는 스승에게 얼마나 많은 정신적 빚을

지고 있는지를 제대로 표현한 적이 없다. 그의 날카로운 분석력, 책 읽기를 중단하지 않는 학문적 태도, 온화한 겸손과 섬세한 열정은 변방에서 날아 온 외국인 지도학생에게는 학자로서의 삶에 하나의 규제이념regulative Idee으로 작용한다. 그리고 나라는 개인에게 허용한 그 무한한 자유와 한계를 모르는 인내심은 내가 교수가 된 직후에 이미 포기해버린 이상이다. 그런 나의 스승이 이제 70세 생신을 맞이한다. 한 사람이 다른 사람의 삶에 얼마나 많은 흔적을 남기고 얼마나 뚜렷한 경계를 설정하는지를 아직 가늠하지 못하는 나로서는 스승에게 그저 '당신은 내가 닮고 싶은 사람'이라는 말과 함께, 먼 땅에서 생신을 축하드린다는 인사를 드리고 싶다. 그리고 그 상징으로 우리 두 사람의 직업에 가장 가깝고 중요한 매체인 '책'을 헌정한다. 깊은 존경과 감사를 마음에 품고.

책에 실린 열 편의 글 가운데 논문 2와 5는 이미 출간한 「구조와 논증으로서의 법(2013)」에, 논문 6은 「법철학연구」 최신호에 실렸다는 사실을 밝혀둔다. 교정을 맡아준 김다희 씨와 박석훈 변호사에게 고마움을 전한다. 두 사람은 이 책을 내가 니클라스 루만의 체계이론에 빠져 다른 것에는 하등 관심이 없는 껍데기만 법철학자라고 생각하지 않을 증거로 삼아도 무방할 것이다.

끝으로 학생시절의 동반자였던 「박영사」에서 책을 출간하는 기쁨을 언급해두고 싶다. 특히 조성호 이사님의 섬세한 손길과 편집부 여러분에게 감사의 인사를 전한다.

2017년 8월
학교 연구실에서
윤재왕

지은이 **울프리드 노이만** Ulfrid Neumann 은 1947년에 독일 헤센 주의 젤리겐슈타트(Seligenstadt)에서 태어나 튀빙엔 대학교와 뮌헨 대학교에서 철학과 법학을 공부했다. 1971년에 1차 사법시험, 1974년에 2차 사법시험에 합격했다. 1974년부터 스승인 아르투어 카우프만(Arthur Kaufmann) 교수가 소장으로 있던, 뮌헨 대학교의 법철학과 법정보학 연구소(Institut für Rechtsphilosophie und Rechtsinformatik)의 연구조교로 일했으며, 1978년에 박사학위를, 1983년에 교수자격을 취득했다. 1984년부터 프랑크푸르트 대학교 법과대학 법철학 담당교수, 1978년부터 자브뤼켄 대학교 법과대학의 형법, 형사소송법, 법철학, 법사회학 담당교수, 그리고 1994년부터는 다시 프랑크푸르트 대학교 법과대학에서 형법, 형사소송법, 법철학, 법사회학 담당교수로 재직 중이다. 1998년부터 2006년까지 세계 법 및 사회철학학회(IVR) 독일지부 회장을 역임했으며, 2011년부터 2015년까지 IVR의 회장을 맡았다. 1991년부터 1999년까지 독일학술재단(DFG)의 법철학과 사회철학 전문분과 평가위원을 맡기도 했다. 2009년 3월에 그리스 아테네 대학교에서, 2014년 11월에는 스위스 루체른 대학교에서 명예박사학위를 수여했다. 그는 「총체적 형법잡지(ZStW)」와 북경에서 발간되는 「법철학과 법사회학잡지(Archives for Legal Philosophy and Sociology of Law)」의 공동편집인이자, 「노모스 형법주석서(Nomos Kommentar zum Strafgesetzbuch)」의 책임편집인 및 공저자이기도 하다.

주요저작으로는 「법존재론과 법적 논증」(1979), 「형사정책의 새로운 이론」(1980; 울리히 슈로트와 공저, 한국어판, 배종대 옮김, 1994), 「귀속과 사전과책」(1985), 「법과 논증이론」(1986; 한국어판, 윤재왕 옮김, 2009), 「구조와 논증으로서의 법」(2008; 한국어판, 윤재왕 옮김, 2013), 「법과 진리」(2004; 한국어판, 김학태/윤재왕 옮김, 2014) 등이 있고 기타 형법, 형사소송법, 법철학, 법이론, 법사회학에 관한 다수의 논문이 있다.

옮긴이

윤재왕 고려대학교 법학전문대학원 교수

구스타프 라드브루흐 - 법철학자, 정치가, 형법개혁가

초판발행	2017년 8월 20일
중판발행	2018년 10월 20일
지은이	울프리드 노이만
옮긴이	윤재왕
펴낸이	안종만
편 집	김효선
기획/마케팅	조성호
표지디자인	김연서
제 작	우인도 · 고철민
펴낸곳	(주) **박영사**
	서울특별시 종로구 새문안로3길 36, 1601
	등록 1959. 3. 11. 제300–1959–1호(倫)
전 화	02)733–6771
f a x	02)736–4818
e–mail	pys@pybook.co.kr
homepage	www.pybook.co.kr
ISBN	979-11-303-3078-5 93360